文物三调

山东革命文物的典藏、保护与利用

李 娉 著

文物出版社

图书在版编目（CIP）数据

文物三调：山东革命文物的典藏、保护与利用 / 李
娉著. —北京：文物出版社，2022.12
ISBN 978-7-5010-7818-9

Ⅰ.①文… Ⅱ.①李… Ⅲ.①革命文物—文物工作—
山东②革命文物—文物保护—山东 Ⅳ.①K871.6

中国版本图书馆CIP数据核字（2022）第186949号

文物三调
——山东革命文物的典藏、保护与利用

著　　者：李　娉

责任编辑：贾东营
封面设计：王文娴
责任印制：王　芳

出版发行：文物出版社
社　　址：北京市东城区东直门内北小街2号楼
邮　　编：100007
网　　址：http://www.wenwu.com
经　　销：新华书店
印　　刷：宝蕾元仁浩（天津）印刷有限公司
开　　本：880mm×1230mm　　　1/32
印　　张：11.875
字　　数：257千字
版　　次：2022年12月第1版
印　　次：2022年12月第1次印刷
书　　号：ISBN 978-7-5010-7818-9
定　　价：128.00元

引　言

　　二十大报告关于文化建设强调指出："建设具有强大凝聚力和引领力的社会主义意识形态。""坚持创造性转化、创新性发展，以社会主义核心价值观为引领，发展社会主义先进文化，弘扬革命文化，传承中华优秀传统文化。"①"推进文化自信自强，铸就社会主义文化新辉煌。"②

　　革命文化是马克思主义中国化历史进程中酝酿发展的智慧结晶和精神结晶，是中国共产党人乃至大多数民众对一系列科学认知和价值追求的深度认同，是中华民族精神最生动的诠释体。革命文化自身彰显了马克思主义的先进性和真理性，故它能随着时代的发展，仍不断地被继承、弘扬、发展和创新。革命文化具备一般文化的特点，同时其发展中也始终葆有鲜明的民族性、大众性等中国特色。

　　革命文物是革命历史和革命文化的见证和载体，是弘扬中华民族精神、培育社会主义核心价值观的深厚滋养，更是我们

---

① 习近平：《高举中国特色社会主义伟大旗帜，为全面建设社会主义现代化国家而团结奋斗——在中国共产党第二十次全国代表大会上的报告》，人民出版社，2022年，第42页。

② 习近平：《高举中国特色社会主义伟大旗帜，为全面建设社会主义现代化国家而团结奋斗——在中国共产党第二十次全国代表大会上的报告》，人民出版社，2022年，第43页。

在新时代新时期推进文化建设、增强文化自信、建设社会主义文化强国的坚实基础。《中华人民共和国宪法》第二十二条第二款明文规定，"国家保护名胜古迹、珍贵文物和其他重要历史文化遗产。"①百年中国保留下数量庞大、种类丰富、价值突出的红色文化遗产。十八大以来，革命文物家底基本廓清，革命史迹与纪念场馆体系基本形成，全国"一普"登记不可移动革命文物3.6万多处（第三次全国文物普查数据）、可移动革命文物100多万件／套、革命博物馆纪念馆1600多家。

党和国家历来重视革命文物的保护利用工作和红色资源的挖掘宣传工作。"十三五"时期，革命文物在国家层面受到空前重视。2018年由中共中央办公厅、国务院办公厅联合印发《关于实施革命文物保护利用工程（2018-2022年）的意见》，是新中国成立以来第一个以中办、国办名义印发的、专门针对革命文物的中央级别政策文件。这是新时代全面加强革命文物保护利用的纲领性文件，深刻阐释了新时代加强革命文物工作的重大意义；2019、2020年中宣部、财政部、文化和旅游部、国家文物局公布两批《革命文物保护利用片区分县名单》共37个，涉及31省268个市1433个县，使革命文物连片保护工作有了顶层设计和实践进展。2019年底，"国家文物局专设革命文物司，以指导全国革命文物保护管理利用工作"②，制定并组织实施革命文物管理利用政策、规划和标准、规范。革命文物司机构

---

① 《中华人民共和国宪法》，2018年第五次修订版，法律出版社，2018年。
② 徐秀丽：《文物工作"十三五"取得开创性、历史性成就》，《中国文物报》，2020年11月24日。

独立设置，革命文物保护利用工作发展到了新维度。省级革命文物机构队伍建设乘势而上，23个省级、20多个市级文物主管部门设立革命文物处/科，部门协作、央地联动更加密切。

2021年在庆祝中国共产党建党100周年之际，习近平总书记站在历史和全局的战略高度对革命文物工作作出重要指示，参观中国共产党历史展览馆和北大红楼，在中央政治局第三十一次集体学习时就用好红色资源、赓续红色血脉发表重要讲话，无论是在庆祝中国共产党成立100周年大会，还是党的十九届六中全会，对弘扬伟大建党精神、讲好中国共产党故事提出了新要求新任务。2021年，全国革命文物工作会议时隔24年召开；国家文物局制订发布《革命文物保护利用"十四五"专项规划》，31个省（区、市）和新疆生产建设兵团制定革命文物保护利用工程实施方案，全面确立新时代革命文物工作的任务书和路线图；国家文物局、财政部联合印发《关于加强新时代革命文物工作的通知》；教育部、国家文物局联合印发《关于充分运用革命文物资源加强新时代高校思想政治工作的意见》。革命文物工作正在党中央的统筹规划下，从国家到省、市、区、县政府主导，各级重要职能部门和社会团体通力协作，正逐步形成革命文物事业高质量发展的宏大合力。

革命文物是山东省价值特殊的红色文化遗产，是党和人民宝贵的精神财富。截至2021年底统计，山东省博物馆总量、一级博物馆数量、二级博物馆数量、三级博物馆数量、非国有博物馆数量、新晋级革命类博物馆数量六项指标，均居全国第一，是名副其实的博物馆大省。据"一普"（全国第一次可移动文物普查）已登录数据统计，革命文物中的不可移动文物山东全省登记1600余处，可移动革命文物登记94091件（套），其中珍贵文物3162件（套）。珍贵文物在2021年初公布山东全省珍贵革命文物第一批名录中增至3233件（套）。2022年1月，山东省政府公布了第六批省级文保单位，其中革命文物类占比超过30%，至此山东省级文物保护单位总数已达1968处，数量居全国第一位。丰富的革命文物印证了山东省光荣的革命传统和深厚的红色底蕴，也彰显出社会主义革命建设、改革开放取得的伟大成就。这一落实全国革命文物工作会议的举措将进一步提升山东省革命文物保护利用水平。

山东作为革命文物大省，一直高度重视统筹加强革命文物保护利用工作。强化机构队伍建设，不断提升革命文物保护管理机构的履职能力。截至2021年底，山东省共有济南、潍坊、临沂、济宁成立革命文物处、科，在全国是最多的省份。"十三五"时期，对标党和国家顶层规划设计，山东全省连续启动和推出《山东省革命文物保护利用工程实施意见》《山东省革命文物保护利用规划》等，统筹规划、有序开展可移动革命文物的保护利用工作。"十四五"开局之年，革命文物保护利用进一步上升到法律层面。2020年11月27日，山东省十三届人大常委会第二十四次会议表决通过《山东省红色文化保护传承条例》，这是全国范围内第一部全面规范红色遗存和革命精神的省级地方性法规。该《条例》明确界定了红色文化的概念①，创

---

① 该条例界定"红色文化是指五四运动以来，中国共产党把马克思主义基本原理同中国具体实际相结合，领导团结中国各族人民在革命、建设、改革过程中形成的具有历史价值、教育意义、纪念意义的物质财富和精神财富的总和"，切合当今新时期阶段对于红色文化遗产的广义界定。

设名录管理制度和保护责任人制度（适用于包含相关文物、烈士纪念设施在内的所有红色文化遗存），着力加强沂蒙精神等红色文化、中国精神的深化研究阐发，办好每年红色文化主题月，因地制宜发展各地红色旅游，助力乡村振兴，创新红色旅游发展模式，完善红色旅游产品体系。《条例》颁布的重大意义在于突破惯行立法对于革命文物红色文化单纯物质层面的保护，着力增加了对于精神传承的法律规定。在地级市方面，2018 年 1 月 1 日，滨州市公布实施《滨州市渤海老区革命遗址遗迹保护条例》，该《条例》是我省首部市级革命遗址遗迹保护地方性法规；2020 年 7 月 1 日，临沂市公布实施《临沂市红色文化保护与传承条例》。条例是国内首部以红色精神资源保护与传承为主题的地方性法规，并规定每年 7 月为红色文化主题月，开展一系列弘扬革命文化的主题活动，推动革命文物展示利用传播和发扬光大沂蒙精神。

　　革命文物保护利用的基础是数据信息的建设。近十年来，随着全国第一次可移动文物普查、革命文物专项普查上报以及文物数字化的推进，全国革命文物有了比较全面的信息登录。然而目前至少在省一级，海量的文物数据仍欠缺深入的科学分类和系统整理，文物信息数据库、文物数字化亟需专设、完善和动态管理。省级以下文保单位文物保护经费常年不足，岁修、日常养护和分类保护亟需加强。革命文物工作推进、保护利用规划的实现都依赖于基本数据整理和研究。明确革命文物内涵与概念，明析文物价值和分类，在文物的保管保护、研究、活化利用等方面形成科学共识，是制定规划政策、发挥革命文物重要作用的前提和基础。

　　作为山东省内博物馆的行业龙头，山东博物馆藏革命文物万余件（套），珍贵文物则占比全省88.7%，是山东珍贵革命文物资源的集中所在地。从2018年至2022年，对照顶层设计《关于实施革命文物保护利用工程（2018-2022年）的意见》和《山东省革命文物事业发展"十四五"规划》，山东博物馆相继在全省革命文物的调查登录、本体修复、文物数字化保护、革命文物元数据标准探索、革命历史主题策展利用、数字化多元展示传播、红色研学、革命文物和大中小全学段思政教育融合等方面深入研究，先后立项完成省部级、厅级课题十余项，论文、论著成果不断推出。

　　这本拙作也是基于著者十余年来在革命文物保护利用一线工作方面取得的实践经验写成，亦算是对"十二五""十三五"和"十四五"开局之年自己在十余年间革命文物工作的阶段性总结。这本小作的书名，笔者也怯意借鉴了美国汉学家柯文的《历史三调》带来的感触。柯文先生在著作中表达探寻历史真相三条不同途径，以此范式在最大广度、深度上探寻对中国历史发展的认识。故在此笔者也预将革命文物工作的探究分为看似平行、实则互相牵连融合的三个方面阐释。

　　迈步在山东博物馆礼仪大厅的开阔门庭，来自内心朴素而坚定的初心就是，如何能扩充自身所学完成好革命文物保护利用工作，为山东革命文物的宏富馆藏得到更全面的展示、更科学的保护、更深入的研究和更广泛的传播。择一事，终一生，无数令人高山仰止的考古和文博前辈，已然通过"筚路蓝缕、青灯古卷"的艰辛工作、通过精深浩繁的著述铺就了文博事业通往未来的康庄大道，而我们仍需在他们的历史延长线上继续不懈奋斗。我想以20年来在历史学、文物学星辰大海中的探索和沉淀，以自己家族里血脉相传红色基因的深刻影响，或许能让我始终坚持初心，始终葆有对历史的敬畏和先贤的敬重，基于扎实的文物调查、沉下心的史料搜集和严谨的学术态度，反复思索用更合理的方式去解读、利用革命文物，穿越时空，"复活"以"生命"，将民族记忆里最深厚的内涵和最不朽的精神传达给人民大众，传达给这个新的时代。遂将十余年文物保管、保护、策展和研究等工作的经验和心得草编成册，与业界专家同仁共同交流。不当之处，敬请指正。

李　娉

2022年8月于济南

目录
CONTENTS

第一章
革命文物的内涵演变、综合价值和科学分类

革命文物在过去很长一段时间内特指革命历史时期的遗留，尤指五四运动以后的新民主主义革命历史时期的"红色文物"；而从学术界主流看，"革命文物"的界定则是一个宽泛的历史范畴，非特定、非线性且无时间下限。故"革命文物"的内涵也随着时代发展而不断变化、充实和成熟，体现出更多元的综合价值。在新时期当下，革命文物不仅在国家文化遗产保护层面有着重的强调，更是自上而下，从政治层面上升为国家意志和顶层设计，故它不仅代表了一脉相承的文化意义，更多的则体现出民族国家叙事下的政治内涵和时代价值。

第一节　革命文物的内涵演变

2021年，习近平总书记在对革命文物的重要指示中指出"革命文物承载党和人民英勇奋斗的光荣历史，记载中国革命的伟大历程和感人事迹，是党和国家的宝贵财富，是弘扬革命传统和革命文化、加强社会主义精神文明建设、激发爱国热情、

振奋民族精神的生动教材。[①]"严格来说，革命文物概念是中国特有的概念，是中国文物概念中的一个特殊类别。目前无论是在官方还是学术领域，对"革命文物"的内涵理解均存在着不同意见，主要分歧集中于对革命文物中的"革命"一词究竟是泛指还是特指的不同理解。本节在探讨中国革命文物的内涵演变时，也主要涉及时期界限、性质区分等问题[②]。

首先时间界限方面，应先厘清中国"革命"的历史进程。改革开放以来，中国史学界在"革命叙事"方面的主流界定大多将中国近现代史是从1840年直到当今的历史，当中以1949年10月新民主主义革命基本胜利分界，之前为中国近代史，之后为中国现代（当代）史。总体上说，在这一大的历史时期中，中国历史发展呈现出两个大的趋向和两大历史任务：一是封建社会走向衰落、双半社会沉沦谷底，三千年未有之大变局、民众意识觉醒，求得民族独立和人民解放；二是民族国家开启艰难的现代化历程，这个过程一直持续到现在，当今中国依然处在"三千年未有之大变局"的这个"变局"之中，实现国家富强、人民共同富裕，中华民族实现伟大复兴任重道远。然改革开放以来，历史学界多从"新革命史"视域回观，在"传统革命史"学术视野中的被革命的一方，如清政府、北洋政府及国民党（左派），甚至18—19世纪欧美资产阶级革命等等，也曾

---

① 《传承红色基因 汲取奋进力量 革命文物，绽放时代光彩》，《人民日报》，2021年4月7日14版。

② 第一节资料源于著者参加2018-2021年山东省社会科学规划课题《山东省革命文物收藏保护与合理利用研究——基于全国第一次可移动文物普查成果的整理》阶段性成果。

是世界历史进程中某一阶段的革命性主导，革命史的阐释对象更加宽泛。故关于"革命"一词的学术视野和主流认知之间存在一定程度的偏差。

从主流认知上看，中国革命的"近代史"革命历史时期以1919年五四爱国运动为界标，之前80年归为旧民主主义革命时期，后30年为新民主主义革命时期。两个时期以领导阶级和革命性质不同为明显区分，旧民主主义革命主要事件包含以太平天国运动和义和团运动为主要代表的农民阶级革命、以戊戌变法和辛亥革命为主要代表的资产阶级改良和革命运动；而新民主主义革命不仅相较于中国近代革命，也是相对于18—19世纪欧美资产阶级革命浪潮而言，革命有马克思主义新的理论，有中国共产党新的革命政党，有新的领导阶级工人阶级为主体力量，为彻底完成反对帝国主义、反对封建主义和反对官僚资本主义为主的民主革命任务，并实现向社会主义社会的顺利过渡。

对于革命文物的时期概念，学界论点中也从革命历史的历程维度与权威说法保持了默契，有代表性的如学者贾旭东在定义革命文物概念问题上建议从革命文物的发生、关系、价值等方面考虑，界定为1840年以来的民主主义革命和社会主义革命范围。而长期以来，革命文物历史时期界限问题始终存在着狭义和广义之分的问题。狭义上的革命文物多排除了旧民主主义革命范畴，而将上限置于五四运动之后，侧重指1919年五四运动之后至1949年底中国共产党领导的新民主主义革命中遗留保存下的各类文物；在新时期革命文物从大历史观、纵深视野探讨革命文物内涵，革命文物的广义内涵更有新的时代意义和更可具延伸意义的下限界定。

  从大历史观维度和共识性研究看，革命文物的上限应以毛泽东的《新民主主义论》（解决了革命文物的上限问题：即1840年鸦片战争的民族革命算起）为权威依据。而"革命"一词的下限问题则在改革开放伊始，1981年中共十一届六中全会《关于建国以来党的若干历史问题的决议》（以下简称《决议》）中首先提出。因《决议》明确了1956年后我国面临解决的主要矛盾，党和国家工作的重点需从民主革命转移到经济建设中。但《决议》认为革命文物截止到1956年社会主义改造基本完成，从大历史观看，很显然是不够具有政策连续性和文物范畴延伸性的。时隔35年后，2016年习近平总书记在庆祝中国共产党成立95周年大会上中发表重要讲话，也重申了"革命"的下限，界定为社会主义革命完成，同时更强调区别于武装暴力革命，解放思想、改革开放则是中国另一场崭新的伟大革命，更需在新时期继续弘扬革命优良传统、传承革命精神，凝聚强大力量。故在2018年国家文物局印发《关于报送革命文物名录的通知》中对革命文物作出了相关规定。除论述为"见证近代以来中国人民抵御外来侵略、维护国家主权、捍卫民族独立和争取人民自由的英勇斗争，见证中国共产党领导中国人民进行新民主主义革命和社会主义革命的光荣历史，并经认定登记的实物遗存"，且增加"对社会主义建设和改革时期彰显革命精神、继承革命文化的实物遗存，也纳入革命文物范畴。"[①]在后续《国家文物局办公室关于核定公布革命文物名录的补充通知》

---

① 国家文物局：《关于报送革命文物名录的通知》，2018年10月18日，国家文物局官方网站。

中将革命文物的范畴涵括进一步增加了"近代以来著名民主党派和无党派爱国人士"等相关的见证，宏观上规定了全国第一批革命文物名录的遴选标准和公布范围。

对于革命文物的下限问题，在国家级文物保护最高法律中也做了明确认定。2020年国家文物局发布《文物保护法（修订草案）》也有强调，其中第二条"文物范畴"新增了"（三）与中国共产党史、中华人民共和国史、改革开放史、社会主义发展史有关的重要史迹、实物、代表性建筑。"此次修订强调了革命文物作为历史见证物的"四史"范畴。

其次，从阶级意识形态和文物特性出发，博物馆意义上的中国革命文物起步于20世纪30年代以后。在1930年中央苏区在艰苦的反"围剿"斗争中，就开始注重建设革命文化事业，明确指出设立革命纪念馆。据追溯考证，革命文物概念始于"1931年（11月）的《中国红军优待条例》"[1]，指出"死亡战士之遗物应由红军机关或政府收集在革命历史博物馆中陈列，以示纪念"[2]。在其中，革命文物最初的概念视为"死亡战士之遗物"。1934年中华苏维埃共和国临时中央政府就在瑞金建立了革命博物馆，对苏区广大军民开展革命传统教育。这是在革命初期就已经开始的、代表中国共产党精神价值的遗存收藏意识。此后革命文物的概念在中共的党组织正式文件中得以深化和扩

---

[1]　贾旭东：《革命文物概念及其界定》，《北京师范大学学报（社会科学版）》，2018年第6期，第143页。

[2]　跃森：《革命文物涵义》，《中国博物馆》，1988年第1期。

充，"有革命纪念意义的物品"①和"革命历史文物"②等概念相继出现。

新中国成立后，第一次正式提出"革命文物"一词的概念，是在1950年中央人民政府政务院颁布的《征集革命文物令》，明确提出"革命文物"这一概念。条令中指出革命文物为"以五四以来新民主主义革命为中心，远溯鸦片战争、辛亥革命及同时期的其他革命运动的文献和实物"③，将革命文物的范围界定为五四运动以后的革命历史进程，并关照了鸦片战争以来的历史运动，条令亦将文物外延扩充为可移动文物和不可移动文物，如有关革命史实的文物建筑，包括"革命遗迹"④"革命建筑物"⑤"革命旧址及革命纪念建筑物"⑥等都囊括在革命文物的范畴中。同年7月，延安革命纪念馆建成并对外开放，这是全国最早成立的革命纪念馆之一，承载并展示着延安精神。

---

① 《人民委员会对于赤卫军及政府工作人员勇敢参战残废及死亡的抚恤问题的决议案》，《红色中华报》，1932年9月13日。

② 《解放日报》，1946年5月19日，山东博物馆藏。

③ 《征集革命文物令》（6月16日政文董字第24号），中央人民政府政务院文化部颁布，《文献参考资料》，1950年Z1期。转引自贾旭东：《革命文物概念及其界定》，《北京师范大学学报（社会科学版）》，2018年第6期，第143页。

④ 政务院：《古迹、珍贵文物图书及稀有生物保护办法》，国家文物局编：《中国文化遗产事业法规文献汇编》，文物出版社，2009年版。

⑤ 政务院：《中央人民政府政务院关于在基本建设工程中保护历史及革命文物的指示》（政文习字第24号），1953年10月2日，《建国以来重要文献选编》，第4册，中央文献出版社，1993年版。

⑥ 国务院：《文物保护管理暂行条例》（1960年11月17日国务院全体会议第105次会议通过），1961年3月4日发布，《文物》，1961年Z1期。

到1961年，由国务院颁布的第一部文物保护综合行政法规——《文物保护暂行条例》中明确将革命文物列入保护范围，将利用革命文物向广大人民进行宣传教育的重要作用，定位为"进行革命传统教育和爱国主义教育"，突出了革命文物的重要地位和教育意义。1982年《中华人民共和国文物保护法》公布，更是将革命文物列为具有重要纪念意义和教育意义的一类文物。这是我国文化领域的第一部法律，启动了构建文物法律体系的进程。1989年在全国革命文物宣传重要工作会议召开之后，"革命文物"比较正规正式的概念基本形成。此时期以《文物保护法》为基础参照，在内涵外延上基本明确了革命文物的概念：

1.鸦片战争以来遗存的革命遗址、革命纪念建筑物和可移动的革命文物，是我国各族人民光辉革命历程精神的实物见证[①]。

2.革命文物作为我国各族人民长期革命斗争和中国共产党领导的新民主主义革命与社会主义革命和建设的历史见证，凝聚着中华民族和中国共产党人抵御外侮、威武不屈、热爱祖国、维护统一、追求真理、舍身取义，自尊自信、自强不息、励精图治、无私奉献艰苦奋斗、勤劳勇敢、百折不挠、奋发向上的

---

① 《中国革命文物和革命纪念馆事业"九五"计划纲要》，国家文物局，1997年。以上资料归纳参考自贾旭东：《革命文物概念及其界定》，《北京师范大学学报（社会科学版）》，2018年第6期，第141—142页。

伟大精神[1]。

　　3.革命文物是自1840年以来，中华民族为争取民族独立、实现伟大复兴而奋斗，特别是中国共产党领导的新民主主义革命和社会主义革命与建设光辉历程的重要实物见证[2]。

　　以上对于革命文物的概念总结，上限基本定于中国近代史的开端1840年鸦片战争，下限延伸至社会主义革命建设时期（但未指出明确的下限截止时期），并延续了1950年时就已扩充的革命文物的外延，更重要的是标识了革命文物的象征意义和价值界定。2021年3月的全国革命工作会议也指出，讨论认定革命文物的概念要秉承突出"一条主线，两个见证"[3]的原则，坚持政治属性和历史属性相统一。以上都是国家从大历史观、纵深视野出发，对于革命文物赋予了更新的时代意义。故无论是从文物的发生定义、关系定义还是性质定义，革命文物概念的时期应涵盖中国近现代民主革命、社会主义革命和建设、改革开放和中国特色社会主义新时代一脉相承的宏阔历史进程，在此进程中保留下的具备典型时代特征、反映革命历史时期社会变动特性，承载着中华民族精神、爱国主义精神、开创首倡

---

[1]　以上资料归纳参考自贾旭东：《革命文物概念及其界定》，《北京师范大学学报（社会科学版）》，2018年06期，第141–142页。

[2]　以上资料归纳参考自贾旭东：《革命文物概念及其界定》，《北京师范大学学报（社会科学版）》，2018年06期，第141–142页。

[3]　"一条主线"就是以实现中华民族伟大复兴中国梦的奋斗历程为主线，"两个见证"就是见证近代以来中国人民争取民族独立和人民解放的伟大斗争、见证中国共产党领导中国人民救国兴国强国的伟大贡献。

精神、进取奋发精神的革命遗址、遗迹、旧址、纪念建筑物等不可移动文物、可移动革命文物等物态遗产。故革命文物不存在时代下限，而是伴随着历史发展进程共同演进，内涵日益丰富。"当代中国重大事件、重要人物、革命烈士、著名英雄模范的有关文物以及这些事件的发生地、都可有选择的作为可移动革命文物和不可移动革命文物"①。

革命文物作为极为特殊的文化遗产，具有多元多维的深厚内涵。根据不同维度的理解有不同的认定。但在对于革命文物内涵的认知上，必须要秉持国家对于革命文物的指导性标准原则，坚守唯物主义历史观、旗帜鲜明地杜绝历史虚无主义，科学、客观、公正地开展革命文物的认定工作，将革命文物放在近代以来中国人民不懈奋斗、中华民族伟大复兴的大历史格局中去理解把握。如此，不仅有利于形成行业内关于革命文物的科学共识，更是对历史和人民负责、正确把握和充分发挥革命文物的当代价值。

第二节　革命文物的综合价值

全国各地星罗棋布的革命遗迹和革命文物遗存，承载着深厚特殊的文化价值，是宝贵的革命文化遗产。革命文化孕育和诞生于20世纪的中国伟大革命实践，继承和发展于中华人民共和国成立后的建设和改革开放伟大革命中，与时俱进，构成当

---

① 　张坤：《做好革命文物保护利用工作的四点认识》，陕西省文物局汉唐网，2020.7.23。

代中华文化的精神谱系和价值核心。革命文物蕴含的深厚的革命文化也正契合文旅融合的大趋势，发挥着越来越重要的资政育人、引领经济的巨大作用，价值潜力巨大。革命文物的价值相对于古代文物，更具有特殊性。这种特殊性集中体现在民族精神、革命精神、初心教育、社会价值、经济价值和品牌价值数个维度的有机统一。

民族精神的弘扬和彰显。革命文物的精神性价值是自身最基本的内在价值。革命文物凝结的深厚的中华民族精神，是民族基因和精神族谱的重要组成部分。上下五千年，源远流长的中华文明存续的精神血脉，融入了以爱国主义为核心、民族高度团结、敢于斗争反抗、敢于奋斗进取的民族精神，是华夏文明、民族国家赓续发展的不竭精神动力。

革命文物见证的是近代以来为挽救国家危亡、谋求民族独立、开创国家发展而百折不挠、艰苦奋斗的革命先烈、志士先锋、时代先行者。他们展现的爱国情怀、英雄气节、大义担当、凝聚力量和如磐初心，无一不在深刻诠释着中华民族的核心精神。植根于中华民族血脉的爱国主义是民族精神的核心主旨，是维系中华儿女共通情感的精神纽带。革命文物蕴含的深厚的文化内涵和精神特质，不仅是爱国主义教育的深厚滋养，更是民族精神内涵最有代表性的象征。这种深厚久远的文化精神与广大人民群众的爱国主义情怀紧密地结合在一起，表现出强大的生命力。

弘扬革命文化，传承红色基因，是弘扬伟大民族精神、彰显革命精神时代价值的现实需要。"爱国主义情感让我们热泪盈眶，爱国主义精神构筑起民族的脊梁。这一切，汇聚成礼赞新中国、奋斗新时代的前进洪流，给我们增添了无穷力量。"①2020年习近平总书记的新年贺词中回望新中国成立70周年庆典，热情礼赞举国上下澎湃如潮的爱国主义情感，深刻揭示了爱国主义的时代意义。

革命精神的提炼和凝聚。革命文物是近代以来中国共产党艰苦卓绝的奋斗历程积淀下的载体见证和精神遗产，历经民主主义革命、社会主义革命和建设和改革开放的伟大实践得以积累、传承、创新和发展，在当前中国特色社会主义新时代仍然是鼓舞、激励人民继续前行奋斗的强大精神动力。中国共产党自诞生之日起，就自觉将党员个体精神与党的精神深度融合，并在残酷艰险漫长的革命实践中锻造和锤炼，造就出中国共产党人卓越的精神品格。

革命文物集中于中国共产党的百年奋斗历程，以所见证的革命历史、革命事迹、革命人物为主要内容，是中国共产党信仰纯粹、英勇无畏、视死如归、求真务实、艰苦创业、锐意进取等一系列革命精神的外延成果和彰显载体。"这既是中国共产党人鲜明的政治标识和党性要求，也使反映这些内容的红色文化拥有思想和真理的影响力量……它体现在理想信仰、价值追求、精神风貌等层面，融注于物质遗存、机制行为和文化艺术形态当中"②。

沂蒙精神是山东革命精神乃至中国精神的典型代表。发端

---

① 习近平总书记2020年新年贺词，新华社，北京，12月31日电。

② 陈晋：《红色文化是中国共产党人的鲜明政治标识》，《党建》，中国文明网，2019年5月10日。

于革命战争年代的沂蒙精神与时俱进，锤炼升华，在新时期形成了沂蒙精神的核心特质——"爱党爱军、开拓奋进、艰苦创业、无私奉献"。2013年习近平总书记视察山东临沂，特别强调山东的"沂蒙精神"，作为中国精神的重要组成部分。齐鲁革命文物不仅见证了一代又一代山东优秀的共产党人和广大群众同舟共济、艰苦奋斗的时代轨迹和精神风貌，更展现了中华民族和中国人民热爱祖国、捍卫和平、威武不屈、开拓创新的优良传统和精神追求。

初心使命的承载和实践。不忘初心，方得始终。中国共产党一经成立，就将"为中国人民谋幸福，为中华民族谋复兴"作为自己的初心和使命，作为"激励中国共产党人不断前进的根本动力"[1]。这从来不只是抽象的理论口号，而是我们党自诞生之日起就具备和坚持的宗旨和性质。百年革命风雨兼程，这一根本动力始终激励中国共产党由弱到强，指引代表时代前进的正确方向，凝聚感召广大人民力量，不断在伟大社会实践中验证初心、考验使命。中国共产党的初心和使命孕育和实践出的红色文化，"不仅是共产党人的鲜明政治标识和文化旨趣所在，也融合了时代精神和民族精神，成为具有实践引导力和精神感召力的先进文化"[2]。

"上下同欲者胜，风雨同舟者兴"，在新时期实现中国"两个一百年"伟大发展目标，实现中华民族伟大复兴的远大目标，

---

[1] 《习近平总书记在中国共产党第十九次全国代表大会上的报告》（2017年10月18日），人民出版社，2017年10月。

[2] 陈晋：《红色文化是中国共产党人的鲜明政治标识》，《党建》，中国文明网，2019年5月10日。

需要全党带领全国各族人民付出更艰巨的努力。革命文物集中展现中国共产党坚守初心、勇担使命的历史传承和伟大实践，是历史的鉴证，更是对后世的鞭策。革命文物让红色基因在政治上鲜明验证，它们肩负着传承文化基因、弘扬社会主义先进文化的历史担当，肩负着唤醒不忘初心、牢记使命的历史责任。革命文物展现以人民为本、实现马克思主义关于人的发展的应有之义，是革命文化的根本主题，也代表了现当代社会主义先进文化的前进方向。2018年，由中办、国办同时印发《关于实施革命文物保护利用工程（2018-2022年）的意见》，这一新中国成立以来首个专门针对革命文物保护利用的国家级政策文件，明确提出发挥革命文物资源的党性教育功能，把革命文物的保护利用与党员干部教育有效结合起来。从坚持和发展党为民执政的历史高度，从筑牢意识形态阵地的战略高度，从弘扬红色文化、民族精神和培育社会主义核心价值观的思想高度，全面系统深入地推进革命文物保护利用工作，这既是一份工作职责，更是一种政治担当。

思想教化的引领和凝聚。"红色基因就是要传承"。正所谓人民有信仰，民族有希望，国家有力量。中国共产党历来高度重视运用革命优良传统激励奋进力量，引领主旋律思想潮流和社会发展的前进方向。2018年中办、国办联合发布的《关于实施革命文物保护利用工程（2018-2022年）的意见》从国家战略高度重视革命文物，切实强调要充分发挥革命文物资政育人的精神引领作用、教化功能、激励功能。弘扬革命精神、传承红色基因已上升为国家意志。2020年国家文物局围绕习近平总书记关于文物工作的重要论述和敦煌研究院座谈会上的重要讲话精神，加强革命文物保护利用工作的顶层设计和宏观指导，继续推进《意见》精神落地见效。2021年10月，教育部、国家文物局召开"全国革命文物与新时代高校思想政治工作融合发展论坛"，围绕"立德树人、协同育人"共同谋划革命文物资源与高校思想政治工作的走深走实、融合发展。

从文化的社会功能来看，革命文物蕴含的红色文化具有不可替代的思想引领和教化凝聚作用。在百年山东历史进程中，齐鲁儿女在党的领导下创造了光辉的革命历史，同时保留下了数量庞大、价值突出的革命文物，以物质遗存的形式记录、书写和讴歌了百年历史传承下来的革命精神、民族精神。革命文化契合不同年龄阶层的人们对于红色文化的情感期盼和灵魂托付。近几年来山东各地积极开展对革命文物的抢救性征集，创新改进革命历史展览展示，发挥革命文物资源优势，重视革命文物背后的故事深入挖掘，灵活多样地广泛开展宣传教育。革命文物的有效保护利用旨在使红色基因在齐鲁大地厚植基础、赓续延绵，更使红色文化的示范影响成为全民共识和社会风尚，新时期山东经济文化强省的建设发展，广大人民群众的磅礴伟力的凝聚，更需要从革命文物中汲取深厚滋养和时代内涵，发挥革命文物服务大局、资政育人的独特作用，弘扬红色文化思想旗帜和精神火炬的引领作用。

品牌价值的增进与利用。新时期公众出游高频化，且对文化感知、休闲娱乐等文旅产品多元化需求旺盛，文旅融合的大趋势和发展策略坚持供给侧结构性改革，激发了文旅市场活力，增加了多元化和高品质旅游产品供给。革命文物展示利用和革命文化宣传教育也在通过多种途径努力追求创新改进，以供给和创造高品质的革命文化旅游阵地。

从展陈层面，全省范围内革命专题博物馆、纪念馆、党性教育基地、革命传统教育基地等登记有600余处，均常年开办专题革命历史展览，比较有代表性的革命专题展馆有沂蒙革命纪念馆、甲午战争博物院、济南战役纪念馆、冀鲁豫边区革命纪念馆、孔繁森同志纪念馆等等。省内各地市县各级的综合类博物馆中，大部分也常设地方革命历史展览，如烟台市博物馆、威海市博物馆、青岛市博物馆、日照博物馆、泰安市博物馆等。这些革命历史展览总计年参观观众在5700万余人次。地市博物馆的革命历史文化展示内容多注重专题性和地域历史文化特色。另一方面，目前省内专题性革命文化展示单位，正全面规划实施红色旅游品牌打造工程，推动沂蒙、胶东、渤海、鲁西四大红色高地的革命文物集中连片保护，建设红色文化旅游片区，建党百年之际山东推出100条红色文化线路和"红色旅游精品线路"，举办红色旅游节事活动，打造"红色＋乡村景区"、"红色＋数字文创"、"红色＋民俗节庆"等红色旅游复合型产品融合展示，文化赋能助力乡村建设和乡村振兴，发挥红色旅游的教育功能，提升基层党组织的凝聚力和战斗力，创新红色文化旅游工作实践。

近年来，为积极响应党中央关于抗战70周年、建党95周年、建军90周年、新中国成立70周年和建党百年等一系列大型纪念和庆祝活动的号召，山东博物馆作为省文旅发展重要窗口单位，相继举办多次省级革命历史主题展览，社会反响强烈，年参观公众人数达150多万人次。展览多次受到国家文物局关于弘扬社会主义核心价值观主题展览重点推介，在全国范围内树立了样板示范。重大历史题材展览深入挖掘革命文物展品的内涵，阐释山东革命文化精神特质，依托革命文物更好展现党的百年奋斗重大成就和历史经验，并不断探索红色文化创新展示途径和数字化多媒体宣传教育模式，传播弘扬红色文化、努力构筑传承红色文化的精神高地。

革命文物和其代表的革命文化的价值是综合性的。在主体性的精神价值、政治价值和社会价值之外，它们还具有巨大的经济价值和红色品牌价值。社会主义市场经济为文化品牌的社会价值和经济价值开辟了广阔的发展空间。从革命文物、红色资源到红色文化，再从红色文化到红色文化品牌，就是资源价值不断转化提升的过程。这个过程也是"红色文化不断嵌入和引领经济社会发展的过程"①。红色文化品牌不仅包括与红色主题相关的党性教育品牌、博物馆（纪念馆）品牌、红色研学品牌、红色文创产品品牌和红色旅游品牌，还包括以红色文化为主要特征的红色城市品牌。以品牌彰显和传承红色文化，建设高水平文商旅融合示范区，把革命精神融入城市文化、创建国家级红色文化传承弘扬示范区、建设红色文化传承弘扬工程等都是具有重大现实意义的实践性课题。

---

① 关冠军、刘慧、王旭东：《红色文化品牌塑造：理论与实践》，中国商务出版社，2019年，第7页。

第三节　革命文物的科学分类

在文物保管基础工作中，对于文物藏品的科学分类至关重要，如根据藏品时代、材质、特性、内容等区分，越是完善细致的藏品分类越有利于电子检索、库房排架、分类编目、文物征集、统计和应用陈列展览等一系列保护利用工作。革命文物的分类原则不仅应符合国家文物局规定的文物认定分类标准，还应结合文物保护利用实际，以分以致用的原则对其进行科学分类。

革命文物按其本身属性，在大类上可分不可移动文物和可移动文物两大部类。不可移动文物即包括有关典型时代特征、重要事件、革命运动和与领导人、英雄模范等时代著名人物、重大事件等有关的史迹、建筑、旧址、遗址；可移动类文物则主要指以国有、非国有文博场馆典藏的革命文物。品级类别上按照国家文物定级标准可分为国家一级文物，国家二级文物、国家三级文物、和一般文物。三级以上为珍贵文物；另可收藏的价值略低的可归为参考资料类。因诸多革命遗迹、旧址、纪念场所和文博单位编制归属有所不同，故本课题侧重归纳总结革命文物中可移动文物的分类。最后，值得关注的一点是除了物质文化遗产形式，革命文化还以非物质形态呈现和传承，即在革命、建设事业中继承创造产生的路线方针、理论建树、方法论，还有历史见证者的口述史、口耳相传代代延续的英雄精神、军队精神、领袖精神，中国共产党精神谱系等属于非物质革命文化遗产，在全国首部规范革命文物遗存的《山东省红色文化保护传承条例》中即规定，关于红色遗存和革命精神亦属于革命文物范畴。

2013年按照国家文物局全国"一普"发布《馆藏文物登录规范》以及在普查过程中山东省第一次可移动文物普查专家指导组的认定标准，文物数据信息登录规定了具体单件（套）文物的具体类别①，但因电子数据表格下拉选择设计空间有限，加上革命历史文物本身种类繁杂，故普查使用的EXCEL文物数据统计表可选择的革命文物类目除可选择的类别外，在完善性和全面性上存在一定局限的。

截至2018年11月，"一普"工作山东省内共统计国有博物馆和史料馆、纪念馆、档案馆、文物保管所、烈士陵园、名人故居、旧址、各县区民政局、文物管理所、村委等等一系列国有单位上报可移动革命文物总量共计94091件（套）。总量庞大，种类繁多，分类难度系数较高。考虑到在文物保管实际工作中，同一种类并同一质地的文物保护措施基本相同，故从文物保护的角度考虑，省内文物收藏单位普遍以质地列为藏品基本大类纵向分排，在此基础上以文物品级、历史时期、藏品用途、藏品属性等横向分述。山东博物馆是山东省典型性和代表性革命文物集成所在，自2013年开始，山东博物馆历经5年多时间，完成了全国第一次可移动文物普查工作中馆藏20余万

---

① 主要是按照文物性质区分为：玉石器、陶瓷、铜器、金银器、铁器和其他金属器、书法绘画、文具、甲骨、玺印符牌、钱币、牙骨角器、竹木雕、家具、珐琅器、织绣、古籍图书、碑帖拓本、武器、邮品、文件宣传、档案文书、名人遗物、玻璃器、乐器法器、皮革、音像制品、票据、交通和运输工具、度量衡器、标本化石和其他类。

件馆藏文物的系统整理，其中整理统计革命历史文物数量总计14048件，基本摸清了革命文物的馆藏家底。馆藏革命文物的分类即遵循了上述纵分横述的分类原则和方法。首先是按照大的历史时期阶段，分为近代（档案文书）、民主革命时期和社会主义建设时期三个大类分配三个独立库房，在每个库房中再按照文物质地、历史时期、文物品级和内容性质等纵分横述。尽量保证种类复杂的革命文物的分类纵横结合，纵成体系，横列分明。每一件文物在确定类目后分配对应的馆藏文物分类号码，以便于清点登记、分类排架、电子检索和办理出入库程序等。

在革命文物收藏保管中，针对国家一、二、三级珍贵文物，按照国家文物局藏品管理办法的相关规定实行专柜保存；成系列的名人遗物、代表重大战争、重要事件的文物设置专柜保存（如左宝贵系列文物、马云亭系列文物、张海迪捐赠文物、抗美援朝系列文物等）；对于革命文物中的异形文物（超大、超长、不规则形状文物等）实行专柜或专架保存。此外，革命文物的分类还照顾到了今后文物征集扩充增加的因素，将类目名称尽可能的准确清晰、简明概括，类目之间保留有一定余地，以便在之后的藏品扩充中需要并列类目或需增设子类项目时，保证整个分类体系在长期稳定基础上，又不乏灵活性和实用性。

结合山东省"一普"普查平台数据和山东全省革命文物收藏单位上报数据分析，山东省革命文物的基本分类如下，可供参考：

1.山东省可移动革命文物按时间具体分类

按照历史时期分类	（1）近代文物（档案文书）（晚清至1919年前）；	
	（2）民主主义革命文物（侧重1919年至1949年10月）；	
	（3）社会主义革命和建设初期文物（侧重1949年10月至1956年底）	
	（4）改革开放以来文物	
全国"一普"登录标准年代分类	中国历史学年代分类	晚清（侧重1840年–1911年时段）
		中华民国（1912年–1949年）
		中华人民共和国（1949.10至今：社会主义革命和建设时期、改革开放时期、中国特色社会主义新时代）
公元纪年分类	公元19世纪（末）	
	公元20世纪	
	公元21世纪	
具体年代登录	鸦片战争时期、太平天国时期、甲午战争时期、义和团运动时期、辛亥革命时期、新文化运动时期、五四运动时期、中华民国时期、国民大革命时期、土地革命时期、抗日战争时期、解放战争时期、中华人民共和国成立初期、抗美援朝时期、社会主义建设时期、三大改造时期、改革开放时期、中国特色社会主义新时代等	

2.按照文物质地纵分大类:

有机类	纸质类
	棉麻纤维、毛、丝织绣类
	塑料类
	竹木类
	皮革类
	其他杂类(内含骨角类)
无机类	金属类(内含金银类、铜器类、铁器类等)
	陶瓷类
	石质类
	玻璃类
	宝玉石类
	其他杂类

按质地分类的某些文物交叉属于不同的子目项,故可以集中单列、专柜专存,如名人遗物、钱币类、奖章类、印章类、文具类等,按照重大事件、著名人物成系列的文物也可单列类目专柜保存,如抗美援朝类、左宝贵类等。

3.按照文物性质、内容等在类目基础上横述子目项(根据山东省革命文物统计大数据整理):

序号	文物质地	主要类别	具体文物类别
1	纸质类	公文文件、宣传品和档案文书类	公文（喜报、捷报、训令、指示、公告、通知、通令、命令、密令、嘉奖令、通告、报告、公报、通报、战报、电报、章程、条例、任命状、委任状、禀帖等）、期刊（内含月刊、季刊、日刊、油印册、画册、期刊、杂志、纪念册、写真册等）、书籍（包括现代出版物、著作、刻本、抄本、排印本、铅印本、影印本等）、油印宣传品（册子、宣传单、宣传画、讲话、宣言、标语、便条、贴画、贴单、揭帖、封条）、报纸、剪报、函件、信函、手稿、档案文书、清单、奏折、函稿、誓约书、歌词、剧本、草案、会议记录、照片、遗像、胶片、幻灯片、卡片、地图、贺信、诉状、地契、卖契、契约、租契（手绘）草图、蓝图、手札册、执照、凭照、合同、保单、货单、账本、年画、剪纸、曲谱、日记、笔记、路条、路标、奖状、志愿书、证书（光荣证、功劳证、通行证、国民身份证、名片、服务证、聘书等）、请柬、稿底、蜡光纸、统计表、调查表、商标、书法绘画（图轴、手卷、手迹、册页、条幅、楹联、题联、题词、挽言诔词、油画、国画、水彩画、版画、漫画）、碑帖拓本、印蜕、邮品（邮票、明信片、邮线图）、钱币（根据地发行纸币、日本纸币、日伪币，伪满洲国纸币、中央银行纸币、中央联合银行纸币、中央储备银行纸币、样币、关金券、流通券、银票、军用手票），票据（储蓄单、领息凭证、当票、发票存根、运粮凭单、粮票、米票、饭票、麦票、草票、马料票、柴草票、供应票、支票、股票、株券、公债、偿还券、兑换券、礼券、公益奖券、票版、借据、收据、捐款联单、存根存条、借条等），生活用品（香烟盒、火柴盒、烟标、纸袋、包装纸等）此外，反映革命志士事迹的文献、传记、回忆录、图片、音像制品、媒体报道等参考资料也包括在内

序号	文物质地	主要类别	具体文物类别
2	金属类	武器装备、生活生产用具、交通工具、钱币、金银类等	武器类（汉阳造、七五式、四五式、三八式等各式步枪、手枪、气枪、机关枪、冲锋枪、地雷、手雷、手榴弹、钢盔、轻机枪、重机枪、迫击炮、钢炮、清代各类舰艇、口岸炮、舰载炮、指挥刀、铁锚、炸弹、弹片、钢盔、掷弹筒、撞针等各类武器和零部件，马刀、单刀、军刀、匕首、长矛头、矛头、剑、子弹、九节鞭、菜刀、红缨枪、铁铜、鸟枪、地雷鼠夹子、引爆夹板、火管、火铳、火镰、铁棍、土炮等其他民间自造土制武器），手铐、脚镣、铁抓等铁质刑具、钱币类（金币、银币、铜钱、镀镍纪念币、镍币、铝币、伪币、美元硬币、日本铜钱、票版），钢印、奖章、证章、纪念章、勋章、胸章、徽章、像章、墨盒、刻字钢板、油印机、电台、收发报机、发报机、美式汽油桶、电键、耳机，铁质生活用具如鏊子、铁柜、铁药碾子、炭熨斗、铁水桶、雨搭、钢管、工兵锹、铁桶、茶缸、茶盘、烟嘴、烟具、水壶、水果刀、暖壶、脸盆、缝纫机、手电筒、电话机、手表、怀表、钟表、座钟、金属纽扣、钢笔、幻灯机、剪刀、手术剪、听诊器、带扣、顶针、火盆、餐具、饭盒、军用罐头盒、牌照、铭牌等，铁质交通工具和部件如德制钢轨、路轨、自行车、马蹄铁、道板道钉、飞机残骸、船锚、海底光缆等，金属类生产用具如斧头、秤、锯条、镐头、扳手、凿子、刨子、铁锹、镢头、铁锄、钉耙、铁叉、锤子、铡刀、镰刀、夹钳、手摇钻、电线圈、车床、铁钎、铁锥、水平仪、度量衡工具、针锥、无缝钢管等，铜器类（铜墨盒、铜文具架、铜军号、小钹、大锣、铜瓶、铜引信、铜水壶、铜章、铜币、铜餐具、铜钟、铜印、铜丝、铜盆、铜顶针、铜唾盂、铜纽扣，礼器、法器（名人遗物中多见）等）；金银类（金币、银币、银元、首饰、金银餐具等金银制品）

序号	文物质地	主要类别	具体文物类别
3	棉麻纤维	毛、丝、棉麻质地服装配饰、装备、生活用品、织绣类	服装（血衣、长衫、棉袍、夹袄、背心、裤子、大褂、棉袄、绑腿、裹腿、布袜、军装、布鞋、领带、帽子、工作服、避弹衣、和服等民族服饰等）、鞭子、布背包、子弹带、手榴弹袋、子弹袋、手枪套、慰问袋、荷包、碗套、裆褛、钱褛、钱包、国旗、奖旗、锦旗、各类旗帜、袖章、臂章、证章、标识符号、横幅、幕布、马褡、邮袋、米袋、船帆等，毛毯、手帕、毛巾、头巾、纱布、药棉、床单、褥子、挂毯、枕巾、枕套、棉被、吊床、伞布、针线包、门帘、帆布、枕头、包袱皮、花布、台布、油布、蚊帐等纺织生活用品、绣花镶边、织锦画、绣像、丝带、丝绸、刺绣绣品等
4	竹木类	生产用具、生活用品、交通用具、文具、雕版等	木质生产生活用具（斗、纺车、织布机、水磨木配件、织布梭子、棒槌、锥针把手、线杼、木盆、木筐、鱼篓、簸箕、算盘、手摇唱片机等）、交通用具（小推车、牛车、马车、船模、担架等），木质竹质家居生活用品（行军床、门板、书箱、凳子、茶几、木桌、立柜、木椅、扇子、竹篮、竹竿、手杖、象棋、围棋、火柴）、刻字竹竿、乐器、木刻印章、公章、图章、印模、手章、钤记、印鉴、牌匾、光荣匾、雕像、雕版、印版、相框、印刷锌版、木雕竹雕、模具、医用压舌板、响板、木牌位等；
5	陶瓷类	生活用品、文具、礼器等	水缸、像章、油灯、花瓶、茶碗茶壶、瓷碗、瓷盘、瓷碟、瓷坛、笔盒、笔筒、帽筒、花插、咖啡杯、瓦罐、油灯、盖罐、陶罐、花盆、执壶、瓷罐礼器、酒盅等（名人遗物中多见）

序号	文物质地	主要类别	具体文物类别
6	塑料类	多包括以塑料为主组合质地类的办公用品、音像制品、生活用品等	以塑料为主：文件箱、医药箱、照相机、望远镜、显微镜、音像制品（原版照片、翻拍照片、照片贴本、幻灯片、唱片、胶片、电影拷贝）、西洋镜、像章、塑料文具、牙刷、手风琴、救生圈、降落伞、鞋刷、打火机、雨衣、喇叭、纽扣等
7	玻璃类	生活用品、医药用品等	油灯、马灯、钟表、药瓶、墨镜、太阳镜、玻璃像章、镜子、玻璃杯、药品试剂瓶、烟灰缸、风镜等、香水瓶、墨水瓶、大眼灯等质地大多为玻璃的生活用品等
8	石质类	文具、碑刻、生产用具等	石质砚台、石刻、石雷、纪念碑、墓碑、磨石、石牌、日本神社石柱、石磨、石碾磙、碌柱、马槽、石臼、界碑等
9	皮革类	皮包、皮配饰、生活用品、鞋帽等	皮箱、皮背包、皮盒、文件包、钱包、凉鞋、腰带、刀枪配饰、马镫马鞍、皮鞭、皮鼓、驮鞍等
10	宝玉石类	首饰、印章等	玉带，扳指、玉镯、手链等首饰，玉印章等多见于名人遗物

序号	文物质地	主要类别	具体文物类别
11	其他杂类	数量较少、质地少见、质地混杂类或质地有不同种类	骨角类（遗骨、骨质品、牛角章、骨钻、骨钳等）、石膏类、玻璃钢类雕像、浮雕、玺印符牌、标本化石、度量衡、橡胶制品、草编制品、紫砂类制品、杆秤、藤箱、线轴、草鞋、草笠、蓑衣、笾子、瓜篱、葫芦水瓢、信号灯、指北针、罗盘、掉色盘、镇纸、烟丝、收音机、藤棍、粉状药品、发酵粉、面粉、汽油、墨块、印泥、晶体管、医用羊肠线等

4. 针对具体类别下的子目项的排列，可按照文物品级分别登记纸本账和电子账，再按时间顺序分排具体号码，在此不做赘述。

第二章

山东省革命文物典藏普查和保管保护

　　加强革命文物保护利用，弘扬革命文化，传承红色基因，是全党全社会的共同责任。而文物的保护利用工作，保护永远是第一位。2002年修订的《中华人民共和国文物保护法》是改革开放后在中国文物保护管理方面的重要法律遵循，是文物法制建设与时俱进的重要里程碑。党的十八大以来，习近平总书记高度珍视革命历史和重视革命文物工作，就保护、利用、传承作出一系列重要指示、发表系列重要论述，为做好新时代革命文物工作指明了前进方向、提供了根本遵循。

　　革命文物的保护工作基本可分为日常保管、文物保护、科学修复等，是最大程度上发挥革命文物综合价值的前提和保障，而最大限度地摸清文物家底，查清文物典藏大数据更是实现文物科学保管保护的基础性重要工作。新中国成立以来，文物普查这项工作一直为党和国家所重视，并列为重大国家资源和国情国力调查范围。自2012年10月至2016年12月，国务院组织了第一次全国可移动文物普查（以下简称"一普"），对我国境内所有国有单位（各级国家机关、事业单位、国有企业和国有控股企业等）收藏保管的文物进行了全面调查、认定和登记，总体掌握了国有可移动文物资源的数量、分补和收藏保管情况，是新中国成立以来首次对可移动文物领域的重大国情国力调查①。在"三普"（主要针对不可移动革命文物）和全国"一普"（主要针对可移动革命文物）基础上，革命文物资源状况基本摸清，普查成果斐然。不可移动革命文物3.6万多处，可移动革命文物超过100万件（套），其中可移动文物占一普全国普查总数（10815万件/套）的千分之九，占登录102万个国有单位可移动文物总数2661万件/套的3.8%。革命博物馆、纪念馆、陈列馆、展览馆超过1600家，国内革命文物的资源分布的总体情况基本摸清。"十三五"时期，中宣部、文旅部和国家文物局陆续公布了两批《革命文物保护利用片区分县名单》，开启革命文物集中连片保护利用的先河。革命文物保护级别得到提升，保护管理状况显著改善。

第一节　山东省革命文物普查情况和价值评估

一、文物普查和数据完善

前一章节已提及，革命文物按本身属性在大类上可分不可移动文物和可移动文物两大部类。在不可移动革命文物方面，早在2011年山东即完成了第三次全国文物普查任务，建立了山东省不可移动革命文物排查档案、资源目录及专题数据库。

---

① "一普"遵循文件：《国务院关于开展第一次全国可移动文物普查的通知》（国发〔2012〕54号）。

28

2020年积极响应中办、国办《关于实施革命文物保护利用工程（2018—2022年）的意见》，摸清全省革命文物资源底数和保存现状，完善革命文物数据库，为《山东省革命文物保护利用规划》的整体编制提供数据来源和资料保证。2019年底山东省文旅厅启动新中国成立以来山东全省最大规模的不可移动革命文物调查。该项目分5个工作组对全省16地市的2060处不可移动文物进行摸底，内容包括革命文物的基本信息及利用、管理、研究情况，通过文字、图片和视频等形式进行保存记录。至2020年12月8日，山东省政府新闻办举行了"十三五"成就巡礼主题系列发布会第九场，省文化旅游厅发布了山东全省革命文物资源最新调查结果，全省共计登录不可移动文物增至1800余处（其中12处国保单位，192处省保单位。另有24处省以上重大史迹，市县级文保单位597处，爱国主义教育基地156个以上）。

相对于不可移动文物，山东的革命文化遗产中还包括了数量庞大、类目繁多、价值突出和收藏体系日益多元的可移动文物。2012—2016年，遵照国务院的统一工作部署，山东全省文博机构完成全国"一普"工作，理清全省国有可移动文物资源总体情况。截至2016年12月31日普查收官，在全国可移动文物信息平台，全省671家国有可移动文物收藏单位共登录文物藏品2860174件/套（实际数量5580463件），居全国第三位。"一普"工作不仅完成文物本体基本信息数据的整理，还对文物所在收藏单位的整体软硬件情况、文物保存现状、病害现状及保管条件等开展了全面而彻底的调查，"建立了文物身份证制度和文物资源数据库，实现了摸清家底、建立登录制度、服务社会的工作目标"①。通过文物普查工作的开展，我省进一步提升了可移动文物工作的管理水平。"全省各级各行业成立普查机构160个，组织普查员、志愿者近万人，调查国有单位6.7万多家，创新实施文物信息采集登录'四步登录法'、数据审核专家责任制等工作机制，把质量管控落实到了源头预防、逐级审核上，全省普查差错率在0.2%以内，普查进度、登录单位和文物数量、数据质量均居全国前列。"②通过对可移动文物数据次专项上报，在2019年公布的全省革命文物数据中，"可移动革命文物总数量上报总计94091件，其中珍贵文物总计3162件（套），全省16市均有上报，其中济南、青岛、济宁的藏品量居前三位。从具体的文物类别看，文件类、宣传品类、邮品类和期刊图书杂志等类收藏数量最是突出"③。

2021年1月6日，依据国家文物局对革命文物名录甄选标准的最新规定，山东省文化和旅游厅公布了第一批山东省革命文物名录。其中"不可移动革命文物共897处，包括全国重点文物保护单位12处、省级文物保护单位179处、市县级文物保护单位491处、一般不可移动文物215处；可移动珍贵革命文物3233件（套），包括一级文物82件（套）、二级文物21件（套）、三级文物3130件（套）"④，第一批公布的革命文物数量位居全国前列，充分彰显了山东深厚的革命文化传统。

---

① 山东省文物局编著：《博物山东》（序言），中华书局，2017年。

② 山东省文物局编著：《文物山东》（序言），中华书局，2017年。

③ 曹文娟：《文化自信视阈下讲好"山东故事"的实践路径研究》，《北方文学》，2019年11月。

④ 赵晓林：《摸清红色家底，保护革命文物》，《济南日报》，2021年1月19日。

全国首批革命文物名录的界定标准[①]

革命文物 分类界定	革命文物界定标准	
不可移动革命 文物名录界定	以第三次全国文物普查成果为基础，各级人民政府核定公布为文物保护单位的革命文物和经县级人民政府文物行政部门登记公布、尚未核定公布为文保单位的不可移动革命文物	
可移动革命文 物名录界定	包括国有和非国有革命文物。以第一次全国可移动文物普查成果为基础，普查登录的珍贵文物和一般文物中的革命文物	与中国共产党领导中国人民进行革命、建设、改革相关的史迹、实物和纪念设施
		与近代以来中国人民争取民族独立和人民解放（含抗日战争）相关的史迹、实物和纪念设施
		与近代以来著名民主党派和无党派爱国人士相关的史迹、实物和纪念设施[②]

伴随第一批名录的公布"十四五"期间《山东省革命文物保护利用规划》的编制完成，以及针对全省全部革命文物资源的深入调查、鉴别、界定和上报，革命文物资源会有更加完善的大数据。

通过普查总结分析，山东虽作为文物资源大省，但文物备案和数据工作仍存在不足：一是普查的对象不全面。全省境内全部可移动文物目前登录不全，本次普查的范围限于国有单位

[①]　《关于报送革命文物名录的通知》，国家文物局，2018年11月印发。

[②]　苏锐：《看数据听故事寻标准展未来》，《中国文化报》，2021年1月19日。

收藏的文物，"非国有文物（包括非国有博物馆收藏保管的文物）尚未纳入普查范围，数量庞大的民间文物尚缺乏有效统计途径"①；其次，省内各级各类文物收藏单位收藏的革命文物仍然存在文物家底不清，情况不明，未能实现及时登记、全面的信息著录和影像采集。普查过程中存在少部分国有单位主动申报意识不强或因归属系统不同等原因，故未能全面完整申报文物收藏情况。另外，"普查后续工作尚未形成常态化机制。随着普查全面结束，各地临时性普查机构和人员解散，普查数据管理审核、更新维护、统计发布等工作缺乏固定机制"②，不能实现动态管理和监管。

二、山东革命文物价值评估

作为抗战时期全国唯一以省命名的著名革命老区，山东是革命文物大省。山东境内革命文物在家底、特色、价值方面非常突出，文物资源特点鲜明：一是分布集中连片。与山东抗日战争五大战略区、解放战争三大战略区紧密呼应，山东的革命文物集中分布于鲁中、鲁南、滨海、胶东、渤海、冀鲁豫（鲁西）六大革命文物保护利用片区。"十四五"期间，山东革命文物重点保护利用片区以已列入国家片区分县名单的县（市、区）为重点，科学梳理山东革命文物构成和保存状况，推进片区整体规划、连片保护、统筹展示，深化革命文物价值挖掘和

---

① 国务院第一次全国可移动文物普查领导小组办公室国家文物局：《第一次全国可移动文物普查工作报告》《中国文物报》，2017年4月8日。

② 国务院第一次全国可移动文物普查领导小组办公室国家文物局：《第一次全国可移动文物普查工作报告》《中国文物报》，2017年4月8日。

保护利用创新；二是文物类型丰富，不可移动文物按照山东省历次公布省保单位类型包括抗战遗址、纪念设施，革命遗址及革命纪念建筑物。按照《革命旧址保护利用导则》的规定，包含"重要机构、重要会议旧址，重要事件和重大战斗遗址、遗迹，具有重要影响的烈士事迹发生地或烈士墓地，重要人物故居、旧居、活动地或者墓地，近代以来兴建的涉及旧民主主义革命、新民主主义革命和社会主义革命的纪念碑（塔、堂）等纪念建筑"；可移动文物更是从属性、来源、时期、材质等方面划分皆门类丰富（见是第一章节相关内容）；三是时代跨度长。齐鲁大地星罗棋布的革命遗迹、文物涉及旧民主主义革命、新民主主义革命、社会主义革命和建设、改革开放和社会主义现代化建设新时期、中国特色社会主义新时代五个时期。时间跨度长且有连续性，通过山东的革命文物，可以看到完整的山东革命历程，其中以抗日战争和解放战争时期最为丰富；四是独具山东标志性意义的革命遗迹众多，在山东革命历史乃至全国革命史中的重大标志性事件、人物、精神象征地众多，如甲午战争威海刘公岛遗迹、台儿庄大捷纪念地、大青山突围战遗址、孟良崮战役、济南战役纪念地、沂蒙红嫂纪念馆等；四是革命精神内涵深厚。这也是遴选标准之一，体现了在革命文物的认定上不光考虑物态载体，更把象征精神、蕴含精神的实体重点考虑在内。本次革命名录重点遴选与沂蒙红嫂、沂蒙精神、支前精神、九间棚、厉家寨和山东"小三线"工程旧址和大量抗战纪念实体等相关的不可移动文物，将不可移动本体背后厚重的精神承载充分彰显。

　　另一方面，全省已登录上报可移动革命文物总数94091件

（套），珍贵文物3162件（套）。作为省文博行业龙头的山东博物馆革命文物上报14048件（套），占比全省14.9%，珍贵文物数量占比全省88.7%，文物性质构成上更侧重以中国共产党的历史活动为中心，在革命文物资源构成中占有重要地位。在2016年底"一普"工作基本收尾后，虽然常态化的普查机制没能持续保持，但在省内范围，持续性地普查收尾、校对和增补完善工作也一直在进行，大数据一直在不断补充，使革命文物数据库实现动态管理和维护。2020年底，遵照国家文物局在第一批革命文物名录的界定和遴选标准，选出与中国共产党领导的百年奋斗历程有关，与近代以来中国人民为争取国家独立而奋斗和人民解放有关，与近代以来民主党派、无党派爱国者及其他无党派有关的珍贵革命文物共计3233件（套）。而关于已上报的全部革命文物数量94091件（套）这个数字属于原始数据，由于受普查及上报集合误差，目前仍存在大量错讹数据，急需对其进行深入整理和修正。2021年初，著者对已上报的94091件（套）原始革命文物数据进行综合核查甄选，结合了2020年底全省第一批珍贵革命文物名录认定的相关标准，共删减34221件（套）明显不属于国家文物局规定范畴的革命文物[①]，共界定可移动革命文物59969件（套），其中一级文物75件（套），二级文物34件（套），三级文物3233件（套），一般、其

---

① 本次甄选删减的文物类型包括：明显不属于国家文物局关于革命文物认定主要原则的，如单纯属于清末或民国时期的民俗文物、瓷器、青铜器、玉器、书画等；单纯属于现当代书法家关于伟人的诗句或题词的书法作品；单纯属于革命年代某些著名人物不涉及政治的书画艺术作品；"文革"时期的语录、袖章、革委会文件、红卫兵相关物品等；罪证类等暂不列入革命文物名录中。

他或资料、未定级56627件（套）（截至2021年底数据统计）。

　　在文物归属地方面，以省直的山东博物馆的收藏最为丰富，其次为青岛市博物馆、烟台市博物馆、济南市博物馆、淄博市博物馆居前五位，16地市中地市、县、区级等文物收藏单位基本都有相当数量的革命文物上报。从文物种类看，文件或宣传品（含纪念章、奖章、锦旗等）文物数量占比最高，为17178件（套），邮品类次之，13043件（套），其他如图书类文物6576件（套），档案文书类5421件（套），武器和装备类4261件（套），钱币3408件（套）等都是相对数量较多的类别。革命文物集中体现了省内各地历史发展的地域性、阶段性特点，尤其是胶济铁路沿线工人运动发展活跃的城市和沂蒙山区抗日根据地的文物，在历史时期和历史特点方面具有典型性和代表性，对于山东革命历史的宏观研究和微观考察都有极高研究价值。

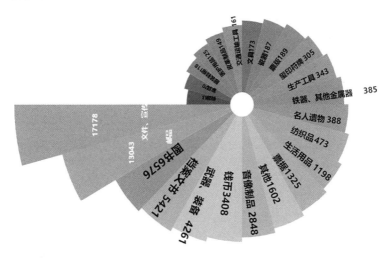

全省可移动革命文物种类数量比例图

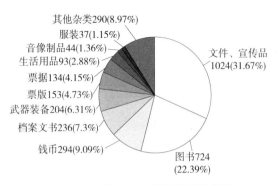

山东省珍贵革命文物分类数量示意图

对革命文物深入持续的整理和纠偏，为彻底摸清全省革命文物实际家底和资源总体情况、为科学制定保护利用规划提供参考依据，并可为省内宣传思想部门、党史研究部门提供可靠的文化资源研究支撑。加强对革命文物的综合调查和专项研究，亦有助于加强文物修复保护和科学规范保管，提高科学研究和展示宣传的整体水平，为今后深入开展省内业务工作合作交流，促进全省革命文物资源整合利用提供基础保障。

第二节　革命文物的藏品保管和病害分析

文物是见证历史的物质载体，藏品保管是博物馆基于为民族保存历史记忆的基础业务。通过各历史时期广泛征集和发掘的物品统一收归博物馆后，就需要通过科学的保护性管理措施，在现当代文保科技的基础上，尽最大可能地延长文物藏品的寿命、减少文物的残损和损坏。《中华人民共和国文物保护法实施条例》第三十七条规定，国家机关和国有的企业、事业组织等收藏、保管国有文物的，应"建立文物藏品档案制度"。建立、健全革命文物藏品（可移动类）[1]的科学保管、保护修复等管理制度，守住文物安全底线是开展各项利用工作的基础和前提。

一、省内革命文物保管业务现状

　　革命文物与其他类别历史文物存在较大区别，山东省内从总体上看，无论是典藏条件、保管人员、保护利用措施等虽比过去有了不同程度地改善，但与当下革命文物保护利用的高要求仍相去甚远。"十三五"时期，山东省文物保护修复中心曾在2017年做过全省文物保存环境调查研究，在参加调研的178个国有文博单位"共有库房341个，面积合计58807平方米。其中，139个库房配有温湿度控制，48个库房有污染物控制。文物柜架已有7864个，还需要新柜架9859个。"[2]随着革命文物保护利用一系列政策、规划和方案的不断落地实施，这些数据已然发生了巨大改变。但仍普遍存在堪忧的诸多问题，尤为突出表现在：

　　1.文物保管硬件设施亟待改善。除了近年来新建的博物馆，大多数基层单位因经费不足，保管硬件条件较差，文物库房数量不足，文物橱柜设备陈旧，甚至在省一级，珍贵革命文物都未能全部实现专柜、专门、专业的囊匣装具收藏；革命文物种类繁杂、形制材质不一，典藏条件难以精细化满足，这也是在保管方面，革命文物与其他类文物存在受限的最大不同。受以上条件限制，绝大部分的革命文物存放仍未按照质地分类库房，在温湿度控制方面造成很大局限；少数单位甚至没有专门的文

---

① 本书主要探讨的革命文物的保管、保护和展示利用研究以可移动类文物为主。

② 山东省文物保护修复中心编：《山东省可移动文物保存现状调研及保护对策研究》，山东大学出版社，2017年，第22页。

物保管库房，或用临时改建的库房代替，光照、温湿度等方面均达不到文物保管的基本要求。从调研数据看，全省拥有调控设备库房数量较高的有省直、青岛市、烟台市、济宁市和日照市，这其中主要指中央空调、大型恒温恒湿设备和普通家用空调三种，从日常设备运作看，三种调控设备均存在一定使用局限；省内文博单位有空气净化设备和吸附剂等污染物控制的库房仅有48处；在省内统计的35315个文物囊匣中，制造材料也多未达到国家标准，更遑论无酸材料等造价比较昂贵的包装用材，包装文物时有没有污染物还有待检测。此外，除了库房环境，全省国有文博单位展厅共有484个，其中仅有101个有温湿度设备控制，35个有污染物控制，至于恒温恒湿展柜、温湿度监测、空气质量监测和光照紫外线监测等所占比例很少。

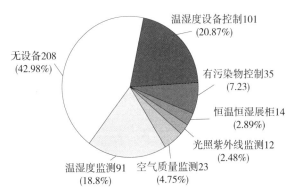

山东省文物展厅环境控制设备配备比例图[①]

2.革命文物工作专业技术人员匮乏。全国平均每名保管员保管文物2290件，基层保管员兼职现象普遍。省内基层文博单

---

① 比例图的数据依据山东省文物保护修复中心编：《山东省可移动文物保存现状调研及保护对策研究》，山东大学出版社，2017年，第25页。

位受经费、设施、藏品数量等差异，发展程度参差不齐。且因博物馆多种工作职能的要求，从事革命文物工作的有限的工作人员身兼文物保管、库房管理、文物保护、主题策展、文物科研数项工作集于一岗，工作任务重，工作压力大，在很大现实程度上无法满足高效率高精度的专业工作要求。此外，即便平时的文物保管工作中协助文物保护，专属革命文物的文保设备配置不足，专业的文物修复技术人员尤其在纸质类、纺织品类文物等目前修复技术难度高的修复师极度缺乏，对于革命文物长期规划保护修复的高需求是巨大掣肘。

3.革命文物保护利用有待于深入推进。由于长期以来对于革命文物文保意识淡薄。经过普查整理新发现的文物未及时纳入国家文保政策资金的保障范围，文物本体存在的病害及保存现状、保存环境存在一定安全隐患，缺少后续的规划和保护措施。再者，尤其是在博物馆、纪念馆和革命旧址等单位，文物的科学研究、展览利用和数字化宣传展示等方面有效利用率低，文物沉睡库房，学术研究价值和社会教育功能不能得到充分发挥。

二、革命文物藏品病害分析

2017 年，依据山东省文物局《关于开展全省可移动文物保护现状调研的通知》文件精神，山东省内相关单位积极参加文物现状病害调研数据填报，及时上报各收藏单位文物情况[①]。据上报的可移动文物 941388 件数据分析，由于受自然因素和人为因素影响，各种质地的文物都存在不同程度的腐蚀损失

---

① 　2017 年山东省内参加可移动文物保护现状调研的单位有 178 个，涵盖当年山东十七地市。

现象，其寿命逃脱不了自然界减法规律的制约。"保存现状完好的文物526955件（55.98%），存在稳定病害的文物264242件（28.07%），濒危的文物150191件（15.95%）"①。从文物类别看，占数量前列的金属类（32.14%）、陶瓷类（20.95%）的文物相对保存完好率高一些（金属57.53%、陶瓷60.84&），这和文物本身性质稳定性有很大关系。数量居第三位的纸张、书画类文物保存完好率基本也在50%以上，但是漆木器类、壁画类文物、纺织品类文物和其他类文物存在稳定、濒危病害总比率超过50%，尤其是壁画类稳定病害39.53%、濒危率31.40%，漆木器稳定病害21.53%、濒危率48.58%，两类文物病害比例超过67%②，有些文物已濒临消失的边缘，现状不容乐观。

至2020年"一普"可移动文物总数据显示，山东全省统计馆藏286万余件文物，其中有接近三分之一存在病害现状。前后这些数量分析数据虽然是关于综合类文物而言，且因各地填报单位对于评估标准认知不一、数据错报、漏报等因素影响，数据存在一定偏差，但对于革命文物来说，种类繁杂，几乎种种兼备，可为文物病害的专项分析提供参考。

年深日久、岁月流转，受科技保护水平、保存条件和大环境变化等因素影响，文物在保存过程中均会呈现不同程度的病害和损坏。已公布的9万多件革命文物中，仅仅有占26%的革命文物保存现状较为完整，其余均存在不同程度的残损甚至严重残缺，

---

① 王传昌：《山东省可移动文物保护现状调查及保护对策研究》，《人类文化遗产保护》，2018年5月。

② 该部分数据采集于山东省文物保护修复中心编：《山东省可移动文物保存现状调研及保护对策研究》，山东大学出版社，2017年，第9—19页。

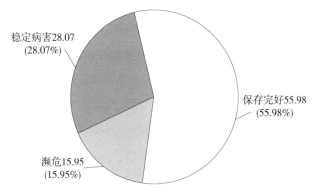

山东省不同类别可移动文物保存现状比例图

亟待专业修复。有针对性地开展抢救性地保护修复是当务之急，长期持续有规划地进行立项保护是文物预防长久之计。

珍贵革命文物（主要类别）病害表现及病害原因

主要类别	具体病害表现	病害主要原因
纸质类	氧化腐蚀、泛黄、酥脆、污渍、水渍、血渍、折痕、缺损、磨损、皱褶、断裂、烟熏、碳化、变色、褪色、晕色、字迹扩散、字迹模糊、字迹残缺、黏连、糟朽、絮化、铁钉装订锈蚀、线装书断线、书籍开裂、色料脱落等	传统仓储式库房条件气密性较差，未实现温度湿度的智能稳定调节；相对湿度在35%以下造成纸张干脆、附加层或支撑层干化、湿度在70%以上容易导致吸湿性易产生表面霉菌、温度在露点以下造成表面周期性水凝结和潮湿气氛，伴随水污染；纸纤维中的果胶质、有机酸和脂肪等受自然环境中的光、热、灰尘、有害气体和碱性物质存在作用下产生较高酸化物造成纤维降解、酸性水解、收缩、自然老化和粉化；带有吸湿性的黏合剂衬里；人为形成的刻画痕迹、油污、烟熏尘染或墨渍；裸露在外或存放方式不当导致的可调整或不可调整的变形和皱褶；展挂过程中缺乏保护措施，被飞虫蝇屎污染；火烧等原因导致纤维素完全降解；

主要类别	具体病害表现	病害主要原因
		受潮、霉蚀、虫蛀、鼠啮等原因导致的纸张返铅、黏连、霉变（白霉、黑霉、红霉）。 保存环境中缺乏温湿度调节，适合害虫繁殖和活动； 蠹虫、书虱、竹蠹、药材甲、烟草甲、蟑螂、鼠类活动等造成的损害； 霉菌、真菌或不明微生物对纸张造成的损害； 化学结构严重降解； 物理、化学或生物原因导致纸张磨损、变质或棉絮化； 在不当或不成熟理念下采用不当材料、不当方法和不成熟技术进行的不可逆修复。
纺织品类	褶皱、脱线、污渍、褪色（色度降低）、晕色、硬化、生物损害、水侵蚀、印染脱落、饱水（纺织品组织结构内饱含水分）、不当修复	传统仓储式库房条件气密性较差，未实现温度湿度的智能稳定调节；相对湿度较高时纺织品纤维扭曲收缩，着色纺织品较为敏感； 长期折叠、叠压等不当存放方式导致的可调整或不可调整的变形、皱褶和黏连； 光线、氧气、污染物和大气湿气造成老化； 昆虫、鼠类及微生物的滋生或其代谢物对文物造成的污染和破坏； 织物、织造方法存在对湿气敏感的胶水或黏合材料 在传承过程中出现缺失； 人工合成纤维老化、酸化，在温度低时易引起静电吸附尘土和灰垢； 布料颜色较深部位向浅色部位扩散或沾染； 胶黏剂失效导致印染痕迹模糊； 在不当或不成熟理念下采用不当材料、不当方法和不成熟技术进行的不可逆修复。

主要类别	具体病害表现	病害主要原因
皮革类	脆化、硬化板结、污渍、水渍、皱褶、黏连、局部破口、断裂、脆裂、缺失、糟朽、霉斑，衣蛾、皮蠹、薪甲虫等微生物损害（此病害集中于近现代鞣制工艺制作的皮革类文物）	传统仓储式库房条件气密性较差，未实现温度湿度的智能稳定调节；温湿度变化导致的老化、板结、霉斑；因文物使用历史和保存过程发生的磨损、断裂和外观形态变化；保存环境避光性差，紫外线引起的褪色；皮革中含有的鞣剂、脂类及水分流失造成材质板结、脆裂；未经过矿物加工程序的皮革，所含蛋白质吸收湿气导致尺寸发生变化。湿度敏感性材料膨胀和收缩多次循环后，导致扭曲、变形、开裂、裂缝及支撑层和部件脱落；不明昆虫类生物造成的虫蛀、钻孔等；在不当或不成熟理念下采用不当材料、不当方法和不成熟技术进行的不可逆修复。
金属类	锈蚀、点腐蚀（高度局部腐蚀形态）、全面腐蚀、磨损、瘤状物、裂隙、层状剥离、矿化	传统仓储式库房条件气密性较差，未实现温度湿度的智能稳定调节；文物本体附着锈、含铁金属、铜合金腐蚀（青铜病害的蔓延）保存环境湿度大、受潮、磨光金属失去光泽；在不当或不成熟理念下采用不当材料、不当方法和不成熟技术进行的不可逆修复。

三、革命文物的科学保管策略

"十四五"是我国开启文化强国、文物保护利用强国的关键时期，新时代革命文物高质量发展工作面临前所未有的历史契机和利好政策。随着革命文物的捐赠和征集大规模持续地开展，博物馆的文物收藏越来越多。从现实技术层面上讲，博物馆的文物保护管理还存在不少弱项和短板，完全阻止文物的老化是不可能的。但对文博行业来说，无论是从保护设备、保护手段还是文物保护环境方面考虑减轻文物寿命的耗损，都是一种巨大挑战。根据2021年中共中央办公厅、国务院办公厅《关于加强文物保护利用改革的若干意见》、国务院办公厅《"十四五"文物保护和科技创新规划》和2022年《革命文物保护利用"十四五"专项规划》系列精神，针对山东省内革命文物典藏条件、保存现状和病害分析，现从法规制度制定完善、减少意外损害、保管装备更新、数字化保管及保管人员能力提升等方面，提出新时期革命文物的科学保管策略。

1.保护利用，制度先行。目前而言，国内针对革命类博物馆纪念馆大多数没有专门的规范制度以指导如何进行革命文物的保管保护，毋庸论及场馆的提档升级。而最长远、有力、有效的保护传承是将其上升为法律法规。2019年11月，山东省委、省政府印发《关于加强文物保护利用改革的实施方案》、《山东省革命文物保护利用工程实施意见》；2020年底山东省第十三届人大常委会第二十四次会议表决通过全国首部全面规范红色文化遗产和革命精神的省级法规，独具鲜明的山东特色。条例创新建立红色文化遗存数据库，规定了各地政府需加强对红色文化的研究阐发、展示利用、教育普及、传播交流，在全国首次建立重点群体开展红色文化教育机制。在此之后，临沂、潍坊各地也相继出台革命文物地方性专门保护法规条例。"十四五"时期在法治保障方面，红色文化保护传承工作的规范将会有非常大的改进和完善。《山东省革命文物保护利用工程实施意见》目标任务将全面落实，"七项重大工程全面完成，全省革命文物保护利用状况显著改善，各级革命文物保护单位"四有"工作落实率100%、重大文物险情排除率100%，可移动革命文物建档完成率100%，各类革命博物馆纪念馆免费开放率100%。"①

2.坚守底线、避免损害。以坚守文物安全为业务之首和工作底线，应尽最大可能避免可能对文物造成的意外损害和人为损害。无论是大型的文博机构，还是小型的研究机构，都存在程序不完善不正规、文物业务高风险操作的情形。每个博物馆都应慎重执行文物业务操作程序，摒弃不合规、不恰当的处理方法和危险操作方式，并定期对业务人员开展业务安全培训，预防规避不利于文物安全的各种因素。除去地震、天灾等不可抗力因素，通常之下应避免以下几个方面造成的文物损害。

（1）文物整理、文物盘点等业务时，由于装具粗糙简陋、拿取拆装手法不当、保管人员业务不熟练、对文物藏品的粗心处理等对各类文物造成污损、凹陷、破损、磨损、擦痕等损害；柜架隔断空间局促，文物没有独立空间摆放，相互叠压、挤压、卷折粘连受损；不适当堆放，导致文物在橱柜上架拿取过程中造成损怀；文物藏品摆放靠近通风管道、灰尘通道、散热设备、窗户、潮湿外墙地板等造成文物损害；电子移动柜架操作失控对安装不牢固的文物造成损害；直接用粗糙污损的布料、刷子或简易吸尘器吸取文物本身的灰尘造成损伤。

（2）文物提取、观摩等出入库业务办理过程中临时包装不

---

① 《我省文物事业发展"十四五"规划提出——800个省级以上文保单位对外开放》，《大众日报》，2022年1月8日。

当、装具不牢稳、短程运输车故障、运输路途不平整或障碍物、直接用手搬运特大或笨重藏品等因素造成文物损害；文物搬运进包装箱前未使用厚实防撞的包装材料；在包装箱外直接大力钉钉或标签，引起箱内藏品传递震动、穿孔等造成损害。

（3）文物出库拍摄、拍录过程中，非专业人员不按规定着急上手、拍摄悬挂设备不牢稳、热光源照明设备靠近藏品、拍摄环境温湿度不当、在文物拍摄基座上进行危险清洁，及除尘操作及镇流器、电缆等设备因素造成文物损害；

（4）文物上展、外展、借展、巡展等展览业务的运输过程中包装用具简单粗陋、临时雇用的搬运人员疏忽大意、借展单位的保管不当、上展展厅环境和展具设计不当、布展升降设备操作不当、搬运过程中碰撞堆积物、藏品在运输交接和展厅中临时存放环境不当（虫害、浸湿、用电设备使用不当、施工工具使用不当等）。

（5）普通库房防火系统采用高浓度二氧化碳气体灭火系统产生的水雾、碳卤化合物气体，其高速喷射对库房内安置不牢固的文物的损害。

3.增进预防、改善设备。保管保护，预防在前。积极争取国家对革命文物尤其是珍贵革命文物的专项保护项目经费。"省级文物、财政部门应加强协作共享，要在文物保护项目库中及时更新革命文物保护项目方案、预算评审、预算执行、财务验收等相关信息。"[①]除大部分用于文物的本体修复外，还可

[①] 《国家文物局、财政部关于加强新时代革命文物工作的通知》，国家文物局官网，2022年1月7日。

在先进的技术规范和保护标准基础上，申请可预防性文物保护专项，以促进可预防性文物库房改造升级、文物橱柜柜架改造更新、库房保管设备更新和充分利用以及文物专门专业保护装包装和包装用具的更新等，以利于实现革命文物规范化库房建设和文物科学优化管理。其中主要涉及的文博设备有：文物恒温恒湿库房调节系统、安防警报系统、通风系统、远程红外监控、氮气真空消毒机、智能文物橱柜、可移动性多功能电动密集架、密集柜大型柜架、滑动隔板、文物电子标签、无酸装具、隔氧密封箱、便捷式包装箱、手提箱、航空箱和集装箱、贵重物品储藏柜、临时展览储藏柜等。除文物库房的可预防外，革命场馆的文物展厅也需要改陈更新。在革命文物"十四五"规划中指明了将"指导支持50家基本陈列超过5年的革命博物馆纪念馆和革命旧址局部改陈布展试点；指导支持50家基本陈列超过10年的革命博物馆纪念馆和革命旧址全面改陈布展试点。"①

4. 数字赋能、高效利用。在文博数字化方兴未艾的今天，数字化、信息化、智能化能大大提高文物保管的水平。截至2021年省内多地市博物馆已完成规模数量不等的革命文物数字化项目和文物复仿制，而文物电子标签、革命文物数字化管理平台、革命文物数据库建设、智慧库房建设也在不断地探索尝试。然大多数的革命纪念馆仍处在电子信息录入的基础阶段，系统的三维数字化技术、革命文物数据管理系统受资金和条件

---

① 国家文物局：《革命文物保护利用"十四五"专项规划》，国家文物局官网，2021年12月24日。

限制大多没有实施。加强革命文物的数字化、精仿复制等精度高、非接触的操作模式有利于保护脆弱文物避免多次提取、频繁上展、外展造成的损害，将文物的信息以数字化形式永久保存和永续利用，并在数字层面实现文物虚拟修复预览化、文物病害调查监测和数字展示传播；文物在数字化文物保管系统管理下实现指标登记、数据查询、数据备份、更新维护和自动化管理等，减轻了文物保管人员繁重的工作量，大大提升了革命文物高效便捷安全保管；数字平台的建设可实现馆藏革命文物业务的规范化、安全化和便捷化，增进馆际交流中的数据共享和云展示，避免文物在各种提取和外展中的意外损害。重视大数据建设，重视利用大数据、云计算和人工智能技术，在全国平台基础上建设省、市级革命文物数据资源共享平台，"实现革命文物资源数据信息的分级填报、分级审核、统计分析和实时更新、动态管理、便捷检索"。

5.人才战略、提升素质。重视强化革命文物保管人员的综合素质。藏品保管是一项精细的工作，对于保管员的技能、专业要求较高，保管员的责任感、细心、耐心也直接影响了文物保管的工作水平。目前省内各文博机构场馆的专职革命文物的高层次保管研究人员相对缺乏，综合素质有待于全面提升。针对革命文物专门的文物鉴定、文物征集、文物保管的培训开展较少，革命文物业务提升较少受到高校、党校等科研机构专家指导；博物馆部门职责划分不明晰，导致从业人员身兼保管、研究、策展数职，业务工作分身乏术，不能在精细化、专业化方面深耕细作；保管从业人员专业出身多样，有的是临时转岗，专业知识水平不一，科研产出率低，目前省内在革命文物保护利用业务方面重量级的论著、文章凤毛麟角。故强化革命文物保管人员的综合素质势在必行，重视专业人员招聘、加大人才梯队建设、加强业务培训交流，建设一支政治立场坚定、业务水平精湛的革命文物工作队伍。

第三节　革命文物的科学保护

一、文物预防性保护示例——以山东博物馆为例

山东博物馆作为山东省代表性革命文物典藏集成所在，馆藏革命文物数量丰富，来源广泛且持续接受社会各界捐赠文物。2010年山东博物馆新馆建成投入使用，与老馆相比，无论在库房保管综合条件、展陈大环境、数字化自动化管理、文物科学保护等硬件设施方面都达到了历史最高水平。新馆拥有34个现代化管理的文物库房，配置完善的消防、安防、空气采样检测、新风系统、恒温恒湿调节等专业设备。

在文物日常保管方面，山东博物馆严格遵守国家文物局藏品管理规范、文物藏品出入库制度和责任保管员制度等相关规范制度。革命文物分配有专门的库房，严格实行责任保管，并根据文物的不同属性定制不同的专柜存放，并配有适合文物的包装材料或囊匣。文物库房配置了消防、安防、通风合格、温湿度基本达到恒温恒湿且能实时监测的库房硬件设施，最大程度上保障了革命文物的保管条件。文保部门和保管人员定期对革命文物库房的安防、消防、库房温湿度进行监测，并对各类文物现状定期进行检查，尤其重视对文物全方位的预防性保护和项目落地实施。

2020年，按照山东省文物局批复意见，山东博物馆根据近现代文物预防性保护实际需求，在2020年全年完成了临时库房文物储藏柜架264立方的改造安装任务。2020年9月26日，按照国家文物局文物保护项目管理有关要求，山东博物馆邀请有关专家召开了"山东博物馆馆藏文物预防性保护——文物储藏柜架项目"验收论证会。与会专家考察现场，听取汇报，经质询、讨论形成如下意见：设备使用正常，提升了两个库房的文物存放和预防性保护能力，达到预期目标。项目管理规范，资料齐全。相关工作负责人员对标国内相关文物橱柜技术参数，在此预防性改造工作中得到了进一步了解和认识。

1. 项目说明

"馆藏文物预防性保护项目库房文物储藏柜架改造"计划对临时库房进行储藏柜架改造。因库房面积有限，新中国成立初期（社建）文物数量巨多，形制不一，且近几年新征集的现当代资料类藏品增多，原有库房目前已存放不下，拟使用临时库房集中存放新中国成立后的文物藏品。临时库使用的橱柜是新馆搬迁后从别的库房淘汰下来的旧橱柜，这些橱柜一是年代久远，安全性能降低，二是存储空间不足，无法容纳更多文物，部分异形、大形社建文物没有合适橱柜存放。

2. 文物库房橱柜设计

此次项目改造共选用了三种文物橱柜，下方示意图中深色部分代表密集型文物安保储藏设施；浅色部分代表重型置物架；无色部分代表智联文物安保储藏设施。按照库房实际面积、便利工作等因素优化排布。

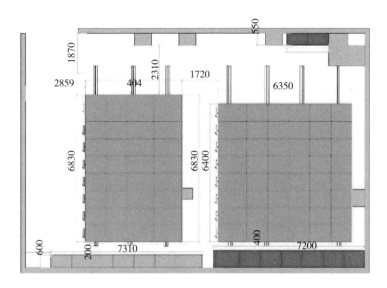

临时库文物橱柜设计分布图

3.文物橱柜技术要求和性能

【密集型文物安保储藏设施】

（1）每纵列两端和中间的架体，需设置架体轮子与轨道发生接触的锁紧装置，其装置需有效保证锁紧后其他柜架撞击不移动，同时开合操作便捷可靠。

（2）架体与轨道的防倾倒装置，需与轨道座有足够的接触面，抵御地震瞬间晃动力带来的破坏，确保架体不脱轨；

（3）导轨由25mm×25mm不锈钢轨座焊接成形，导轨铺设方式，可根据现场具体情况选择。

（4）密集型文物设施各列之间装有钢制凸凹装置。

（5）列与列之间装有防撞胶条装置，该胶条具有磁性并经过防老化处理。架体顶部装有防尘板，合拢缝隙小于0.1mm，具有防水、防尘、防盗、防鼠功能。

（6）柜中设置文物防倒板，柜子门开启时可防止文物从柜子中滑出。

（7）地轮为精刚铸就。

（8）锁具采用锌合金材质，结构锁、拉手、连动装置一体化设计，钥匙采用三级管理（便于文物管理员管理）。

（9）柜内每层不锈钢搁板上铺设亚麻布。搁板设计为上下通透，同时起到最大承重150kg。

（10）搁板上储存文物时必须有防倾倒装置，所有内部防倾倒装置可随文物器型大小、高低自由调节。

（11）每层搁板、挂板能沿立柱的垂直方向独立自由调整高度。

（12）密集型文物安保储藏设施的部件必须达到互换性、延展性、空间随时可独立性、单架内部自由分割性、文物保护性等。

（13）密集型文物安保储藏设施设计达到人性化（如开关方便、存取方便）、科学化（结构合理、符合力学原理）、细节化（尖角圆润、查询便捷）。

（14）转动轴为实心圆钢，转动盘加大加固，转动系统同时速比降低，等改善传动系统，可保障长期使用减少维修及保养。

（15）架体内部设计文物存放防护措施，有效防止文物与钢板产生直接接触。

【重型文物安保储藏设施】

（1）设计要求：底座配备水平调节装置；底梁、横梁、顶梁、配备防跌落装置（叉车或重型文物上架防掉落装置）；文物放置板设计防滑及防磕碰文物装置；文物放置板24小时加负荷平均承重1000kg。

（2）特殊功能要求：抽拉式重型文物安保储藏设施，16条加固螺丝连接。中间设有加强拉杆，文物承重柱上的冲孔有防滑防脱落作用，且与承重挂板相配合；设施结构设计必须达到，房间大环境温度湿度与该设施内部小环境温度湿度一致方案；其表面采用10度以内金属底光银塑料粉末涂料；外包裹板一侧中间部位装有单列总亚克力标识牌。

【智联文物安保储藏设施】

（1）拆装框柜体钢结构，每节标准节分上、下两套对开门，高度可根据美观及使用实用程度分割。

（2）锁采用锁芯、拉手锌材质为合金结构，锁、拉手、连动装置一体化设计，钥匙采用三级管理（便于文物管理员管理）。

（3）底座配备水平调节装置。

（4）柜内每层搁板上铺设亚麻布。搁板设计为上下通透，同时起到最大承重150kg，樟木板为内镶式。

（5）搁板上储存文物时必须有防倾倒装置，所有内部防倾倒装置可随文物大小、宽窄、高低自由调节。

（6）每层搁板、挂板能沿立柱的垂直方向独立自由调整高度，同时能固定在架体上起到避震的作用。

（7）整列文物存储设施要求有气流通透性，且有防尘效果。

（8）文物安保储藏设施达到互换性、延展性、空间随时可独立性、单架内部自由分割性、文物保护性等。

（9）文物安保储藏设计达到人性化（如开关方便、存取方便）、科学化（结构合理、符合力学原理）、细节化（尖角圆润、查询便捷）。

（10）每标准节的高层门开启180度。

（11）多功能文物安保储藏设施主钢构架，采用双面四柱，16条加固螺丝连接。中间设有加强拉杆，立柱上的冲孔有防滑防脱落作用，且与承重挂板相配合。

（12）设施结构设计必须达到，房间大环境温度湿度与该设施内部小环境温度湿度一致方案。

（13）其表面采用10度以内金属底光银塑料粉末涂料。

（14）外包裹板一侧中间部位装有单列总亚克力标识牌。

4.文物橱柜的施工组织情况

（1）施工进度人员保证措施：从工程开始，需中标公司各工种配备足够人员，确保施工人员精力充沛，保证工程质量和施工安全。

（2）施工进度机械保障措施：设立各种专业养护、维修人员。特种机械设备操作工必须持证上岗，保证安全顺利施工。

（3）施工阶段计划：为了保证施工工期和施工质量，主要将整个工期划分为三个阶段：第一阶段为设备采购阶段（设备采购、备货、发货，签收）；第二阶段为设备安装调试阶段，待所有设备到货后就可进行原设备的拆除安装工作，提前到现场做好安全培训，办理好施工手续，并进行技术交底。到现场拆除原空调加湿器，对加湿器进行安装工作。连接楼宇自控系统，做好管路检漏工作，待完全没有漏点时，进行管道保温安装，设备调试运行；第三个阶段设备试运行期间做好室内湿度记录，设备运行状态检查，保证设备运行正常，达到湿度要求。

（4）施工安全保证措施：规范用电，夜间施工现场必须有足够的照明设施；严禁在文物库房带电作业，加强施工人员防火安全意识教育和防火每日监督。

5.施工质量、施工安全履行情况

（1）按照《山东博物馆文物预防性保护文物储藏柜架采购项目竞争性磋商》和《山东博物馆馆藏文物预防性保护项目——库房文物储藏柜架改造详细施工方案》（以下简称《方案》）中关于施工方案设备技术、组装规格等方面的详细规定，选择密集型文物安保储藏设施、重型文物安保储藏设施和智联文物安保储藏设施的全部组装配件，保证按照与山东博物馆规定的产品规格、结构、设计要求、性能、材料标准和技术参数、特殊功能要求进行现场安装和施工，确保施工质量达到国家标准和合同规定的技术规范。

（2）在施工进度人员保证措施方面：从工程开始，各工种配备了人员，施工人员精力充沛，保证了工程质量和施工安全；在施工进度机械保障措施方面：主要施工设备数量充足，保证了在施工过程中未因施工设备故障影响施工进度。机械设备操作工持证上岗，保证了安全顺利施工。

（3）在施工安全方面，定期对机具进行保养维护；加强了对施工现场施工人员进行防火安全意识教育；规范用电，所有用电设备由专业电工负责接线；未有非施工人员进入现场、操作任何设备；各种用电设备按规定做了可靠有效的接地装置；每日离开施工现场切断一切用电装置的电源；未有发现带电作业；现场内导线接头绝缘良好，导线完好无损；未有严禁私接电线，乱接电源现象。

密集型文物安保储藏设施安装施工现场

二、文物本体修复项目案例——以山东博物馆为例

文物安全、文物保护，这些有助于文物保存和延长寿命的举措一直以来深受重视。尤其是近年来，随着革命文物文保经费项目的逐渐增多，山东博物馆积极组织文物保护业务人员开展革命文物文保项目。围绕馆藏革命文物的保管保护、科学研究开展一系列工作，取得了显著成效。

1.有序开展馆藏革命文物日常保护和展前修复工作

针对文物的定期保护是进行文物预防性保护的重要手段。这对及时排除文物病害隐患，为文物长久保存创造条件。工作中秉持正确的革命文物保护理念，坚持最小干预以及修旧如旧的原则，实施严谨细致的保护修复，既要消除病害延长文物寿命，又最大限度保持文物原貌。

配合重大革命文物主题历史展览修复文物展品。在2015年

"纪念中国人民抗日战争暨世界反法西斯战争胜利70周年山东主题展"、2016年"光辉的历程　伟大的成就——山东省纪念中国共产党成立95周年主题展"、2017年"山东省庆祝中国人民解放军建军90周年主题展"、2019年"奋进的山东——庆祝中华人民共和国成立70周年成就展"和2021年"让党旗永远飘扬——山东省庆祝建党百年主题展"等展览中，对有表面附着物、褶皱、锈蚀等病害的文物展品进行清理、养护等处理，以达到最好的文物展示效果。

2.以项目与课题为载体带动文物科研工作

依托革命文物保护项目深入挖掘革命文物价值，在保护修复过程中利用多种现代检测仪器多角度的分析文物内在的科学信息，为研究山东地区革命历史和红色文化提供更为深入的信息资料。近年来相关专业技术人员连续立项《山东省革命文物收藏、保护与合理利用研究》《百年山东党史文物保护利用与展示宣传研究》《山东省馆藏革命文物保护与传承研究》《基于元数据模型构建的山东革命文物数字化保护与文旅应用》《革命文物数字化保护与数据库建设》等多项省部级、厅级科研课题和项目。通过项目实施，从中培养了一支能够适应新形势、新任务、精通业务、有担当有责任感和使命感的革命文物保护利用研究团队，课题组成员均为从事革命文物保管、保护与利用方面的一线人员，能够发挥各自的专业优势，通过工作实践与科研相结合切实提升山东博物馆革命文物的保护利用水平。

3.积极争取项目资金提升革命文物保护水平

在日常对革命文物病害定期调查、巡检基础上积累总结，撰写文物保护项目申请计划，并抓住机遇申报国家级和省级重点文物保护项目。2018年3月山东博物馆获批省文物局文保修复项目《山东博物馆藏革命文物保护修复项目》。这是2018年后我省批复实施的第一个革命文物保护项目，获省级文物保护专项补助资金支持60万元。项目选定了矿化、锈蚀等病害较为严重的95件武器类珍贵革命文物集中进行保护修复。2019年10月，山东省财政厅和文旅厅对该项目进行省级文物保护专项补助资金绩效评价，获考核第一名的好成绩。2019年11月项目通过专家论证验收，顺利结项。通过分析项目实施的整个过程，总结了以下工作经验，可供今后工作借鉴参考。

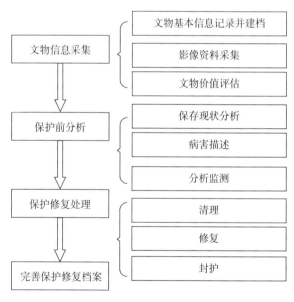

项目保护修复技术路线图①

---

① 崔丽娟、李娉、马瑞文等：《山东博物馆藏革命文物保护修复项目验收报告》，
2019年11月。

严格遵循文物保护修复原则。本项目实施严格按照批复方案要求，坚持真实性、最小干预和修复材料可逆性等原则，不改变文物原貌，不破坏文物原有的结构和配件，全面保留文物历史信息。保护修复过程中严格按照国家文物局颁布的文物保护相关法规进行操作，重视保护修复工作实施前所用材料和技术手段的试验工作，确保项目实施过程中的文物安全。

重视文物科学分析检测。以现今成熟的技术手段对革命文物进行综合考量，加大科学分析力度，根据文物病害特点及锈蚀情况，专业技术人员主要借助了便携式 X 射线能谱分析、扫描电镜分析、激光拉曼光谱分析、傅里叶红外光剖分析等多种仪器分析方法，同时还利用经典化学分析方法，对锈蚀进行了硝酸银滴定分析，针对每一件铁质文物量身定制修复方案和措施。项目目标重在清除文物本体锈蚀病害、表面附着清理加固和整体封护保护等，增强文物抗腐蚀能力，并在修复过程中研究文物内在科学信息，为科研工作提供素材和基础数据。

联合专家、社会力量共同参与项目实施。为提高项目的科技含量和研究水平，项目组多次召开专家咨询论证会，邀请山东省文物保护修复中心、山东大学等科研机构研究人员、技术人员共同参与项目的分析、检测、研究和论证工作，并提供专业技术咨询服务。在项目具体实施方面，2018 年向社会力量购买服务，招标专业文物保护工程公司协助进行保护修复。项目具体实施历时 8 个月，先后完成文物信息提取、分析检测、文物本体保护修复和保护修复档案整理、制作文物配套装具等。

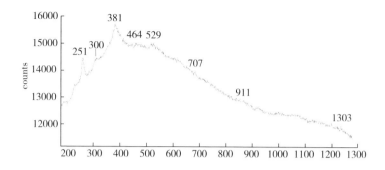

项目 039203 号重机枪枪膛表面便携式 X 射线能谱分析结果[①]

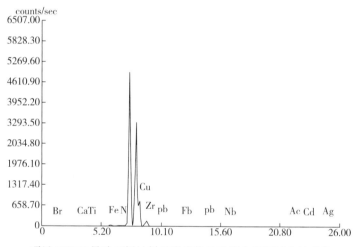

项目 038876 号砍刀锈蚀样品激光拉曼光谱分析测试点结果[②]

---

① 崔丽娟、李娉、马瑞文等：《山东博物馆藏革命文物保护修复项目验收报告》，2019 年 11 月。

② 该结果分析图来自项目报告依据拉曼数据和实验结果得出的结论，项目认定该样品中锈蚀主要成分为 α–FeOOH 针铁矿和 γ–FeOOH 纤铁矿两种无害锈，故选择在后续保护修复中采取机械清理方式。

"山东博物馆藏革命文物保护修复项目"专家咨询会

山东省文物保护修复中心协助进行革命文物样品分析检测

文物修复师精准修复革命文物

重视文物修复后的预防性保护工作。对修复文物归库后的空气净化、存储柜架、温湿度监控等方面统一设置安排。库房中针对步枪专设枪柜，重机枪、六零炮等大型武器放置重型置物架；手枪、手榴弹、地雷等专设多隔段抽屉柜；大刀、矛头、匕首等集中放带平行隔板的橱柜，并结合现状，利用项目经费增设了配套隔板，以利于增加刀类文物的放置空间。

修复前细节　　　　　　　　　　修复后细节

项目038964号抗日战争时期民兵英雄赵守福使用的刺刀修复前后对比细节图

三、革命文物数字博物馆建设与数字化保护利用

21世纪改革发展中的中国正朝服务型社会迈进，在"服务型政府"的概念不断强化的今天，服务型社会也有了更全面深厚的内涵。作为公共文化服务窗口单位，建设服务型博物馆是此后博物馆发展的重要目标和方向。数字博物馆的兴起，为此提供了重要的技术支撑，并与实体博物馆互为补充，交相辉映。十三五期间，数字化在博物馆领域的发展得到质的飞跃。截至2021年的调研报告显示，"从2016至2020年，我国共开放3500家博物馆数字地图，公开346万件可移动文物数据信息，全国馆藏文物数据总量超过140TB，多地建立省域博物馆在线展示平台"①。而在革命文物保护利用高度重视的今天，积极推动革命文物数字化建设、打造革命文物数字博物馆尤为重要。

1.服务型博物馆与数字博物馆的兴起

国内公立博物馆在2008年以后分批免费开放，促进了博物馆文化公共服务角色的转变。博物馆的发展更加着力于"以人为本"，从群众的文化需要出发。在免费开放后，博物馆依托国家财政的支持，不断创办出了丰富多彩的优质精品展览和社会教育活动。依托移动互联网时代的发展成果，数字博物馆的兴起和应用为服务型博物馆的发展带来了新的进步。

进入新世纪后，国内外文博领域的信息化建设发展迅速，数字博物馆在中国也已有近20年的探索发展历程。从专业层面上讲，数字博物馆是"运用数字、网络技术，将现实存在的实

---

① 《数字化打通文化保护的血脉经络》，央广网，2021年1月11日。

体博物馆的职能以数字化方式完整呈现于网络上的博物馆。"①
其具体实现功能主要有虚拟展览展示、数字专题展示、精品文物鉴赏、视频讲坛与讲解等。国内在数字博物馆方面做出杰出示范的有故宫博物院的"数字故宫"和敦煌研究院的敦煌石窟虚拟数字展示、陕西省"文明陕西"数字博物馆等，这些都是政府支持的重要的文化惠民工程。此类数字博物馆模式的出现，打破了传统博物馆面向公众文化传播和社会教育方面的时空藩篱，如"文明陕西"数字博物馆，在一个平台上整合了陕西省60多家博物馆、纪念馆及历史旧址等的信息资源，通过对这些文博单位的展览信息进行数字化、虚拟化、技术化的加工和整理，利用三维图形图像技术让到不了现场的公众足不出户，就可以看到美轮美奂的文物展示及生动形象的场景导览效果。

在媒介融合的趋势和数字化图景的语境下，从革命文物的保护利用角度，数字博物馆建设利用互联网的强大平台和与公众的互动设计，能积极有效地促进红色文化的广泛传播，在更广泛的范围、利用新技术方式为公众提供文化服务。从革命文化的宣讲层面看，数字博物馆的展示更是突破了在观众面前居高临下、传统被动地填鸭灌输的局限，真正让观众把握主导权，自主选择观看文物展览和革命文物信息中感兴趣的部分，提高了观看效率和自我感受力，并可以比传统展览了解更多革命文物背后的故事，领会深厚内涵，还可以参与讨论交流、留言等互动活动。

---

① 韩亚红、杨蕊：《科技类数字博物馆信息化框架设计与网络化管理》，《科技信息》，2012年6月。

2.数字博物馆中革命文物的信息设计与展示

数字博物馆以数字形式对精心提供的革命文物进行选择、展示，并进行有深度的红色故事阐释，有利于加深人们对博物馆的了解和对红色文化情怀的回归，促进红色文化的影响和传播。因此如何对革命文物信息进行选择设计、如何更好地依据观众需求展示文物，这些在数字博物馆建设中都值得深入思考。

数字博物馆建设中革命文物的选择设计涉及许多方面。首先，数字博物馆应当从革命文物本身的信息考虑，文物的选择侧重三原则："典型有代表、背后有故事、诠释有重点"，尤其是选择那些流传有序、来源明确、文物信息等比较丰富的革命文物进行展示。公众不仅能远程看到文物真实状态，更能深入了解文物中蕴含的深厚的精神内涵；在文物种类上，集中在信札手稿、文献报刊、生活用品、武器装备、奖状锦旗等种类，重在展品解读、内涵诠释和背后故事的挖掘。为更好地保护和有效利用革命文物，2012—2016年，山东博物馆在全国"一普"工作中，对馆藏革命历史文物进行了全面数字化信息采集和信息备份，建立健全了馆藏革命文物基本档案及文物电子数据库档案；并在2014年为筹建数字化博物馆，特拣选100件珍贵的革命文物进行了高水平设备的数字化3D信息采集。

其次，文物品级不是选择参考的唯一标准。常规实体展览通常是尽可能地挑选最为珍贵、精致、最有代表性的文物，而对于数字博物馆来说，珍贵的国家一、二、三级革命文物固然好，但却不是唯一选择标准。有些在品级之外的文物，有的革命故事同样很感人，有代表性，历史价值同样很高，有的能在特定的展览展示中起补充作用，还有的因为历史原因未能参选入品级，但自身有一定的价值，也能在数字博物馆中选择使用。再次，革命文物选择设计与展示息息相关，相辅相成。数字博物馆不等同于一般意义上的文物数据库，而文物的选择、展示与常规的博物馆展览也有所不同。数字博物馆应根据相关革命历史题材展览展示的模式、手段等依据来选择适用于展示的革命文物。值得一提的是，数字博物馆中文物不只立体文物具有良好的表现力，平面文物也能进行高水平高清晰采集展示，而这正是数字博物馆科技达到的绝佳视觉效果；最后，从数字博物馆和受众的关系考虑，应根据信息接受者（客体）来选择革命文物。根据信息接受者的年龄阶段、所处的不同文化背景，数字博物馆的革命文物的展示和传达信息的深度和广度都会有差别，加强革命文化、革命文物的挖掘和阐发，基于革命文物开展的宣传潜移默化引导线上观者，使其在精神层面与数字博物馆所要弘扬的社会主义核心价值观产生高度共鸣，从而使观者的爱国情操得以熏陶，并引发观者的情感互动。把革命文物的精神内涵解读好，把革命文物的新时代价值传播好，是今天利用红色资源开展党性教育的重要政治任务和独特政治优势，在强化党性主题教育、文化传播与价值传承中极大激发党员干部的精神自省和行动自觉。

数字博物馆建设中文物的选择设计是基于很多考虑进行的，而在文物选择出来后，革命文物的展示也是很复杂的程序，存在诸多现实问题。

其一，从技术层面分析展示手段的利用。数字博物馆中基于现代科技进行革命文物数据元的分析和管理、输入和输出，采取文物展示技术如立体展示（三维立体视觉技术、全息立体视觉技术等）、文物的多媒体展示（基于文物3D的二次影视动画开发、文物的移动终端AR增强现实技术展示）等可以生动地展现文物信息和内涵。

其二，数字博物馆中革命文物的展示需要一个规范。省内各地在文物数字化保护尤其是革命文物的数字化保护利用方面缺乏统一的标准和可供参考的案例。展示文物的哪些方面，如何体现文物最显著的特点以及如何结合文物选择不同的展示方案，都是亟待解决的问题，从而对数字博物馆建设中的革命文物分类选择和信息管理提出指导性的方案。国外一些标准定制机构像英国博物馆档案协会（MDA）已出台较为权威的博物馆数据信息标准。国家文物局于2008年也颁布了博物馆藏品信息指标体系规范，学术界有很多学者的研究成果值得借鉴[①]，在数字博物馆文物展示的选择标准和规范的摸索中，这些都是很好的基础范例。

其三，文物展示根据群体特征可分为公众一般展示和专家学者展示，还可以通过在数字博物馆中进行访问权限的设置。这种分层不在于分享的不统一性，而是在细致分析不同需求群体的关注点上来设定展示内容，这种区分也将有利于文物研究

---

① 代表性的有陈宏京等人的研究。复旦大学文物与博物馆系陈宏京先生的《数字博物馆资源建设规范和方法(人文艺术类)》一书，对现阶段人文类博物馆数字化藏品管理工作的介绍很有指导意义；此外朱晓冬博士的《数字博物馆关键技术研究》一文根据西北大学数字博物馆的建设经验，详细论述了数字博物馆中多媒体信息采集标准、数据库的建立、管理以及基于内容的图像以及三维图像的采集和三维模型的建立等的实现方式，结合了计算机技术与博物馆文物信息的选择和管理，十分有代表性；还有华玥的研究涉及数字博物馆藏品信息采集相关问题。

和保护文物信息的安全。在公众展示中，一般采用三维立体的方式，公众三维展示又细分成博物馆实体现场立体呈像展示和网络、移动终端设备的立体展示。三维立体技术通过立体拍摄设备或3D文物数据在立体软件中的视差呈像原理，将文物从平面展示变为立体展示，从而将文物的空间感得到进一步的升华；基于电脑终端、网页终端、移动终端的新的展示模式具备全三维虚拟展示、互动体验等主要元素，通过网络终端，移动终端实现便携浏览。

在专家学者展示中则不同，展示手段会有另外的侧重点。专家群体是高知人群，他们熟悉革命文物的历史价值、科研价值，能提出深层次的保存和发展意见。面向专家的展示，文物需要借助高端的科学仪器设备获得高精密的文物原始数据，在底层原始数据上，如实还原文物的结构、形态、材质、流传经历和背后的故事等，专家可以通过这套系统对文物的表面虚拟数据进行可视化的直观数字化测量，对扫描的一比一数据进行一比一定位，并通过这项大数据展示观测技术，对文物的损伤修复、复原可以依据虚拟数据进行精确还原。

3.山东博物馆革命文物数字化保护利用项目案例

2021年，山东博物馆启动了《山东博物馆藏珍贵革命文物数字化保护及山东省革命文物数据库建设》项目（项目编号：20-5-14-3700-125）的实施。项目对馆藏200件（套）珍贵革命文物进行二维、三维数字化采集，充分利用新型文物保护技术，对采集的部分珍贵革命文物数据，集成场景、三维模型、语音、图片、文字、视频等所有元素，搭载"文物山东"等平台，以数字化形式多维展现，供观众通过网络浏览、欣赏、分享、交流、评论,满足因时空限制而不能亲临博物馆的公众的学习、教育及欣赏文化的需求,发挥综合优势,加强民众的爱国主义教育。

项目实施包括革命文物前置性保护、革命文物数据采集及制作、革命文物数据整理、山东省革命文物综合管理平台系统开发、系统试运行、项目验收等各个阶段工作。为满足2021年庆祝建党百年重要展览活动"让党旗永远飘扬——庆祝中国共产党成立100周年"展览展示需要,以革命文物展品的数据采集和制作为重点工作,同时兼顾进行革命文物数据整理及元数据标准制定。通过此项目的实施,珍贵革命文物收藏量最大的山东博物馆为省内各地探索经验、制定标准。

项目工作在确保文物安全的基础上高效实施,以馆藏革命文物数字化保护为基础,扩大到全省革命文物的数字化保护工作,在保证革命文物的真实性和准确性的基础上促进全省数据库的建设。项目中信息采集对象——珍贵革命文物注重体现百年党史、山东党史主线,形成体系,从数字化的技术角度确定采集文物清单,在满足展览展示的同时,重视对保护成果多种形式的宣传利用,让更多的社会公众近距离的熟悉感受革命文物,充分关照观众的兴趣需求和观展体验,发挥博物馆的社会教育职能,充分体现文物的深厚内涵和时代价值。

2021年11月项目圆满完成结项,项目中期、结项评审专家会上的意见均对项目实施给予高度肯定和评价,认为该项目政策依据权威充分,定位准确、目标明确,文物范围选择适当,技术运用先进,技术线路清晰,方法路径科学,在革命文物数字化保护领域具有先进性、创新性和示范性。

项目实施的相关工作概要如下：

（1）数据采集前的前置保护。通过调查发现，项目中需采集的革命文物历经战火硝烟，年深日久，大多数都有残损、锈蚀现象。为切实在项目实施各个环节做好文物本体的保护，该项目创新性地提出了"前置保护修复"这一文物数字化采集工作中从未出现过的环节，在采集数字化信息前，对本批存在病害的革命文物进行分类后的前置保护修复，遵照文保原则、文物性质和病害特征，采取对应的保护修复措施。修复工作按照文物修复"最少干预、修旧如旧"的原则开展，保护修复均采用传统和成熟的材料和工艺。

此项程序将文物本体保护与数字化保护融合，确保革命文物的历史真实性，全面完整的保存历史信息。前置修复的同时，项目对所进行数字化保护的革命文物进行病害的重新评估，对于存在严重病害的文物，提出修复建议，使其能满足在一般库房保存条件下相对长久保存和展览要求。保护修复后的革命文物，外部锈蚀、多余附着物得到清理，变形、褶皱等病害得到修复，文物原貌得以重新展现，此时再对革命文物进行数字化信息采集，也能达到更清晰、更真实的效果。在项目工作中，对每一件进行前置保护修复的革命文物，建立了扫描预保护档案，记录了文物基本信息、保护修复措施、使用材料情况、保护前后的对比视图等。

纸质文物：要求这批纸质文物经保护修复后稳定性得到提高，柔软度、平整度和光泽度适宜，色差在可接受范围内。经脱酸处理后的纸质文物pH值达到7.5以上并能保持时效性。

金属文物：清除文物有害锈蚀，减缓文物腐蚀速率，对含金属质的文物进行封护保护，延长文物寿命；对有表面附着物、断裂、矿化等病害的器物进行清理、粘接、加固等处理。

木质文物：根据文物的损坏机理，筛选文保修复材料，进行加固、保养小处理，防止并延缓木质文物病害的发生。

纺织品文物：清理纺织品表面污渍，使其纹饰清晰；提高纺织品的强度和柔软性，满足展览和库存的要求。

皮革文物：详细勘察评估病害的基础上，主要采取加湿整形、杀虫的修复处理，使皮质文物恢复形状，满足展陈条件。

前置保护技术路线

纸质文物：检测分析→消毒杀虫→清洗→脱酸→修复→加固→
　　　　　数字化采集。

金属文物：检测分析→清理→缓蚀→封护→修复→数字化采集。

纺织品文物：检测分析→除尘→平整→修复→平展、制作支撑→
　　　　　　数字化采集。

皮革文物：检测分析→清理→缝合→粘接加固→矫形→回软→
　　　　　支撑物制作→杀虫杀菌→封护→数字化采集。

（2）革命文物二维高保真图像扫描

对馆藏选取的平面二维革命文物，一般多为尺幅较大，普通扫描仪扫不完整的平面文物，采用二维滑轨、大幅面平台式扫描仪、高清单反相机等设备，进行图像拍摄采集。项目实施中，针对文件、传单、布告、书籍、报刊等纸质文物，项目根据平面文物的尺寸大小，分别采用非接触式大幅面高保真扫描仪和专业扫描机扫描，以获取高清二维图像。在扫描时，以文物安全为第一位，采用LED冷光源，对珍贵纸质革命文物采集

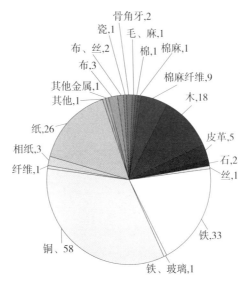

骨角牙,2
瓷,1
毛、麻,1
布、丝,2
棉,1 棉麻,1
布,3
其他金属,1 棉麻纤维,9
其他,1
木,18
纸,26
皮革,5
相纸,3
石,2
纤维,1
丝,1
铜、58
铁,33
铁、玻璃,1

项目选取各种质地革命文物的数量比例图

专业文保修复人员对木质类文物进行前置保护措施

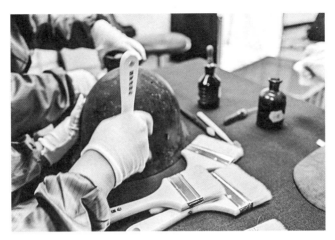

专业文保修复人员对金属类文物进行前置保护措施

过程中完全无损害。高保真扫描仪采用航天级矩阵式点对点高清扫描系统，设备最大支持分辨率为1200DPI，输出信息清晰度更高，对文物本体数字化扫描保真度更高。高清扫描仪自带重力感应左右自动升降系统，对珍贵书籍类革命文物最大化减少压褶现象，保证扫描藏品的平整性，大大增加对藏品本体的保护。

二维滑轨、大幅面平台式扫描仪（示意图）

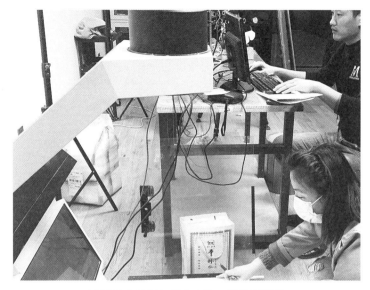

平面（小尺幅）革命文物二维数据采集

（3）革命文物三维数字化建模

利用手持式三维扫描仪、360度环拍，获取物体表面三维数据，采用激光扫描技术和多图像三维重建技术相结合的方式进行。"三维模型按文物拆分构造单独建模，模型贴图应能表现颜色、金属程度、法线凹凸、粗糙程度等真实物理属性，三维网格模型封装、无重叠面、无交叉面、无网格锐角；贴图边缘要求，贴图边缘融合自然、无接缝；文物三维数据采集精度误差≤10μm。"[①]后期将影像采集数据再进行模型自动解算、三维点云数据处理和模型纹理匹配，完成三维建模数据的要求。

---

① 《山东博物馆藏珍贵革命文物数字化保护及山东省革命文物数据库建设实施方案》，2021年3月。

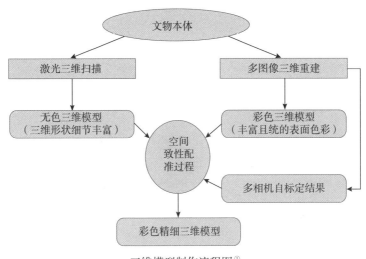

三维模型制作流程图①

　　项目中针对印章、武器装备、文件箱、济南战役攻城云梯、支前小推车等需要三维模型制作的文物，"项目采用激光扫描技术和多图像三维重建技术相结合的方式，通过三维激光扫描制作具有一定色彩还原度的文物三维模型，再利用多图像三维重建技术将高清照相机所拍摄图片制作成彩色三维模型，最后充分整合两种模型各自的优点制作高清三维模型。"项目实施充分发挥技术优势，利用非接触式三维扫描设备获取文物的高精度三维立体信息，精度可达0.01mm，为文物建立永久性、高精度数字化档案，当文物遭到破坏时能够及时而准确地提供修复数据。同时，为文物的数字化展览展示提供基础数据。后对高精度三维数据、高清晰度影像数据、地理位置信息数据按文物

① 《山东博物馆藏珍贵革命文物数字化保护及山东省革命文物数据库建设（项目编号：20-5-14-3700-125）结项报告》，2021年11月。著者排序3/17，主要负责项目研究对象的革命文物综合事务。

保管、保护、科研辅助等进行后期的匹配、压缩、转换等数据处理工作，使之成为全面完备的数码档案[①]。

此外，针对既不适合平面扫描也不适合立体扫描的锦旗类文物，项目选用数码翻拍设备进行专业影像采集。整套设备包括专业数码相机、专业微距镜头、进口冷光源灯光系统、专业拼图软件等。文物扫描过程无接触，对文物无损害，输出文件色彩空间可以转换为独立色彩空间，准确的色彩还原。

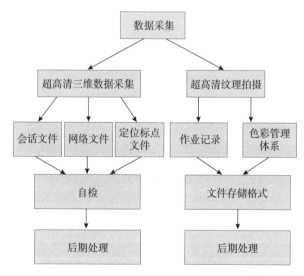

珍贵馆藏文物三维数据采集应用基本流程[②]

[①]《山东博物馆藏珍贵革命文物数字化保护及山东省革命文物数据库建设（项目编号：20-5-14-3700-125）结项报告》，2021年11月。著者排序3/17，主要负责项目研究对象的革命文物综合事务。

[②]《山东博物馆藏珍贵革命文物数字化保护及山东省革命文物数据库建设（项目编号：20-5-14-3700-125）结项报告》，2021年11月。著者排序3/17，主要负责项目研究对象的革命文物综合事务。

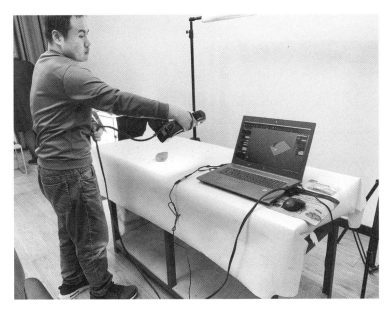

革命文物三维采集工作现场

项目同时开展的山东省革命文物数据库的建设，以立足全国的高定位，利用了大数据、云计算、人工智能等先进技术，实现山东省革命文物资源数据信息的分级填报、分级审核、统计分析和实时更新、动态管理、便捷检索等功能。项目建设注重吸收有关学科专家参与，数据库兼具扩容、兼容、引申等开放性功能，亦可实现分级授权、快速索引查询、分享与共建等功能。在深入整理完善"山东省可移动革命文物总目录"基础上，该数据库全面掌握全省革命文物典藏分布和保护需求，实现革命文物资源动态管理，推进信息资源行业共享，是山东省革命文物大数据建设工程的开端。

山东省革命文物数据库管理平台的开发，逐步建立起一套符合山东省全省博物馆对革命文物业务实际需求的智慧服务管理系统，实现全省第一批、第二批革命文物登录、审核和报送等各项数据管理功能。该数据库的建设也标志着山东省革命文物的管理实现由传统向智慧化的升级，在山东省乃至全国革命文物管理行业，起到了标杆示范作用。

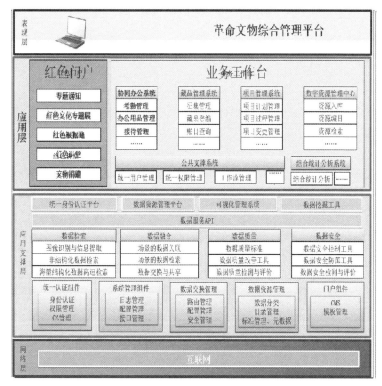

山东省革命文物数据库管理平台架构图①

① 《山东博物馆藏珍贵革命文物数字化保护及山东省革命文物数据库建设实施方案》，2021年3月，山东博物馆。

4.数字博物馆建设的前瞻思考

数字博物馆相较于传统实体博物馆，能突破时空限制，方便快捷地为社会公众提供公共文化服务，在新科技基础上的文物展示的新模式方面，具有独到的效果和作用。然而，在数字博物馆建设中，依然有很多方面的问题需要我们谨慎的思考和注意。

一方面，数字博物馆的优势明显，但基于网络全面支持的数字化对传统实体博物馆会产生了较大冲击。公众足不出户就可以参观展览，会在一定程度上减少实体博物馆的参观人群数量，虽然是实施了免费开放，但对于博物馆自身而言，在与常规参观数量相适应的场馆维护、人员组织安排和成本运营方面，都是一种挑战。

此外，数字博物馆也有自身的局限。目前数字化发展的固有弊端在建设数字博物馆中同样存在，如存贮数据的介质容量、寿命，还有在互联网运转中无法完全规避的病毒、黑客等因素。而高科技使用方式也局限了一大批中老年群体，这些群体当中，较少部分经常接触电脑、手机及各类移动终端，对于新技术不敏感。博物馆数字化之路要长期走下去还需更完善的配套制度支持。

另一方面，数字博物馆的发展和对实体博物馆的冲击很容易让人联想到"博物馆技术主义"的概念。科技发展带给人类的是进步和实惠，可博物馆界的泰斗苏东海先生曾经也说过，要警惕并客观发展地看待"博物馆技术主义"。决定博物馆发展方向的终归是其核心价值、历史使命和社会责任。博物馆需要信息技术，但要警惕"博物馆技术主义"。因为对技术的过分夸张不可避免地将导致对文化的削弱，意味着一种偏离人文目标的价值思考在支配着人的工具理性。所以，数字博物馆的发展应摒弃技术主义至上的思路，坚持以人为本的理念，以服务大众文化精神需要为基本要求，通过对博物馆红色文化遗产资源的电子化数字化展示，融汇多种教育方式和服务，培养公众的"学术精神"，启迪公众智慧，传播民族文化，弘扬民族精神，成为实现博物馆的核心价值、历史使命和社会责任的重要桥梁。

最后，数字博物馆的发展很不均衡，发展之路任重道远。目前国内除了上文提及的少数几个杰出范例外，不少数字化博物馆建设依然处于萌芽阶段，而做得出色的革命文物专题数字博物馆更是鲜见。与国外完善的数字化模式相比，建设进程严重滞后。原因除了缺乏必要的财政支持、技术成本高、认知观念落后外，统筹规划的欠缺是重要因素。数字博物馆缺乏统一的规划和整合，各个地区的数字博物馆建设各自独立，未来的红色文化资源共享和传播都受局限。就是在已有的数字博物馆建设中，同样存在很多问题，比如如何延伸展示主题，将数字博物馆的扩展性和延伸性与社会教育功能完美结合？另外关于"博物馆数字化"科技层面含量高，博物馆专业人士并不熟悉计算机技术，没有操作和维护复杂系统的能力，如何加强学科交流、培养复合型人才是保证博物馆数字化工作有效进行的保障，如何努力把数字博物馆的学术研究和实践打造品牌等等，这些都是数字博物馆发展中应有的题中之意。

未来随着5G技术和人工智能技术的飞速发展，文物和科技的融合日益深入，相信数字博物馆建设能在科学化的指引下，加快革命文物资源数字化转化，打通文物保护和革命文化展示的血脉经络，实现文物以数字形式永久保存、开放展示和资源共享利用，让革命文化遗产得到更加全面和深入地传承。

四、元数据应用于革命文物的探索

革命文物是见证革命历史的物质载体，是"不忘初心、牢记使命"的力量源泉，也是让文化遗产"活"起来、推进文旅多元融合发展的重要动力。十八大以来，党和国家高度重视文化、旅游和文物工作，尤其针对革命文物保护利用工作，重要政策文件不断出台，为革命文物保护利用工作提供了顶层设计，革命文物保护利用的重要性和紧迫性已经成为国家意志和业界共识[①]。

近年来，数字化应用于文物保护利用方兴未艾。十三五的最后一年，国家在文化大数据体系建设方面深入推动文物数字化、网络化和智能化发展，系统部署文物大数据体系建设，数字时代文化发展迈入新阶段。文物数字化被提至文化大数据新基建体系建设的高度，这一顶层设计将对于实现将红色文化资源通过数字化转化为文化素材，成为可广泛利用的文化生产要素提供现实可能。

经过全国文物普查工作、数据库管理系统建设和数字博物馆建设工程等信息化建设实践，目前国内已经积累了庞大的文物基础数据和文物数字化图像及其他数字表现形式。革命文物

---

① 本文系2020—2021年度山东省社会科学规划项目《基于元数据标准分析模式的山东省珍贵革命文物数字化保护与文旅应用》阶段性成果，立项号：20CLYJ27

的预防性保护和传播方式也已发生很大变化，目前业界已有理论和实践成果可见于红色基因库建设①、数字化影像保存与授权、文物档案数字化、文物三维数字化、数字化文物修复等方面，并在实践层面侧重虚拟展厅构建、基础信息数据库建立、红色文化大数据库建构、红色文化资源网络传播空间扩展等。

然数字化应用于文物的系统性工作尚处于探索发展阶段，至今未有完善、成熟的文物数字化国家标准，个别理论提出多，实际落地少，革命文物数字化保护和传播利用仍面临关联性差、服务单一、利用效率低、技术标准不一致等诸多问题。

由于多年数字化建设中存在的文物资源保存的方式和技术标准不一致，不同机构之间的资源缺乏联系等局限影响，使得信息资源元数据（Metadata）实际应用于革命文物数字化保护利用成为新趋势。加强对革命文物的数字化模式研究，有利于在科学层面建立革命文物专类保护与利用序列，深化革命文物修复保护和科学规范化保管理论和水平，更能在保护的基础上提高革命文物知识挖掘、阐释、信息关联和多元互动传播水平，助于革命文物数字化保护、研究和传承利用。

1.元数据与革命文物信息资源的结合

随着数字时代信息化技术的飞速发展，将信息资源元数

---

① 相关信息可见人大创意产业技术研究院宋洋洋：《国家文化大数据是文化产业未来十年的基石》，其中涉及中华民族文化基因库建设（一期）红色基因库建设的介绍。以全国爱国主义教育示范基地为目标对象，将各类高精度信息数据采集后，按照国家文化大数据体系一标准进行结构化存储，并以历史事件、英烈人物、感人故事为线索，对红色文化数据进行专业化标注、关联，通过有线电视网络实现全国联网。

据（Metadata）实际应用于文物数字化保护利用是一种大趋势，也是一种新途径。元数据技术应用革命文物数字化保护利用的可行性分析。在博物馆界，文物信息资源的元数据从表面意思看即为"数据的数据"，即对文物数据本身的特征和属性进行结构化的描述，实现数据共享并满足信息查询和获取需求。

对比欧美发达国家相关技术应用领域，国内文博界应用元数据刚刚起步，目前已有的设计实践多基于CDWA、OAI-PMH、DC、IDOC_CRM等技术的文物元数据标准方案设计、元数据标准登记系统构建、文物元数据开放机制等。然而，现行的文物元数据划分标准或模型构建多数没有考虑到数据间的分层语义关系，仍无法满足我国专类文物资源解读和传播的需求。文物自身属性的独特性、类别的复杂性和信息的丰富性，决定了元数据应充分考虑文物的各种蕴含信息，"建立一个基本体现文物对象所涉及的核心属性与概念以及它们之间的关联、层级关系的文物信息资源元数据模型。"[①]

近年来具体针对专类文物的元数据分析仅限于金银器、钱币类、雕塑类或文物古迹。元数据应用于革命文物资源方面至今仍无显著研究成果，因此亟需研制一套满足革命文物语义化、知识化保存需求，针对革命文物数据自身特点，能严谨表达文物核心知识与文化元素的全新元数据标准和文物知识图谱。丰富的革命文物本应作为文旅融合大发展的重点工作之一，但目

---

① 　龚花萍、孙晓、刘春年：《文物信息资源元数据模型、实施标准与架构方式研究》，《图书馆理论与实践》，2013年第10期，第29页。

前国内数字化保护利用在革命文物方面的可行实践和有力论著的匮乏，不能有效适应革命文物保护利用的重要趋势。这也是目前在革命文物保护利用方面比较新颖的工作趋向，具备创新理论性和较为可行的应用性，且急需理论基础构建和科研技术支撑，推动革命文物数字化保护利用的创新性研究正当其时。从革命文物的特征和需求出发，建立一套能够响应革命文物实践领域基本诉求的元数据标准，对于革命文物的数字化保护与利用有着重要意义。

著者参加2020年度山东省社科规划项目《基于元数据标准分析模式的山东省珍贵革命文物数字化保护与文旅应用》（立项号：20CLYJ27），与同仁共同撰写学术论文《革命文物元数据标准研究》①，在国内首次基于革命类文物的基本特征和对元数据标准的核心需求，探索设计了革命类文物的元数据标准（详见文后附表）。

革命文物元标准将元数据结构分成了"核心维度""一级类目""二级类目"三个层次，核心维度3项，一级类目18项，二级类目58项。在核心维度中，本标准将革命类文物的元数据信息划分为"文物信息维度""文物历史维度"和"文物数字化维度"三个方向。文物信息维度，是指以描述革命文物外在物理特征的元数据集合，该维度主要涉及一级类目11项，项目源于CDWA、《博物馆藏品信息指标体系规范》和《文物描述元

---

① 2020-2021年度山东省社会科学规划项目《基于元数据标准分析模式的山东省珍贵革命文物数字化保护与文旅应用》（立项号：20CLYJ27）阶段性成果：练洁、李娉、赵星宇：《革命文物元数据标准研究》，《中国博物馆》，2021年9月第3期。

数据应用规范》（征求意见稿）等元数据标准及相关规范，以及第一次可移动文物普查所收录的相关信息，二级类目17项；"文物历史维度"是基于革命文物特点而衍生出的一套全新的元数据标准，基于对山东省珍贵革命文物的整理与分析，初步形成了"人物""机构""事件""位置""时间"五个方面来描述文物的历史维度的基本框架；"文物数字化维度"则是强调对革命文物的数字化保护和建构革命文物的数字资产。在该维度中，主要包括"数字化基本信息""数字化采集信息"和"数字化应用信息"三个一级类目，6项二级类目，分别从"数字化编号""数字化类别""数字化名称""数字化规格""数字化视图""数字化储存路径"来构建对革命类文物数字化信息的基本描述。

2.元数据技术应用于革命文物的巨大价值

文物保护利用工作的前提和基础永远是保护第一，可借鉴利用当下发展前景看好的数字化信息技术模式开展文物保护和文化传播。构建革命文物数字化组织与共享探索新方法，建立数字化存储文物信息资源的数据库，通过将多种媒介形式的文物知识图谱整合在一起，可在不干预文物的情况下，通过网络环境使文物的呈现、传播与利用极为便利，打破特定时间、场所的限制，最大限度实现文物的预防性保护和文化资源的共享利用。故加强对革命文物的数字化模式研究，有利于在科学层面建立革命文物专类保护与利用序列，深化革命文物修复保护和科学规范化保管理论和水平，更能在保护的基础上提高革命文物知识挖掘、阐释、信息关联和多元互动传播水平，助于革命文物数字化保护、研究和传承利用。

数字化的应用是利用全国"一普"工作成果的有效实践，有利于贯彻落实近年来习近平总书记关于革命文物保护利用工作的重要批示、讲话精神和国家文物局出台的相关重要文件精神。利用数字化技术为革命文物保护提供可靠依据，永久存留珍贵革命文化遗产，并进一步为充分利用这些宝贵的资源开展旅游资源开发和推广提供有效意见建议。基于元数据的分析对文物数字资源的传播与利用有着十分重要的作用，有助于进一步促进国内或省一级的革命文物资源的整合利用，深入开展革命文物数字化保护合作和研究。

文物数字化在2020年被提至文化大数据新基建体系建设的高度，这对于实现将革命文化资源通过数字化转化为文化素材，成为可广泛利用的文化生产要素提供现实可能；元数据通过对革命文物大数据在云端关联，在实现资源优化共享中极大催生红色文化新"生产力"。新时期的文物数字化建设，依托国家文化专网建设、国家文化大数据云平台建设和数字化文化生产线建设等一系列顶层设计，为文化生产和文化消费的终端用户提供云服务等方面提供有效参考。

3.元数据应用文物保护利用实践存在的问题

革命文物数字化保护利用的实现依赖于基础信息数据库的建立、相关数字化数据标准和技术规范的制定、应用性示范工程的建设等。著者认为元数据技术应用的重点应在于专有数据标准和知识图谱框架的构建。基于现有全国"一普"工作所整理的革命文物数据，针对文物信息自身特点，在XML技术、元数据等技术基础上建立一套有关革命文物数据结构标准、数据取值标准和数据内容标准有效配合使用的全新元数据标准体系[①]，确立适用的文物元数据方案，确立具体文物的元数据内容，并进一步提炼知识主题，优化文物元数据标准，提高革命文物元数据互操作、信息表现和资源共享能力。另外，为准确标引元数据方案中的关键元素，在代表性文化元素和具体文物元数据内容的基础上，分析和提取革命文物数据的描述主题词，采用多等级结构和分面分类法构建专业术语词表（主题词表），包括革命文物同义词与近义词库，以精确描述和表达革命文物相关概念，最终形成一个可以满足研究、展示应用需求的革命文物元数据规范及具有主题词表支持的革命文物知识图谱框架。

目前此类应用的实践仍存在很多实际问题，一方面由于革命文化遗产作为中国当今重要的文化资源的数字化建设，一直没有纳入国家新经济建设体系中，文物数字化的国家标准尚未出台，在文物信息采集标准方面没法做到统一，在一定程度上会造成资源浪费。在实施过程中，多应侧重在服务集成方面，尽量减少端口和终端使用数量，避免重复建设，提高资源利用效率。其次，在利用数字新技术进行革命文物保护利用开展工作较少，积累相关经验不足。前几年随着数字博物馆的兴起，地方博物馆在开展数字建设时期对革命文物也进行过三维立体扫描，然限于技术因素，也仅仅限于立体文物，对于平面类文物无法做到精细数字化，且扫描成果仅限于若干的线上展览展示和低水平的视频制作。国内三级以上珍贵革命文物亟待深入挖掘和数字化保护利用；再次，元数据技术涉及信息技术，侧

---

① 相关需求标准参见贾延霞、郑小惠：《数字博物馆文物元数据需求分析》，《博物馆的数字化之路》，第206页。

重信息理论理论和技术层面的参考，跨学科研究和实践难度较大，具体的项目落地实施都需要结合信息技术人才的支持和专业技术公司的介入，相较纯理论性的研究，资金经费的大量投入也是需要考虑的。最后，山东地区丰富的、高质量的革命文物体量为研究的推进奠定了坚实的基础，但与此同时，也应注意到因原始材料的"地区化"而对结论的推广所产生的影响。因此，该元数据标准虽然取得了阶段性的成果，但是这并不等于革命文物在元数据标准表达形式上的"最终版本"[①]。

此外，还应清醒地认识到要重视文物数字化资源产权保护的规范。中华民族的文化基因和生命基因同等重要，应着力加强对文化资源数据的保护，加强文化资源数据安全相关技术研发应用，打击和防范不法之人和势力非法私自采集文物数字信息用来牟利，致使国有资源流失的活动，让革命文物资源的数字化利用做到规范有序。

革命文物数量庞大、种类繁多，红色旅游发展前景巨大，但面对数字化信息化应用日益广泛的今天，革命文物数字化应用相对滞后，且欠缺相关理论研究和明确结论。元数据技术的应用不仅能为珍贵革命文物制定科学保护和利用的方式，且在数字技术层面为旅游开发、文旅融合发展等方面提供多元服务，有力助推传承红色基因、弘扬革命精神，让红色文化资源融入整个国民经济体系建设，抢占文化战略高地，发挥更大的社会效益和经济效益。

---

① 2020–2021年度山东省社会科学规划项目《基于元数据标准分析模式的山东省珍贵革命文物数字化保护与文旅应用》（立项号：20CLYJ27）阶段性成果：练洁、李娉、赵星宇：《革命文物元数据标准研究》，《中国博物馆》，2021年9月第3期。

附表：

革命文物元数据标准[①]

核心维度	一级类目	二级类目	描述	说明
文物信息维度				对革命文物外在物理特征信息的描述
	编号			革命文物的编号信息
		藏品总登记号		革命文物的藏品总登记号
		藏品辅助账号		革命文物的藏品辅助账号
		藏品一普ID号		第一次可移动文物普查时期革命文物的ID号
		藏品一普编码		第一次可移动文物普查时期革命文物的编码
		藏品其他编号		革命文物可能存在的其他类型编号
	名称			革命文物的名称信息
		藏品名称		革命文物的现行称谓
		曾用名称		革命文物的曾用称谓
	位置			革命文物的收藏及保管位置信息
		藏品所在省份		所在位置的省级单位
		藏品所在市县		所在位置的市县级单位

[①] 本表摘引自2020–2021年度山东省社会科学规划项目《基于元数据标准分析模式的山东省珍贵革命文物数字化保护与文旅应用》（立项号：20CLYJ27）阶段性成果：练洁、李娉、赵星宇：《革命文物元数据标准研究》,《中国博物馆》, 2021年9月第3期。

续　表

核心维度	一级类目	二级类目	描述	说明
		藏品所在村镇		所在位置的村镇级单位
		藏品所在机构		所在机构的具体名称
		机构编码		所在机构的机构编码
	时间			革命文物的时间信息
		时间段	清代	革命文物被赋予革命意义与价值时所处的时间段
			中华民国	
			中华人民共和国	
		时间点		革命文物被赋予革命意义与价值的具体时间
	质地			革命文物的质地信息
		一级质地	单一质地	革命文物由单一质地构成
			复合质地	革命文物由复合质地构成
		二级质地	有机类	革命文物由有机类材质构成
			无机类	革命文物由无机类材质构成
		三级质地	纸质类	革命文物的具体质地类别
			金属类（内含金银类、铜器类）	
			棉麻纤维毛丝织绣类	
			竹木类	
			陶瓷类	
			塑料类	
			玻璃类	
			石质类	
			皮革类	
			宝玉石类及其他杂类（内含骨角类）	

核心维度	一级类目	二级类目	描述	说明
		交叉质地	名人遗存	革命文物中属于交叉质地的特殊类别
			钱币类	
			奖章类	
			印章类	
			文具类	
	数量			革命文物的数量信息
		藏品套件	单件	革命文物为单件文物
			一套多件	革命文物为套件文物
		实际数量		革命文物实际包含的套件数量
	度量			革命文物的尺寸与质量信息
		尺寸单位	毫米	测量革命文物尺寸信息的单位
			厘米	
			米	
		藏品长度		革命文物的实际长度
		藏品宽度		革命文物的实际宽度
		藏品高度		革命文物的实际高度
		重量单位	克	测量革命文物质量信息的单位
			千克	
		实际重量		革命文物的实际质量
	来源			革命文物的藏品来源信息
		藏品来源		革命文物的藏品来源途径
		流传经历		革命文物的藏品流传经历
	级别			革命文物的鉴定定级信息
		藏品级别	一级	革命文物的具体鉴定级别
			二级	
			三级	
			一般	
	完残			革命文物的保存情况信息

核心维度	一级类目	二级类目	描述	说明
		完残程度	完整	革命文物完残情况的程度
			基本完整	
			残缺	
			严重残缺	
		完残状况	具体描述	革命文物完残程度的具体描述
	创建			革命文物元数据信息的创建者信息
		创建者		革命文物元数据信息的创建者
		创建日期		革命文物元数据信息的创建日期
		修改者		革命文物元数据信息的修改者
		修改日期		革命文物元数据信息的修改日期
文物历史维度				对革命文物内在历史特征信息的描述
	相关人物			革命文物所涉及的相关人物信息
		文物持有人		文物的持有者或拥有者
		文物相关人		文物内容所涉相关人物
	相关机构			革命文物所涉及的相关机构信息
		文物持有机构		文物的持有机构或生产机构
		文物相关机构		文物内容所涉相关机构
	相关事件			革命文物所涉及的相关事件信息

核心维度	一级类目	二级类目	描述	说明
		微观事件		文物所涉微观历史事件
		宏观事件		文物所涉宏观背景事件
	相关空间			革命文物所涉及的相关位置信息
		微观空间		文物所涉事件发生的具体地点及空间关系
		宏观空间		文物所涉宏观发生的宏观区域及空间关系
	相关时间			
		历史时期	鸦片战争时期	革命文物所涉及的相关时间信息
			太平天国时期	
			辛亥革命时期	
			五四运动时期	
			中华民国时期	
			国民大革命时期	
			土地革命时期	
			抗日战争时期	
			解放战争时期	
			中华人民共和国成立初期	
			社会主义建设初期	
			抗美援朝时期	
			三大改造时期	
			改革开放时期和中国特色社会主义新时代	
文物数字化维度				对革命文物数字化基本信息的描述

核心维度	一级类目	二级类目	描述	说明
		数字化基本信息		革命文物信息数字化的基本信息
		数字化编号		革命文物数字化结果的编号
		数字化类别	照片与图像	革命文物数字化的类别
			视频与录像	
			三维模型	
			其他类别	
		数字化名称		革命文物数字化的名称
		数字化规格		革命文物数字化的尺寸信息
		数字化视图	全视角	革命文物数字化的视图信息
			正视角	
			侧视角	
			俯视角	
			轴侧视角	
			其他视角	
		数字化储存路径		革命文物数字化的储存路径信息
		数字化采集信息		对革命文物数字化采集信息的描述
		数字化采集人		革命文物数字化的采集人
		数字化采集时间		革命文物数字化的采集时间

核心维度	一级类目	二级类目	描述	说明
		数字化采集方式	摄影	革命文物数字化的采集方式
			摄像	
			扫描	
			其他	
		数字化采集设备		革命文物数字化的采集设备及型号信息
		数字化采集格式		革命文物数字化的格式信息
		数字化采集精度		革命文物数字化的分辨率与精度信息
	数字化应用信息			对革命文物数字化应用信息的描述
		数字化调用人		革命文物数字化的调用人信息
		数字化调用时间		革命文物数字化的调用时间信息
		数字化授权用途		革命文物数字化的授权情况

第三章

山东省革命文物的综合研究和前景展望

　　百年山东近现代历史为后世留下了数量众多、种类丰富、价值突出的革命文物，是山东人民英勇顽强、艰苦卓绝取得新民主主义革命最终胜利的真实见证，是最富感染力和说服力的爱国主义教材。山东博物馆近几年举办的重大题材历史陈列展览结合了"一普"工作成果，分批展出了许多未曾公开的革命文物。将普查成果应用于展览展示的有效实践，既是普查工作的良好衍伸，又提升了红色展览的爱国主义教育意义和文博工作的社会价值。展品的典型性和代表性也提升了展览的内涵和深度。在拓展展览形式方面，通过展览的丰富的内涵和创新形式设计真正让革命文物"活"起来，让文物作为革命历史见证的社会教育意义更好地得到发挥。展览的举办更在一定程度上促进全省范围革命文物资源的整合利用，深入开展革命文物研究和红色文化合作交流。

　　本章节内容是笔者从业革命文物保管与研究十余年来，在文物普查、文物保管、文物保护和重大历史题材策展、社会主义核心价值观主题策展等方面的一些工作经验总结和分析。另有对专类珍贵文物做过的一些整理分析，作为本书的专项研究附与其后。尤其是回首作为内容主创亲身参加的历次展览的策划、组织、筹备、展出、宣传等工作，做这些总结，也为今后提供了诸多可供借鉴的实践经验，其中存在观点不成熟的地方，敬请指正。

第一节　革命文物在主题历史展览中的展示利用

百年山东近现代历史为后世留下了数量众多、种类丰富、价值突出的文物，是山东人民英勇顽强、艰苦卓绝取得新民主主义革命最终胜利的真实见证，在山东省整体文物资源的构成中占有重要地位。

十八大以来，山东博物馆在革命历史文物典藏保管、文物保护、陈列展览等多个方面扎实推进创新文物工作，革命文物的数量家底基本摸清，革命文物保护状况持续得到改善。近几年在响应中央关于抗战、建党、建军一系列周年纪念号召下，深挖山东地域核心文化资源，讲好红色文化故事，通过举办多次大型红色历史大展和打造宣教品牌，在拓展革命文物展览形式、强化展览效果方面，着力创新革命文物传播和影响的载体手段，通过展览的丰富的内涵和多样化形式设计，真正让革命文物走出库房、让文物"活"起来，让文物作为革命历史见证的社会教育意义更好地得到了发挥①。

---

① 本文原载著者作《革命文物普查成果在陈列展览中的运用途径》，《2018年山东省博物馆学会藏品保管专业委员会学术研讨会论文集》，2018年。

一、全国"一普"山东博物馆普查革命文物概况

自2013年起，山东博物馆集中开始一普工作。负责整理山东近现代文物的普查小组集中清查、整理多年来由于各种原因没有理清的文物家底，为万余件文物登记、造册、采集图像、录入电子档案和上传数据，至今一普后续工作还在继续完善。一普统计整理革命文物数量总计14048件。文物种类丰富，有山东革命历史上党政军文件、公文、油印宣传册、报纸刊物、根据地货币、票版、军装、锦旗、奖章证章、印章、生活用品、武器装备、名人遗物集品等十几大类。

自2013年开始启动的全国第一次可移动文物普查工作开展以来，山东博物馆近现代文物组人员经过几年的辛苦普查工作，圆满完成了普查任务。在严格执行上级操作规程的基础上，具体开展文物认定、藏品登录、数据审核、普查验收等一系列工作流程，普查差错率均控制在了0.2%以内，同时为下一步开展文物管理、陈列展览、预防性保护和保护修复，提升文物的科学管理和科学研究水平打下了扎实基础，基本完成了摸清革命文物家底、建立登录机制的目标。

革命文物分配有专门的库房，并根据文物的不同属性定制不同的专柜存放，并配有适合文物的包装材料或囊匣。文物库房配置了消防、安防、通风合格、温湿度基本达到恒温恒湿且能实时监测的库房硬件设施，最大程度上保障了革命文物的保管条件。文保部门和保管人员定期对革命文物库房的安防、消防、库房温湿度进行监测，并对各类文物现状定期进行检查。特别针对部分革命文物存在不同程度的锈蚀、矿化等病害，积

极申报文物保护修复。

二、主题展览中革命文物展示利用数量分析

结合民主革命文物的普查成果，在历次重大时间节点历史主题展览中，山东博物馆策展人员先后精心拣选出了数百件具有代表性的珍贵文物用于面向公众展览展示。自2015年以来举办的历次展览中，展品利用新普查文物都在50件（套）以上，新普查文物占展品总数的百分比都在30%以上。

以2015年举办的纪念抗战70周年山东主题展为例，展览除了重点展示一、二、三级珍贵抗战文物之外，同时展出的新普查文物就有143件，占全部展品的46.9%。将普查整理的山东抗日根据地民主政府的公文、书信、文献档案、北海银行发行的货币、北海银行冀鲁边区支行石钞版、山东抗日武装起义使用的大刀长矛、著名战役战斗遗留或缴获的武器装备、民兵奖章功劳奖状、支前民众使用过的武器、支前锦旗等一一用于展示，增强了抗战展览的感染力。此外，在展览筹展期间，文物征集工作成绩斐然。台湾伯夷艺术馆馆长许伯夷先生捐赠了《历史写真》《上海事变纪念写真帖》《圣战纪念》、战报报纸剪贴等128件珍贵抗战文物，系抗战时期日本对入侵北京、上海、山东等地时候的影像资料收集。这些珍贵的历史影像，真实记录了日军入侵山东、上海、南京、苏州、镇江等地的路线、攻陷地和部队情况等，对于研究日军侵略山东历史具有极高的参考价值和研究价值。还有台湾山东日照同乡会理事长贺郁芬女士捐赠的《青岛港图》，系其父华北长记轮船公司董事贺仁菴1936–1937年绘制的沉船抗战位置图。展览还展出了来自军区退休干

部、民间个人等捐赠的相关有价值的抗战文物。丰富的抗战文物和史料真实再现了齐鲁抗战历史，并结合山东"抗损调查"、山东惨案调查、"山东死难者名录"和"山东抗战烈士名录"等省委党史研究院多年来的大规模调查研究成果集成的多媒体展示，丰富了展览内容，增强了展览的学术深度和权威数据构成。

随着普查工作的深入，到2017年在庆祝中国人民解放军成立90周年山东主题展中，新普查文物展品占比到了61.2%，也从侧面反映出普查工作的好成绩。

革命文物在历次革命历史展览中的利用情况

展览名称	展品数量件（套）	珍贵文物数量件(套）	捐赠、征集或借调文物数量件（套）	新普查文物数量件（套）	新普查文物数量占比
纪念中国人民抗日战争胜利70周年山东主题展	305	128	借调全省多家博物馆文物34件（套）	143	46.9%
纪念中国人民抗日战争胜利70周年甲午战争专题展	212	50	借调威海甲午战争博物院文物90件（套）	72	33.9%
庆祝中国共产党建党95周年山东主题展	240	108	借调全省多家博物馆文物41件（套）	91	37.9%
庆祝中国人民解放军建军90周年山东主题展	116	51	0	71	61.2%
初心——山东革命历史文物展	88	70	借调全省多家博物馆文物10件（套）	50	56.8%

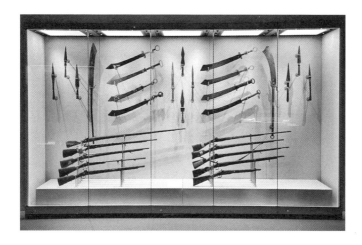

　　山东抗日武装起义时期使用的大刀、长矛和土枪，形制杂乱，多为比较简陋的民间打制武器、土造武器。自抗战爆发到1938年6月，根据山东省委的部署，中共山东党组织领导了大大小小数十起抗日武装起义。起义武装，肩扛土枪、长矛、大刀，与日伪军英勇作战，同时自身也不断发展壮大。

　　《青岛港图（长记沉船滞敌抗战位置图）》，原图为《青岛港图》，图上铅笔标识点是1938年长记轮船公司沉船阻敌的位置。该文物为2015年展览策展期间来自青岛航运企业家贺仁菴的后人贺郁芬女士的热心捐赠。

贺仁菴（1887—1970），山东日照石臼所人，民国时期青岛市航运企业家，创办了"长记轮船行"。抗战爆发后，贺仁菴积极响应国民政府号令，将"长记"七艘轮船凿沉放水，以阻塞日军登陆航道。贺仁菴舍己存亡、为国奉献的宽广胸怀，赢得高度称赞和表彰。

三、有代表性的新普查文物在展览中的展示

让革命文物"活"起来，需要深入挖掘革命文物背后的深厚内涵，阐释革命文物彰显的精神特质，结合灵活多样的策展，突出山东革命文物的特色，让革命文物走出库房，与民共享，形成有影响力的展示和传播。

近几年，为积极响应党中央在抗战70周年纪念、庆祝建党95周年、建军90周年和庆祝中华人民共和国成立70周年等庆祝纪念活动号召，在中共山东省委宣传部组织领导下，山东博物馆先后举办了"纪念中国人民抗日战争胜利暨世界反法西斯胜利70周年山东抗日战争主题展""甲午战争专题展""光辉的历史伟大的成就——庆祝中国共产党建党95周年山东主题展""庆祝中国人民解放军建军90周年山东主题展"和"奋进的山东——庆祝中华人民共和国成立70周年成就展"和"初心——山东革命历史文物展"等多项大型红色历史展览。历次红色展览内容立意深远，社会反响强烈，其中多项展览获评国家文物局重点展览推介和百项推介。展览分批展出了许多普查新发现的革命文物，展品的典型性和代表性提升了展览的内涵和深度。将革命文物灵活应用于展览展示，既是传承红色文化基因、革命文物利用的有效实践，又提升了爱国主义教育意义和文博工

作的社会价值。展览除在山东博物馆展出外，还在全省范围内
开展巡展，流动博物馆进社区、第一书记帮扶村、进军队、学
校展出，增强了山东博物馆红色历史展览在社会上的影响力。
展览的举办也在一定程度上促进全省范围革命文物资源的整合
利用，深入开展文物研究和红色文化合作交流。

**纪念中国人民抗日战争暨世界反法西斯战争胜利70周年山
东主题展**

1.展览概况：2015年7月7日开展。展览展至2015年12月
31日。展览是中共山东省委、省政府确定的全省纪念抗战胜利
70周年重大活动之一。展览全面展现了自1894年甲午战争至
1945年抗战胜利50多年间山东人民英勇反抗日本侵略的光辉历
史，彰显了山东抗战在中国抗战中的重要地位，表明山东人民
坚决维护国家主权、领土完整和世界和平的坚定立场，是迄今
为止山东地区举办的规模最大、研究最深入、展现抗战史料和
文物最多、最全面系统的一次抗日战争主题展览[①]。当年展览获
评2015年国家文物局"纪念中国人民抗日战争暨世界反法西斯
战争胜利70周年主题展览项目"重点推介项目，并获评2015年
山东省十大精品陈列。

展览共展出抗战相关图片625张，文物382件。展品大部
分为山东博物馆馆藏文物。另有部分展品，是从全国各地征集
而来。在文物征集方面，山东省委宣传部调动各方力量，汇集
全省文博、档案等系统重要藏品，"面向全社会征集抗战文物，

---

① 张露胜、李娉、刘安鲁：《铭记反思历史实现民族复兴——《山东抗日战争主
题展》侧记，《中国博物馆通讯（2017年1月，总第353期）》，2017年1月。

受到社会各界的广泛关注，共收到海内外捐赠的珍贵史料128件"①。山东博物馆在上级部门的支持下，汇集珍贵抗战文物达382件、历史图片达625幅，参展文物、史料涵盖全省文博、党史、民政、档案等相关系统的收藏精品。

"纪念中国人民抗日战争暨世界反法西斯战争胜利70周年山东主题展"序厅，主体雕塑为《齐鲁魂》（池清泉创作）

2.典型文物展品：

（1）山东各地民兵抗日武器装备展示区

"展览吸纳了最新的山东抗战的调查研究成果，也展示了山东八年抗战取得的辉煌战果大数据、抗战时期山东人口伤亡和财产损失情况、52098位抗战英烈名录、日军侵略山东期间制造的惨案调研成果和《山东省百县（市、区）抗日战争时期死

---

① 《台湾同胞向山东捐赠百余件抗战文物》《航海图》亮相》，山东频道，人民网。

难者名录》等珍贵的数据资料"①。其中展览的"人民战争"版
块是重要的部分，展现山东军民戮力齐心，共同抗战的光辉图
景。这部分集中展出了普查整理出的山东各地民兵的抗战文物，
有大刀、长矛、手榴弹、绑腿、地雷、土手枪等。这些简陋的
武器是山东抗日根据地的民兵、自卫团、武工队、游击队等使
用的。广大民兵在坚持边沿区斗争中涌现出许多英雄模范人物。
展览上墙展示的就有民兵模范锦旗、模范村锦旗等。

　　抗战期间，山东党政军民万众一心，广泛发动人民群众的
磅礴力量，积极支援参军抗战。该部分展示的主要是来自"红
三村""固守三村"的民兵、"渊子崖保卫战"中村民使用的简
陋的武器，也有来自地雷战、铁道战等灵活的游击战术中民兵
使用的各式地雷、土炮等自制的武器。说是武器，有的就是九

────────────

① 《山东抗战主题展设计师揭秘展览五大亮点》，全媒体频道，中安在线。

齿钉耙、铁齿钩子之类的农具，做饭的菜刀、铁匠铺里的大刀、民间练武术用的九节鞭，甚至逮鼠的夹板做成的地雷引雷器。简陋的武器凝聚着山东人民不屈的骨气、顽强的斗志和爱党拥军、生死相依的豪情。

面对日军的疯狂"扫荡"，山东党政军民血肉相连、生死相依、共御敌寇，陷敌于人民战争的汪洋大海之中。"正义必胜！和平必胜！人民必胜！"

（2）马耀南系列文物

1937年1月26日长山中学附小高级部第十二级毕业师生的合影（前排左五为马耀南）（山东博物馆藏）

马耀南（1902-1939），名方晟，字耀南。马耀南也是我党我军中少有的文化程度较高的党员干部。马耀南的家境比较富裕，自小就接受了良好的私塾和高小教育。18岁考上了省立一中。国民大革命时期，革命军出师北伐，所向披靡。马耀南信仰孙中山的三民主义政策，参加了国民党。他怀着一腔报国热情参加了国民党，成为国民党天津市第二区党部领导成员。1930年马耀南毕业于天津北洋大学机械工程系。此时已是蒋介石背叛革命发动反革命政变后的第三年，马耀南愤然于国民党的腐败参加了倒蒋运动，后在遭到通缉后果断摒弃、退出国民党。1933年在家乡各界乡绅联名邀请下以教育救国，回到长山中学任校长，大刀阔斧地进行学校改革。

抗战全面爆发后，马耀南投笔从戎加入中华民族解放先锋队。后在中共党员林一山的介绍下，积极和中共山东省委取得联系，以长山中学为抗日武装起义的重要活动据点。在长山中学，他和我党重要领导干部姚仲明、廖荣标和赵明新等一起成立组织，培养抗日力量，共同举行了黑铁山抗日武装起义，创立山东人民抗日救国军第五军，这是清河平原上党领导的第一支抗日武装，活动在胶济铁路南北的广大农村，在邹平、长山和桓台一带坚持平原游击战。1938年10月，经郭洪涛和霍士廉介绍，马耀南正式加入中国共产党。在一年多的时间里，马耀南率部分别攻打了周村、邹平，破袭胶济铁路，激战太贤村等，积累了作战经验。1939年6月由第五军改编后的山东纵队第三支队取胜刘家井战斗，声势壮大。

在三支队的屡次重创打击之下，日军开始忌惮游击支队的力量，于是派出某部队长利诱拉拢。在馆藏这份劝降书中，日军对共产党和军队极尽污蔑贬低之能事，又企图利诱马耀南叛变投降参加日军，遭到马耀南痛斥拒绝。

日军某部队长植松写给黑铁山起义领导人马耀南的劝降书（山东博物馆藏）

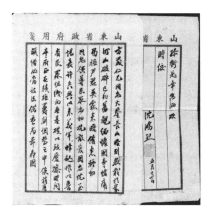

国民党山东省政府主席兼鲁苏战区总司令沈鸿烈致方晟（马耀南）的信
（山东博物馆藏）

在馆藏的这封信中，沈鸿烈借着与马耀南早些年的晤面之缘，以"鲁省民众组织向无基础以致摩擦"为由，劝说马耀南接受军队调整，意图收编正发展壮大的第五军武装力量。期间沈还曾专门派人带着委任状去拉拢马耀南，声称要恢复他的国民党党籍，并委任他当"鲁北行署抗日纵队司令"。马耀南愤然于国民党当局假抗日真反共的行径，当场将委任状撕碎以示拒绝。

1939年7月22日马耀南在桓台县牛王庄战斗突围中壮烈牺牲，这位一生做硬汉、与困难殊死战的书生司令，以自己短短

37岁年华赤诚报国。与他血脉相连的两兄弟二弟清西军分区副司令员马晓云，三弟三支队独立营营长马天民也先后于1939年9月和1944年8月为国捐躯，留下了"一马三司令"的齐鲁英名。

（3）1945年12月27日在山东济南、青岛、德州地区受降仪式上日方代表签字使用的毛笔

（山东博物馆藏）

笔杆竹制，笔头为羊毫，配有铜质笔套。笔杆上刻有"中华民国三十四年十二月二十七日上午十时济南地区日军投降代表签字用笔"繁体楷书。这支毛笔是1946年由新闻记者杜郁仑赠送给著名学者路大荒的，后者在1959年2月捐献给了当时的山东省博物馆。毛笔是日本军国主义发动侵华战争彻底失败的历史见证。

1945年8月15日，日本正式宣布无条件投降。9月9日，中国战区的受降仪式在南京举行。中国受降范围划分为16个地区，其中第十一战区副司令长官李延年受降青岛、济南地区善后联络部。

抗战全面爆发后，国民党山东当局率部稍战即逃。至1943年7月，留在敌后的国民党山东省政府和鲁苏战区的部队因不堪日军扫荡和打击，从山东撤到安徽阜阳地区。中国共产党团结抗日统一战线，领导广大人民誓死守土，一直坚持敌后抗战，然在抗战胜利后却被蒋介石剥夺了受降权力，并意图消灭。1945年10月，国民党山东省政府主席何思源和第十一战区副司令长官李延年在济南接管伪政权，接受日军投降。1945年10月25日，李延年在济南接受细川中康代表其司令部、第四十七师团等共70500人投降。12月27日，济南地区受降仪式在省图书馆老馆"奎虚书藏"楼举行。国民党山东当局不顾共产党在山东敌后战场上砥柱中流的实际，上演了蒋日伪"合流"抢夺抗战果实的闹剧。至1949年8月长山岛战役胜利山东全境解放，壮丽河山真正重归人民。

纪念中国人民抗日战争暨世界反法西斯战争胜利70周年——甲午战争专题展

1.展览概况

2015年8月在山东博物馆开展的"甲午战争专题展"是纪念中国人民抗日战争暨世界反法西斯战争胜利70周年的分展览，是契合2015年中国隆重纪念中国人民抗战胜利70周年而推出的专题性展览。展览总展览面积960平方米，共展出历史图片300余张，珍贵文物200余件（套）。"甲午战争专题展"主旨在于铭记历史、缅怀英烈、珍爱和平、开创未来。展览真实展现中日甲午战争的历史概貌及甲午战后中华民族的探索救亡之路，讴歌中华民族永不屈服、奋起抗争的民族精神。从甲午战争到抗战胜利，中华民族打破国运日衰的局面，渐渐开启了民族的复兴之路。展览回首感受的不仅只是战争创伤的锥心痛楚，慎终追远，我们更要省思和检讨甲午国殇的深刻教训，在沉重的历史中汲取奋进精神滋养，为中华民族复兴凝聚正能量，为谋求世界的和平与发展贡献中国力量！

"甲午战争专题展"展览序厅

2.典型文物展品

展览上展历史图片共300余张，上展文物200余件。文物以山东博物馆馆馆藏文物和中国甲午战争博物物院馆藏文物为主。展品类别包括文物、历史照片、档案等，是展现中日甲午战争的历史的真实物证。其中山东博物馆重点展出了牺牲于甲午平壤战场的清军将领山东费县人左宝贵的系列遗物、光绪皇帝对左宝贵的悼文等。

（1）清末光绪帝御批李鸿章关于加恩赐恤左宝贵奏章的铭文拓片（山东博物馆藏）

左宝贵（1837—1894），字冠廷，回族，山东费县地方镇（今属平邑县）人。甲午战争中在平壤保卫战殉国的高级将领。左宝贵牺牲后，光绪皇帝亲作《谕制祭文》以痛悼，清廷浩令"从优加赠太子太保衔"，谥"忠壮"，授"骑都尉兼一云骑尉"等封号，将其英雄事迹交付国史馆立传，并对左氏一族大加封赐。因左宝贵遗体留在朝鲜找寻未果，清廷在其故里修建衣冠冢一座，另在费县城里左家公馆建"宫保第"一处。奉天、北京、费县等昭忠祠将左宝贵神位入祠祭祀。

（2）左宝贵的遗物：玉带（山东博物馆藏）

玉带通体为青玉质，以夹棉红缎衬底。此套玉带共有13块。前身正中为三块正方带銙和两块小长方带銙交错并排，其左右各为一较长的长方带銙和铊尾，双尾左右各两块桃形带銙。带銙均镂空透雕云龙纹，并在带銙左上和右上处镂刻"福""喜"二字，雕刻技艺精湛。唐宋时期玉带就已经盛行。清代玉带重在礼仪性质，不具有实际佩带的实用价值。此玉带为清末甲午战争中殉国的清军将领左宝贵的遗物。

青年时期左宝贵投身行伍，积功至总兵。1875年朝廷诏赐左宝贵"锼色巴图鲁"勇号，率领客军驻防奉天（今沈阳），统领奉军，后晋升为建武将军、记名提督。左宝贵一贯治军严肃，重士爱才，赏罚分明，他率领的部队在清军中是战斗力较强的。1881年清政府任命左宝贵为广东高州镇总兵，仍留驻奉天。在驻军奉天期间，左宝贵还热心办理地方公益事业，先后设立赈灾粥厂、同善堂、栖流所、育婴堂等。1891年秋左宝贵因功赏穿黄马褂，并赏给头品顶戴；1894年因慈禧太后六十寿典，赏戴双眼花翎。

1894年中日甲午战争爆发后，左宝贵奉命率军进驻朝鲜平壤，同时奉檄到平壤的还有毅军马玉昆部、盛军卫汝贵部以及丰升阿所部奉天练军盛字营、吉林练军等四支部队，计29营13000余人，史称四大军入朝。四大军入朝后，统帅叶志超指挥无力，丧失续战信心，而左宝贵部则积极主战、奋勇抗敌。9月15日平壤保卫战打响，左宝贵率军防守平壤、浴血抵抗，不幸壮烈牺牲。左宝贵是甲午战争中清军高级将领血战沙场，壮烈殉国的第一人。

光辉的历程　伟大的成就——山东省纪念中国共产党成立95周年主题展

1.展览概况

2016年是中国共产党建党95周年，作为革命老区，山东党组织的建设、发展过程，是中国共产党为争取完成两大历史任务而不懈奋斗的缩影。为充分挖掘、研究和利用省内党史文物资源，展现95年山东党史光辉历程，按照中共山东省委批准的党史工作计划要求，由中共山东省委宣传部、省委党史研究室、省文化厅、省文物局主办，山东博物馆承办了"光辉的历程　伟大的成就——山东省庆祝中国共产党成立95周年主题展",以此向党的95周年献礼。展览于2016年7月1日在山东博物馆二楼11、12号展厅开展,展期至2017年4月30日,是迄今为止山东地区举办的党史史料最丰富、集合党史文物最多、内容最为系统全面的一次中共山东历史主题展览。参展革命文物达247件(套),类别主要包括有关中共山东地方党组织的文献档案、报纸刊物、印章、旗帜、民兵奖状、信函、手稿、战斗缴获品、中共领导人和模范党员干部等使用过的物品以及反映新中国成立以来各行各业发展成就的物证等。当年6月30日,展览获评国家文物局"纪念建党95周年和红军长征胜利80周年主题展览项目"重点推介。

建党95周年展览开幕式

2.典型文物展品

展览共展出党史文物247件,其中展出珍贵文物达到62件(一级文物9件、二级文物3件、三级文物50件)。展出文物来源广泛,除大部分出自山东博物馆精心遴选的馆藏223件文物外,还从济南市博物馆、青岛市博物馆、淄博市博物馆等10家文博单位借用文物24件。

　　珍贵的文物是中共党史的真实见证，更是作为政治性历史展览的鲜活因素。从博物馆的参观规律上讲，作为主题严肃、立意深刻的展览通常伴随着减少的传播量，它们因为自身学术性、政治性、社会性等因素，无法与基层大众交流。为了避免或者减少这种弊端带来的负面影响，本次展览展出了大量珍贵而又丰富的历史文物，贴近不同年龄阶段的观众对于共产党历史的认知，有利于提高观众的认同感。参展文物达247件（套）。参展文物类别主要包括有关中共山东地方党组织的文献档案、报纸刊物、印章、旗帜、民兵奖状、信函、手稿、战斗缴获品、中共领导人和模范党员干部等使用过的物品以及反映新中国成立以来各行各业发展成就的物证等，展品意在突出表现一代又一代山东共产党人前赴后继、百折不挠、艰苦奋斗、改革创新的光辉形象。

　　（1）1925年王尽美主编《晨钟报》报头木质印模（山东博物馆藏）

长方体，木质。正面自上而下刻阳文繁体"晨鐘報"三字。这枚印模是民国时期济南创刊的《晨钟报》的报头印模。《晨钟报》第一任社长汝仲文捐献。

1923年山东济南创刊同名报纸《晨钟报》，办刊仅有两年，1925年8月15日被军阀张宗昌查封。济南《晨钟报》创刊于1923年8月2日，在中共济南支部的推动下、由济南电话局洛口领班、爱国人士汝仲文联合李甫文筹资创办。

《晨钟报》为日刊，铅印，王翔千任主笔，王尽美等任编辑，由济南同兴印刷所印刷。栏目辟有"时事要闻""本省要闻""电报"（电讯）"本埠新闻""小说连载""新诗和广告"等栏目。内容包括政事、战争、社会新闻。报纸中缝刊有戏剧预报、本埠粮价、火车时间表等。该报的星期副刊《晨钟》，每周一期，辟有"寸铁""小说""新诗""杂感""记事""谐著"（幽默笑话）、"游戏等待""谜语候教"等栏目。《晨钟报》主笔王翔千曾写道："《晨钟报》系小型通俗报，但注重政治及社会问题，不采低级趣味作风，经王尽美参加领导，为本党宣传时较多。在当时山东为仅有的进步言论……经多次反动军阀的压迫及变乱后，原稿散失，事后搜集竟不能得。"

《晨钟报》主笔之一王尽美，原名王瑞俊，山东莒县大北杏村（今属诸城市）人，一大代表，山东党组织的创始人。为了传播革命思想，王尽美投入很大精力办报纸刊物。他曾跟王翔千、邓恩铭等办过《励新》《济南劳动周刊》《山东劳动周刊》。在这之后，他参与创办了《晨钟报》和《现代青年》。《晨钟报》的发行日益引起反动军阀的忌惮，1925年8月15日被张宗昌当局查封。

（2）吴亚鲁主办《山东红旗报》

吴亚鲁（1898—1939），原名吴肃，字亚鲁，江苏如皋县人。1919年考入南京高等师范教育专修科。1922年加入中国共产党。吴亚鲁是南通地区第一个共产党员，也是中国共产党徐州地方党团建设的创始人。1925年吴亚鲁筹建了徐州第一个中国共产党支部，是徐州地区和豫东、皖北邻县的革命运动先驱。

《山东红旗报》又名《山东红旗》，前身为中共青岛市委的机关报《青岛红旗》。《青岛红旗》是1930年由时任中共青岛市委副书记的马恒德（1908—1931）主持编辑出版，时名《青岛工人》，之后不久改名《青岛红旗》。同年吴亚鲁来山东后，在青岛成立临时省委。随后将原青岛市委的《青岛红旗报》改为临时省委机关报，定名《山东红旗》。1930年底，《山东红旗》在青岛秘密发行。第一期油印，周刊；第八期后改为每星期二、五出版两期。因国民党破坏，1931年4月14日《山东红旗报》停刊，一共仅出版22期。

《山东红旗报》在山东地区中秘密传播，报道国内斗争形势，宣传武装斗争、红军活动和农村革命等，鼓舞动员广大民众起来革命。《山东红旗报》在刊时间以"二·七""四·一二"惨案周年纪念契机，猛烈抨击国民党反动派的恐怖统治，"反抗帝国主义和国民党进攻红军和苏维埃区域""拥护全国第一次苏维埃代表大会"等文章揭露国民党反动派反共反人民的罪恶阴谋，报道红军作战反围剿的消息，抨击改组派，并大量报道全国各地工人运动、工人罢工和农民暴动情况等，鼓舞、动员人民群众起来参加革命斗争。

《山东红旗报》（1931年3月27日）（山东博物馆藏）

　　1933年吴亚鲁不幸被国民党反动派捕，到抗战前夕才被
释放。1938年初，吴亚鲁由八路军驻湘办事处派往平江县任
湘鄂赣特委委员、秘书长，公开职务是"新四军平江嘉义留守
通讯处"秘书主任。当时他肺病复发，经常吐血，仍夜以继
日地参加革命工作。1939年6月12日下午，国民党反动派包
围新四军平江嘉义留守通讯处，在抗日统一战线政策之下，仍
制造了震惊全国的"平江惨案"。惨案中吴亚鲁为掩护其他同
志壮烈牺牲，年仅41岁。同年8月1日，延安举行追悼"平江
惨案"被害烈士大会。中共中央送的挽联中写道："在国难中
惹起内讧，江河不洗古今憾；于身危时犹明大义，天地能知
忠烈心。"高度褒扬吴亚鲁为共产主义事业英勇献身的大无畏
精神。

（3）1930年刘谦初在狱中使用的周恩来同志辗转相送的毛毯（山东博物馆藏）

刘谦初（1897—1931），原名刘德元，字乾初，化名黄伯襄，山东平度人。中共山东早期领导人，毛泽东的亲家，毛岸英之妻刘思齐之生父，"四五烈士"之一。

在刘谦初的革命生涯中，分别于1916年和1925年两度投笔从戎。大革命失败后，1929年刘谦初服从党中央安排调到山东，重组中共山东省委，任省委书记兼宣传部长。在险恶的政治环境下，刘谦初先后组织了博山、潍县、青岛等地工人反帝同盟大罢工，沉重打击了日本帝国主义在山东的势力影响。然8月因叛徒出卖，他与妻子张文秋先后不幸被捕入狱。刘谦初夫妇后，党中央对其积极开展营救工作，并通过各种渠道为他秘密寄送衣物、书刊。这张毛毯是周恩来同志托在上海工作的林育南购买，并设法送入狱中交刘谦初使用的。这张朴素的毛毯，历经沧桑岁月现已残损褪色。就是这张不起眼的毛毯，从灰暗无边的黑牢中，从沧桑岁月里见证了刘谦初烈士的忠贞不渝。

1930年1月，经党组织营救，张文秋出狱。然1931年4月5日，刘谦初与先后担任山东省委书记的邓恩铭，临时省委书记吴丽实，省委秘书长刘晓浦、雷晋笙，省委妇女委员会书记郭隆真等共22人被杀害于济南纬八路刑场，史称"四五烈士"。

（4）解放战争时期烟台福山县上刘家村的"动参模范村"牌匾

在建党展的"支援前线"版块展出的动参模范村牌匾，是1947年4月解放战争时期烟台福山县县长林纯之颁发给上刘家村的，为表彰上刘家村在支援前线、动员参军运动中的模范村功绩。同时还有来自山东各战略区的支前模范村、模范担架团等锦旗的集中展示。"兵民是胜利之本"，山东地方党组织把支援人民解放军作战作为各项工作的重中之重，积极组织群众支前。在解放战争期间，山东共有95.7万多人参军。"我军在全国共进行了142个战役，而山东人民就支援了34个，发生在山东地区的、全部由山东人民支援的战役就有23个"①。

展览中展出的烟台福山上刘家村动参模范村牌匾（山东博物馆藏）

---

① 《淮海战役的胜利是他们用小车推出来的》，《山西老年》，2018年1月。

展览中的支前模范锦旗（山东博物馆藏）

山东省庆祝中国人民解放军建军90周年主题展

1.展览概况

2017年是中国人民解放军建军90周年，按照中共山东省委批准的工作计划要求，由中共山东省委宣传部、省委党史研究室、省军区政治工作局、省民政厅、省文化厅、省文物局主办，山东省军史馆和山东博物馆承办"山东省庆祝中国人民解放军建军90周年主题展"。展览于2017年8月1日于山东博物馆二楼11号展厅开展，展期三个月。展出面积1000平方米，展线长度180米。展览立足全党全军发展的广阔历史背景，以山东人民军队发展史为主线，全面展示1921年以来山东军民在中国共产党的领导下走过的光辉历程和取得的辉煌成就，生动展现山东作为革命老区、海防前线，在革命、建设和改革时期所起的重要作用和全省军民在双拥工作中所取得的优异成绩。本次展览是迄今为止山东地区举办的展现山东军史最系统全面、军史史料最权威深入、展现军史文物最有代表性的主题展览。当年展览获评国家文物局"庆祝中国人民解放军建军90周年暨纪念抗战爆发80周年主题展览项目"重点推介项目。

建军90周年展厅掠影

90年来，山东人民子弟兵在中国共产党的领导下，历经艰难曲折，由小到大，由弱到强。在抵御外敌入侵和战胜国内反动势力的斗争中不断发展壮大，在齐鲁军事发展史上书写了辉煌篇章。在社会主义建设和发展时期，山东部队为建设强大的人民军队、保卫国家安全，在加强自身革命化、现代化和正规化建设方面取得了巨大成就，彰显了威武之师、文明之师、胜利之师的风采雄姿。特别是在习近平主席改革强军战略思想引领下，驻鲁部队开拓奋进、跨越发展和地方各级发扬传统、助力强军，不断巩固发展"同呼吸、共命运、心连心"的党政军民关系。展览旨在鼓舞全省军民继续弘扬光荣传统，自觉投身强国强军伟大实践，更加奋发有为地为实现中国梦、强军梦而努力奋斗。

　　纵览山东军事发展的浩浩长河，我们清楚地看到，军事斗争与社会发展始终相伴相随，安全和发展是国家最根本的利益，"国无防不立，民无军不安"；"兵民是胜利之本"。回首烽火连天、鼓角铮鸣的战争岁月，我们更加珍爱今天的和平时光。然而，当今世界，战争风云依然诡谲多变。我们当存而不忘亡，安而不忘危，强而不忘忧，牢记历史，警钟长鸣，强我国防，固我长城，为中华民族的伟大复兴续写新的辉煌。20世纪以来，齐鲁儿女在中国共产党领导下，前仆后继，浴血奋战，平战乱、抗外侮、伐敌寇，为中国人民的解放事业建立了不朽功勋，在齐鲁军事发展史上书写了辉煌的篇章。在社会主义建设和发展时期，山东军民弘扬传统，开拓奋进，为推进中国特色军事变革，促进经济社会发展，做出了新的贡献。

社会主义建设新时期山东军队建设发展成就部分展示

2.典型文物展品

展览参展文物百余件，由山东博物馆筹展人员从馆藏文物中精选有代表性的军史文物用于展览。展品尤为突出山东军事历史特色，尤其是结合了"一普"工作的整理发现。如著名的经典战役解放济南战役的相关文物，包括战役缴获的武器装备、济南战役功臣许传忠参加英雄大会的出席证、新华社关于济南解放的电报、我军修工事时使用的铁锨、1949年山东新华书店出版的鼓词《济南第一团》是在"一普"工作中新整理出的文物。此外，在新中国成立后的"抗美援朝"展览版块中，文物展品选择了普查出的山东两个地区的抗美援朝分会图章，是山东人民积极支援前线战争的缩影。珍贵的文献资料和军事文物真实展现了人民军队立下的赫赫军功。

（1）1943年南北岱崮战役中战士分喝水使用的茶缸（山东博物馆藏）

"岱崮连"诞生于抗日战争时期，1943年山东军区所属鲁中军区十一团三营八连（现为济南军区某部六连）93位勇士在岱固战役中受到山东军区的嘉奖，荣获"岱固连"的光荣称号。这个搪瓷茶缸是八连战士们在岱崮战役中的困难条件下喝水用的。南北岱崮战是鲁中军区在反扫荡战斗中的牵制战，鲁中军

区第二军分区第八连指战员坚守阵地，经过15个日夜的顽强阻击，胜利完成了牵制日伪的任务，积极配合和支援了外线部队作战，创造了以少胜多的奇迹。

1943年11月9日，一万余日军和伪军"扫荡"鲁中抗日根据地，企图消灭八路军鲁中军区部队和寻歼山东军区主力。为粉碎日军扫荡，鲁中军区决定留下十一团三营第八连坚守沂蒙山区的南、北岱崮，以牵制、吸引敌人主力，使我军主力部队能够到外线作战，寻机歼敌。南、北岱崮位于山东蒙阴县东北部，两崮峰陡直峭立，易守难攻。八连指战员分别在北崮西面、南崮南面组织修筑瞭望楼和战备工事。11月13日日军向岱崮发起攻击。八连的93名战士在副营长张林的率领下凭险抗击敌人，多次击退在飞机、大炮掩护下的日伪军的疯狂进攻，誓与阵地共存亡。经过十五昼夜的鏖战，岱崮保卫战最终创造了以少胜多的奇迹。11月27日夜，接到撤退命令的战士们，利用系在悬崖上的皮绳滑到崮下，悄悄摸出日军四五里的纵深包围，在预定地点与大部队胜利会合。战后八连荣获八路军山东军区嘉奖"岱崮连"光荣称号。

这个茶缸是坚守岱崮战役中八连战士们用的。战役打响后，在日伪军的围攻、封锁下，连队与外界联系完全中断，弹药不足，就用石头代替；粮食短缺，就用野菜充饥；盛水用的两口水缸被炸去大半截，残存的一点水已变成了泥浆，战士们就把凝结在表层的冰凌含在嘴里解渴。在断粮断水的困苦中，战士们使用一个搪瓷茶缸分喝仅剩的存水。就是靠着惊人的革命毅力，八连战士们顽强坚持战斗，坚守岱崮。茶缸就是岱崮连勇士们可贵精神的光辉见证……

（2）华东野战军在济南战役中的缴获品（山东博物馆藏）

1948年9月打响的济南战役是解放战争时期中国人民解放军发起的大城市攻坚战的先例！以上展示的缴获品即是华东野战军战后缴获的国民党军队的系列武器装备。济南一役，战事惨烈亦激烈，华东野战军以伤亡2.6万余人的代价，共歼国民党军10.4万余人（内起义2万人），缴获各种炮800多门，取得了巨大胜利。

奋进的山东——庆祝中华人民共和国成立70周年成就展

1. 展览概况

2019年9月20日，按照省委省政府关于庆祝中华人民共和国成立70周年重要活动部署，由省委宣传部、省委党史研究院、省发展和改革委员会等单位主办、山东博物馆承办"奋进的山东——庆祝中华人民共和国成立70周年成就展"。展览"精选600余幅图片、百余件实物，并辅以新媒体、视频、图表、国家重器模型等多种展示手段，集中展示新中国成立70年来特别是党的十八大以来，我省在经济建设、政治建设、文化建设、社会建设、生态文明建设和党的建设等各方面取得的辉煌成就。

"奋进的山东——庆祝中华人民共和国成立70周年成就展"序厅

展览开展当日，省委常委和省直机关等领导参加的快闪文艺活动由大众网直播开展仪式，山东广播电视台播发消息、观众采访并配发短评。大众日报刊发消息和侧记，配发评论；其他省内媒体、各新闻网站结合实际宣传报道。大众报业集团、山东广播电视台等省内主要新闻媒体，结合自身特点，精心组织策划宣传方案；省网信办制定工作预案，组织网络媒体宣传报道，加强网上舆情监控和舆论引导，组织撰写网上评论员文章。省内主要新闻媒体做后续省领导参观展览，以及展览特色亮点、各界群众参观、社会反响等宣传报道。展览开展50多天的展期里，社会反响强烈，山东博物馆共接待省机关事业单位、企业等团体预约百余次。观众总参观量近30万余人次。9月底，该展巡展在山东大厦展出，国庆期间，省领导和中外人士在金色大厅共同参观成就展。10月该展VR全景网上展馆上线，为社会大众带去突破时间空间、永不落幕的展览。

《奋进的山东》展览VR全景

2.典型文物展品

山东博物馆为本次展览特别展出了社会主义建设初期珍贵的馆藏文物。北海船工的特等功功劳证、山东省人民政府铜印、一级战斗英雄王海的立功喜报等典型展品为展览增加了深厚的红色底蕴。

（1）北海区长山特区船工刘政华的特等功功劳证（山东博物馆藏）

这张功劳证是参加过长山岛战役的北海区长山特区船工刘政华在战后获得的，1949年8月27日由山东省人民政府支前办事处颁发。1949年8月20日，长山岛战役胜利，标志着山东全境解放。

攻打长山岛战役的军队由华东野战军和山东省军区的部分部队共同组成，在华东战区开创了解放战争第一次乘坐木帆船渡海登陆作战的战斗先例，更以简陋的武器装备战胜了装备先进的敌方，创造了以弱胜强的模范战例。在长山岛战役中，长岛船工积极支援作战，发挥了巨大作用。当时20多岁的刘政华被编入警备4旅11团海上突击队，在长山岛战役中为人民军队做向导指引作战。我军在解放长岛的战役中军民同心同德，最终赢得长山列岛的胜利，山东全境得以最终解放。

（2）1949年12月山东省人民政府铜印（山东博物馆藏）

此枚铜印为政府印章，纯铜铸造，圆柱形把纽，印面正方铜胎铸字，印面镌刻"山东省人民政府印"，分两行直排阳刻朱文，老宋体。印背上錾刻横竖三行凹形字样：右边刻印"山东省人民政府印"，左边刻印"一九四九年十二月日"，中下刻印编号"第陆伍号"。印背四角做小圆弧处理。此枚铜印是新中国成立后按计划整批铸制的省级人民政府的印信之一，也是山东省人民政府于1949年12月正式成立后使用的第一个铜印。质料、尺寸和字体都方面符合《印信条例》中所规定的刻印规范。当时从中央直属单位到省级人民政府的印信一共铸制了60多个，山东省人民政府的铜印编在第65号。

让党旗永远飘扬——山东省庆祝中国共产党成立100周年主题展

1.展览概况

为庆祝中国共产党百年华诞，认真落实党中央关于"切实把革命文物保护好、管理好、运用好"的重要指示，按照山东省委关于庆祝中国共产党成立100周年重大活动安排部署，山东博物馆充分发挥自身革命文物资源优势和全国爱国主义教育基地社教职能优势，2021年7月至10月，隆重举办"让党旗永远飘扬——山东省庆祝中国共产党成立100周年主题展"。该展是迄今为止山东省党史史料最系统全面、展示党史革命文物最多、展览规模最为宏大的百年党史主题展。展览开展后引发了社会强烈反响，成为山东省深入开展党史学习教育、革命传统教育和爱国主义教育的网红"打卡"地。展览入选了中宣部、国家文物局庆祝中国共产党成立100周年精品展览推荐名单，同时入选国家文物局"弘扬社会主义核心价值观"主题展览推介。

"让党旗永远飘扬——山东省庆祝中国共产党成立100周年主题展"序厅

展览综合了"十三五"时期举办历次革命历史主题展览的实践经验，并在此基础上守正创新策展理念，深挖文物内涵，创新设计理念，呈现以下几大特色：

（1）构建革命文物数字图谱，数字化利用于建党主题展览。

欲知大道，必先为史。展览重点突出民族独立、人民解放、国家富强、人民幸福这一党史的主题主线，集中展示中国共产党成立百年来特别是党的十八大以来，在党中央的坚强领导下，山东党组织百年来取得的全方位、开创性的历史成就，发生的深层次、根本性历史变革，充分展示山东党组织的理论探索史、践行初心使命史、不懈奋斗史、自身建设史、政治锻造史。展览全面整合利用山东省文博系统、档案系统、民政系统和各地党性教育基地、爱国主义教育基地等210余件（套）代表性珍贵文物和现当代实物，聚焦历史重要瞬间和关键节点，突出党中央的坚强领导、中央领导对山东党组织的有力指导，弘扬党与人民群众水乳交融、生死与共的沂蒙精神，突显山东革命老区在全国的重要地位和历史贡献，注重总结山东党组织带领人民创造的引领全国、创新改革的先进典型经验。

展览在策展中充分利用了2021年山东博物馆启动开展的革命文物数字化项目成果，这也是迄今为止山东省首个针对革命文物的数字化项目。通过项目建设，首先实现对展览中革命文物信息的高精度数字化构建工作，高标准完成平面纸质文献、立体文物的二维高精扫描和三维数据的留存、修复、展示，大大提升了展览实体和线上展览的整体展示效果。项目最终将搭建完成统一的革命文物藏品数字化保护与管理平台，实现革命文物的藏品管理、文物保护、陈列展示、宣传教育的有机融合，以及红色文化遗产资源深度挖掘和传承利用，持续提升山东博物馆革命文物数字化保护和展示水平。

（2）深掘文物厚重内涵，以科学研究、创新设计服务于主题展览。

知所从来，方明所往。文物强大的生命力在于挖掘深厚内涵，彰显时代价值。山东博物馆藏革命文物近15000余件（套），来源广泛，认定明确，其中珍贵文物占全省第一批珍贵革命文物名录73.18%。文物收藏有序，完整展现了中国共产党在山东领导新民主主义革命的全历程。

近年来山东博物馆基于文物"一普"整理成果，深度挖掘革命文物的精神特质和时代价值，先后立项《山东省革命文物收藏、保护与合理利用研究》《基于元数据标准分析模式的山东省珍贵革命文物数字化保护与文旅应用》《百年党史文物保护利用与展示宣传研究》等多个省部级、厅级科研课题，以课题带动研究，将研究重点集中放在山东省革命文物的收藏分布、保存状态、数字化保护、展示宣传和文旅应用等方面，先后在CSSCI、核心期刊、国家级、省级等学术期刊共发表论文40余篇，编辑出版《浴血齐鲁》《山东省音像资料可移动文物调查与研究》《薪火相传——山东革命文物图文集》等多部书籍论著。在此基础上，将多年来的研究成果有效服务于建党百年展览的大纲撰写、内容设计、文物诠释及陈列设计等多个方面，有效增进了展览陈列的系统性、学术性和普及性。

展览设计风格庄重大气、稳健时尚，开放式的设计理念充分体现了党在发展过程中的开放包容、开拓进取。展项大量融入科技元素，充分运用科技化展陈方式，融合全息投影、裸眼3D、VR等多种新技术和新手段于一体，打造沉浸式、多层次体验的展览，强调展览与观众的互动。同时结合本次主题展览，在报刊、学习强国和两微一端等多种渠道推出"红色故事追述历史""薪火云传"等革命文物解读专栏，用生动鲜活的革命文物诠释中国共产党的故事，让革命精神润物无声，让红色文化直抵人心。

（3）开展主题展览宣传教育，讲好百年党史和山东红色故事。

展览面向社会团体公益讲解，全力服务党史学习教育。开展后，受到了全省政府机关、企事业单位、高校及广大市民的高度关注，参观者络绎不绝。展览自7月1日正式开展以来三个月的时间，公益讲解服务观众1500余批次，共达60000余人。其中"党员志愿者讲党的百年历史"服务参观团体200余批，大大增强了社会各界党员学党史、悟思想、办实事、开新局的学习热情和成效。

山东博物馆讲解员为小学生团体讲解

为更好地讲述百年党史，把展览呈献给更多受众，山东博物馆与大众日报、山东广播电视台合作推出"让党旗永远飘扬"VR线上展览、"开箱吧红色文物"系列节目，将馆藏邓恩铭家书、首版《共产党宣言》中文译本等革命文物故事拍摄成视频，收视数据高涨。新华社、山东政府网、大众日报、齐鲁网等媒体广泛介绍展讯和展览内容，进一步扩大了展览影响力。

此外，按照中宣部要求，为引导国际社会树立正确的"中共观""中国观"，营造良好外部舆论环境，山东博物馆接待了由省委宣传部、省外办先后组织的在鲁高校外国留学生代表、山东省人民友好使者、山东省荣誉公民代表、驻华媒体记者等代表团，参观"让党旗永远飘扬"建党主题展，配备中英文双语向国际友人讲述山东百年党史，讲好山东红色故事。

2.典型文物展品

（1）《共产党宣言》（1920年8月全文中译本）

《共产党宣言》（1920年8月全文中译本）全书平装，封面赭石色印刷，正中印有马克思半身像，陈望道翻译本。封面标题为错印的《共党产宣言》。这本《共产党宣言》最初就是由济南早期党组织的创始人王尽美从上海带回济南，在济南早期的共产主义者中流传、学习的。1926年春节期间，其中同为广饶县人的延伯真、刘雨辉和刘子久把这本《共产党宣言》带回了广饶县刘集村。来自西方的科学真理突破了地域、国家、民族的隔膜，来到齐鲁大地百户小村，在底层民众当中传播，成

为农闲时期和农民夜校宣讲的好教材，成为刘集共产党人代代守护的火种，是马克思主义在山东早期传播的历史见证。

（2）胶东特委书记理琪参加的雷神庙战斗保留下的庙门板（山东博物馆藏）

理琪（1908—1938），河南太康人。抗战时期任山东人民抗日救国军第三军司令员、中共胶东特委书记。1936年理琪经河南省委介绍来到胶东，及时整顿了党的组织，重建胶东特委。同年11月由于叛徒告密，胶东特区工委机关遭到破坏，理琪在烟台被韩复榘部抓捕。在济南监狱中，理琪备受摧残和刑讯折磨，仍大

义凛然，不屈不挠，丝毫未动摇革命意志。理琪还与同在狱中的赵健民、姚仲明等十几位共产党员建立了联系，成立了狱中党支部，组织党员学习时事和马列理论，开展狱中斗争。

1937年全面抗战爆发后，山东被日军步步侵占。山东地区国共两党达成抗日统一战线后，理琪等共产党人相继出狱。1937年12月24日理琪领导发动天福山抗日武装起义，组建"山东人民抗日救国军第三军"。队伍以于得水、刘振民带领的昆嵛山红军游击队为主力。1938年2月13日，起义军攻克牟平县城后撤至城南雷神庙休整时被烟台袭来的日军包围，激战中理琪不幸牺牲。激战中理琪不幸身受重伤，血流不止，仍继续指挥战斗，终因负伤过重而壮烈牺牲。雷神庙保存下来的庙门板上，上面累累弹痕和刺刀戳痕足见当时战斗的激烈，也见证了天福英雄理琪，这位不屈的共产主义战士光辉战斗的一生。

（3）1944年冀鲁豫书店出版《整风文件》（山东博物馆藏）

1944年冀鲁豫书店出版发行的《整风文件》（增订四版）是体现中国共产党在抗战时期进行党内整风运动的历史见证。20世纪40年代，山东党组织在艰险卓绝的战争岁月仍高度重视党组织的政治理论学习和思想改造问题。山东党政军从上而下

开展了一系列整风学习运动。这本《整风文件》扉页署名"愚拙老者"，并写有个人题词"余是个古稀老人。粗通文字，文化水平知识能力一点也没有，俗言世上没难事，就怕缠摸头。每日读一遍，坚决细追求。愚拙老者自题"，时间为1944年九一八纪念之日。该书书本已经泛黄、甚至有些脱页，书中每一页都有笔记标注，满满的字迹展现了一个老共产党人耄耋之年仍谦虚学习、自我改造和自我剖析的可贵精神。

初心——山东革命历史文物展

1.展览概况

2021年是中国共产党成立100周年，为深入挖掘革命文物的文化内涵和时代价值，创新展示革命文物研究、保护、利用的最新成果，充分发挥革命文物在传承红色基因、资政育人方面的重要作用，山东博物馆举办"初心——山东革命历史文物展"，向建党百年献礼。"初心——山东革命历史文物展"于2020年获国家文物局"弘扬优秀传统文化、培育社会主义核心价值观"主题展览推介。展览是深入落实《山东省革命文物保护利用工程实施意见》中"百年党史文物保护利用工程"的鲜活实践。

展览坚守理论性、时代性、政治性和特色性三大策展原则，从回溯中国优秀传统文化"以人为本"思想，从追溯马克思科学历史唯物主义"人民主体"思想论述"初心"的理论源头出发，将视野放诸20世纪国际共产主义运动和中国近现代革命历史进程的大格局下，长焦距、宽视野式以中共山东党史为明线，以中国共产党领导下的山东人民英勇顽强、百折不挠的奋斗历程为重要辅线铺陈内容。全展共分八大部分，突出展现建党前后险恶卓绝的革命斗争，走过大革命的烽烟，淬炼于抗日战争、解放战争的沙场，山东优秀共产党员带领齐鲁儿女创造的辉煌功绩、彰显的如磐初心。通过塑造、阐释有血有肉的英雄模范和普通民众代表人物，体现深厚的大义担当和家国情怀，突出山东革命老区的重要贡献、地域特征和深厚内涵，升华展现中华儿女为谋求民族独立和人民解放的坚定初心，中华民族实现伟大复兴的民族初心。

2.重点文物展品

（1）1940年任作民在延安追记的两次被捕经历的手稿（山东博物馆藏）

任作民（1899—1942），又名培度，化名王敬功，湖南湘阴县（今汨罗市）人。1922年1月加入中国共产党，1942年在延安病逝。在任作民20年革命生涯中，曾在大革命失败后的1928

年和1933年两度被国民党反动派抓捕入狱，第二次入狱直至1937年10月，才经董必武营救出狱。两次被捕入狱，任作民都强忍住严刑审讯，始终没有动摇革命意志，没有暴露身份。两次被捕的经历在任作民1940年到延安之后记载下来，流传至今，山东博物馆收藏了这份珍贵的手稿，为国家一级文物。

在手稿中，任作民详细记载了两次被捕情形、遭受的严酷审讯和在狱中进行的一系列政治斗争。1928年4月15日任作民在开封与中共河南省委书记周以栗、赵天明（原名郑杰）等人同时被捕，任与周等人遭受住了火烙、鞭刑、老虎凳辣椒水等严酷的刑罚，至六七月，狱中河南陆续被捕人员多达300多人。任作民后被判刑一年，拖着伤病之躯却被强迫戴了足足六个月的5斤重脚镣。狱中的生活除了接受审讯，任等人利用空余时间进行政治斗争和秘密工作，如传递政治消息、进行内部教育工作、统一会计（统筹分配使用难友存款）、训练秘密通讯人才、秘密联系组织、建立监狱支部组织、集体创作监狱报告和进行小范围的绝食斗争，艰苦的牢狱生活持续至1930年1月6日，任作民才得以出狱。

出狱后，任作民被中央分配到江苏开展党的工作。1932年任中共山东省委书记。1933年2月底，由于党内多名叛徒出卖，任作民与孙善帅、闫世凤、董炎、王云生、韩世元、王殿卿等29名共产党员先后被捕。任作民自己面对威逼利诱和残酷刑讯，坚贞不屈，影响了同时被捕的较为年轻的共产党员。任作民在被捕的人中受刑最重，还先后押送至县政府看守所、西关地方法院看守所、看守分所等处。1934年11月底，被关入山东济南第一监狱。任作民在狱中发动全体政治犯进行斗争，组织了两次大范围的绝食抗议，迫使所方同意改善伙食、准许看报和通讯接见，而任作民因作为领导者被罚带脚镣一月手铐一星期。任作民与刘少陵（即华岗）还在狱中开办了短期训练班，训练了14名学生同志。在狱中他提出政治犯的主要目标是"保健"与"学习"，规定难友们的作息和学习时间，秘密买理论书籍，学习俄语，并按时讨论政治问题，并指定专人负责教授识字到写信，提高工农同志的文化教育；重新审查每个人的口供，尽量加以改变，以便在审判时有效掌握；确定对第三党和托派成员采取警戒的态度，对反动者精神上给予制裁，对动摇者说服和争取。任作民等人把敌人的看守所办成了"休养所"和"政治学校"，他们的努力一改牢狱的风气，使革命同志的理论水平得到相当的提高，任作民也在手稿中提到，这些对于山东以后的工作如组织游击队和抗日救国运动等有深远影响。

1940年任作民到延安马列学院学习，后调至中共中央西北局工作。因长期在狱中受到非人折磨和酷刑虐待，任作民身体备受摧残，1942年在延安重病逝世，时年43岁。在延水河畔，他的墓碑上铭刻着光辉的评语：

"作民同志为党奋斗二十年如一日，临难不苟，大义凛然，入殓时全身烙刑伤痕宛然，布尔什维克气节与世长存。"

（2）刘少奇著《论党》（1943年版）（山东博物馆藏）

刘少奇所著《论党》，版本1943年，是迄今为止是著者见到的最早的一种。此书由当时的大众日报社翻印出版。封面上方是红色党旗图案，下方是繁体"论党"两个大字，从右到左书写，封面和扉页中都盖有"第五十七军独立旅政治部"的椭圆形图章，扉页的下方清晰地标有出版单位和时间——"大众日报社翻印，1943.4"。这本《论党》原是军区的移交物品，历经近70年的岁月，纸张虽有些破旧，但内页文字依旧十分清晰，内许多页的空白处留有批注笔记。

该本《论党》为第五十七军独立旅政治部的藏书，第五十七军原系张学良东北易帜之后编成的东北边防军，属于南京政府军系统。抗战开始后，军内官兵厌倦剿共内战，要求停止内战、团结抗日。1942年8月，第五十七军一百十一师师长常恩多率师起义，新一百十一师推选万毅任师长（后常恩多病逝），后编为八路军滨海支队。第五十七军也是新中国成立后中国人民解放军38军的重要组成部分。

众所周知，《论党》中内容原是刘少奇于1945年在中共七大所作的关于修改党章的报告。然在七大之前，刘少奇的部分论作就已经创作出来，并有地方书店、报社出版或翻印。山东博物馆所藏这本《论党》正是1943年由大众日报社翻印的，版本很珍贵。关于《论党》也有几本，版本都还算比较早的，售价也较高。比如胶东新华书店 1946 年 8 月出版的《论党》，当时属于解放区出版物，于今比较少见；还有 1950 年至 1953 年间的版本，作为革命（红色）文献由当时的人民出版社出版，尤其是 1953 年版出现了布面精装版本，而到了 1953 年版的《论党》，人民出版社已是第 14 版第 18 次印刷了；更晚的就是由 20 世纪 80 年代人民文学出版社出版的。综上所述，山东博物馆珍藏的这一本 1943 年版的《论党》可真能算是珍品。

作为卓越的老一辈革命家、政治家和理论家，刘少奇的《论党》是在党建理论中的重要著作。他非常重视群众路线、民心所向，提出一切工作都要围绕为民服务、群众观点才能顺利，政党、政府才能巩固。历经峥嵘岁月而幸得以保存下来的刘少奇的这部《论党》，其党建理论贡献价值无论于当时和还是现今都是重大的。

第二节　革命历史题材策展模式的创新路径

2016 年和 2021 年分别是中国共产党建党 95 周年和 100 周年，在这两个重要时间节点，山东博物馆充分挖掘、研究和利用党史文物资源，按照中共山东省委批准的工作计划要求，先后承办"光辉的历程伟大的成就——山东省庆祝中国共产党成立 95 周年主题展"和"初心——山东革命历史文物展"。时隔五年，先后两次党史主题的历史策展，虽办展内容都是基于山东党史，但时间跨度、展示内容和创新理念有很大不同。

建党 95 周年展览于 2016 年 7 月 1 日在山东博物馆开展。展出面积 2000 平方米。该展集中展现了 95 年来中国共产党山东党组织团结带领全省人民走过的艰辛路程、取得的辉煌成就。"初心——山东革命历史文物展"则以全景历史展现中国共产党领导山东人民走过的光辉征程，聚焦党史，讲好红色故事，弘扬革命精神，传承红色基因。展览创新策展理念和策展思维，关注"人民"视域，以党史为主线、以党领导下的近现代山东人民反抗斗争、百折不挠、接续奋斗精神为重要辅线的双线模式，以"一普"成果集合全省的珍贵革命文物为聚点展开，结合学术前沿深度挖掘革命文物的精神特质和时代价值，展示文物经过本体修复保护的更好面貌，做好理想信念教育，关注重大题材历史展览的时代表达。展览尊重观众的受众意识，悉心打造有血有肉、设计灵活的展览。展览采用平民化的视角和富有亲和力的传播姿态，挖掘时代精神内涵，向观众传递崇高的思想境界。展览宣教重视利用红色文化研学游、数字化三维技术、直播等方式增强展览传播力和社会影响力，增强齐鲁红色文化传承力度。

两个展览不同的策展理念，使在科学研究、多元陈列、党性教育、展示传播等方面呈现鲜明特色。作为展览的策展人之一，深知政治性历史性主题展览的要求之高和筹备过程的不易，结合筹展工作，总结了以下几点筹展经验和心得。

一、综合协调——展览筹备工作分工有序

一个好的展览，需要有科学的宏观规划和细致的组织筹备。建党95周年展览的成功举办，首先得益于中共山东省委省政府的重视和省委宣传部的宏观指导和综合协调，更是省委党史研究室和山东省文化厅、省文物局、山东博物馆筹展人员上下齐

心协力、鼎力合作的结晶。

2016年初，山东省文物局和山东博物馆根据展览计划几经汇报申请，待省委宣传部批准举办展览后，展览筹备工作正式启动，筹备小组立即制订了展览筹备日程时间表，确定责任到人的小组分工。本次展览是山东博物馆新馆开馆以来举办的首次建党周年展览。为做好这一展览，省文物局、山东博物馆集中精干力量组建专门的工作团队，克服时间紧、任务重等实际困难，做了大量的前期准备工作。省文物局根据省委宣传部的指示，多次组织筹备人员召开展览协调会，调度展览工作进度，并发文征调全省各级文博单位的党史文物。省委党史研究室和山东博物馆书画部策展人员负责展览大纲的撰写和修改、展览文物的拣选、汇集、撰写文物说明、展览讲解词等工作。展览大纲几易其稿，广泛征求省内外党史研究专家的咨询论证，并多次提交省委宣传部审阅。山东博物馆陈列部承担陈列设计、图版制作、展厅改造布置、艺术品、多媒体等工作，宣教部则负责展览讲解员的培训、对外宣传和社会教育工作。

截至6月初，经过近半年的筹备，展览内容大纲已最终完成送审稿，展览中所需的1147幅高清图片已汇集完毕；参展的247件文物汇集到位（其中山东博物馆藏文物223件，此外先后借调山东省内10家博物馆共24件有代表性的党史文物）。策展人员已完成参展文物拍照、扫描和文物说明的撰写；展览讲解词已成稿送审，展览讲解培训工作也有条不紊地开展。为加快展览筹备进度，山东博物馆尽快启动了该展览的设计制作、展厅改造和数字化制作等工作，并严格按照财务制度，精打细算、勤俭节约，在展厅改造、数字化制作、展柜采购等工作中，采取竞争性谈判等方式采购所需产品与服务，以加快展览制作工作进度，保证按时完成展览的各项准备工作。

6月中旬，根据展览大纲终稿，策展小组开始集中设计电子图版，并多次提交省委宣传部领导和省委党史研究室专家审阅。在喷绘制作的同时，策展人员根据领导、专家修改意见和图版设计随时修改完善内容。6月24日，图版与文物集中布展。之后，省委宣传部领导多次亲临展览布展现场，对展览展品和图版设计等方面提出了修改意见，使展览臻于完善。

"光辉的历程伟大的成就"庆祝建党95周年展览开幕（图为展览序厅）

二、研究集成——党史叙事在博物馆中的探察

党史研究不仅仅是政治理论，更是一门历史科学。对党史的研究和宣传，有联系也有差别。老一辈党史研究学者金冲及教授认为，"党史宣传，是为了把已经为人知道的东西让更多人

知道，研究则是要解决没有解决的问题。"一些在党史研究中有争议的问题都需要正视真实客观历史，在真实的档案材料基础上给予客观正确的评价。

作为党史主题展览，展览叙事模式既需要做到客观、科学，又需重视大众宣传。展览内容大纲是展览的基础，也是做好展览的保证。本次展览的一大特色即是内容大纲的撰写是由中共山东省委党史研究室和山东博物馆的相关研究人员联合完成。党政研究部门与博物馆学术研究相结合，这样的组织团队保证了展览在内容上政治导向的正确性和理论数据的前沿性，同时又能在文物展品和文物研究上保证展览的丰富性和学术性。在针对山东党组织历史发展的内容撰写中，坚持掌握大量的原始材料，这对于展览来说，主要包括了海量的历史影像资料、历史档案、党史文物等，从这些珍贵的一手史料中总结提炼展览语言和展示信息，不囿于前人和既往展览的固有理念和逻辑思维。此外，党史研究作为一门历史科学应用于展览，更需要有坚实的理论基础为主线贯通。本次展览的主线体现在理论上，充分体现了马克思主义中国化的发展理论，深刻地分析和破解95年来中国共产党引领中国社会发展历程、带领人民过上幸福生活的理论法宝。

展览主题明确、理论扎实是展览内容大纲的灵魂。作为建党95周年展，展览展示了95年来中国共产党始终以实现中华民族伟大复兴为己任，团结带领人民不懈奋斗完成近现代两大历史任务的光辉历程。在此进程中，马克思主义真理在与中国革命、社会主义建设和改革开放以来的长期奋斗中得到的三次思想飞跃，是党的指导思想和理论建树的标志性体现。

　　展览内容的撰写从2016年年初开始，展览内容大纲初稿由中共山东省委党史研究室综合把关和拟定，山东博物馆相关策展人员参与内容撰写、修改和校对。根据山东地方党史的特点，在撰写过程中，参考了党史党建方面的最新研究书目。撰写人员以全面反映中共山东历史为出发点，从海量的历史照片中精心选取具有代表性的高清历史照片1147幅，同时根据展览内容汇集了省内各家文博单位247件（套）珍贵党史文物，分"新民主主义革命时期""社会主义革命和建设时期""改革开放和社会主义现代化建设新时期"三个部分，展览中使用了诸多未曾公开的历史照片和珍贵文物，此外采用了山东经济社会发展最新数据、党史党建研究前沿理论等，重点突出中共山东历史上的重大事件、重要人物和他们作出的重要贡献，通过展览让广大党员和干部群众了解中国共产党的光辉历史，展览突出"中国共产党好，伟大祖国好，改革开放好"的鲜明主题。

中共党史研究论著部分参考书目

建党95周年展览策展参考文献

书名	编著单位或个人	出版社
《山东省志·共产党志》（1921-2005）（上下）	山东省地方史志编纂委员会编	山东人民出版社
《党章的历程》	黄黎著	人民出版社，2013年版
《中国前进的航标——中国共产党历次代表大会解读》	任大力主编	湖北人民出版社，2012年版
《岱青海蓝筑梦山东——山东区域发展战略实施掠影》	中共山东省委宣传部山东省区域发展战略推进办公室编	山东画报出版社
《中共山东历史简明读本》	中共山东省委党史研究室编	山东人民出版社
《中国共产党历史》第一卷（1921-1949）上下册	中共党史出版社2002年版	
《中共青岛地方画史》（1921.7-1949.9）、（1949.10-1978.12）、（1978.12-2008.12）	中共青岛市委组织部、中共青岛市委党史研究室	中央文献出版社
《山东通讯》（2012年-2015年合订本）	中共山东省委主办	
《中共山东年鉴》（2000-2015）	中共山东省委主办	

三、革命文物——增进展览生动鲜活因素

珍贵的革命文物是山东党史的真实见证，更是作为政治性历史展览的鲜活因素。本次展览展出了大量珍贵而又丰富的历史文物，贴近不同年龄阶段的观众对于共产党历史的认知，有利于提高观众的认同感。建党百年展览参展文物达247件（套）。其中一级文物9件（套），二级文物3件，三级文物50件，一、二、三级珍贵文物共62件（套），参展文物类别主要包括有关中共山东地方党组织的文献档案、报纸刊物、印章、旗帜、民兵奖状、信函、手稿、战斗缴获品、中共领导人和模范党员干部等使用过的物品以及反映的新中国成立以来各行各业发展成就的物证等。山东博物馆组织人员根据展览的需要，从馆藏上万件革命文物藏品中遴选有代表性的文物223件用于展览，并为每件文物撰写简明扼要的文物说明词，为讲解员准备了生动感人的红色故事。此外，在省文物局的组织协调下，山东博物馆组织人员，先后赴新泰市博物馆、淄博市博物馆、淄博博山焦裕禄纪念馆、聊城孔繁森同志纪念馆、冀鲁豫边区革命纪念馆、莱芜市文物局、青岛市博物馆、济南市博物馆、滨州市文物局、东营历史博物馆等10家单位，共借调24件（套）有代表性的珍贵党史文物，进一步充实了展览展品。

为配合展览的宣传和展览图录的后期制作，根据以往办展惯例，展览文物在上展之前都进行了专业图像采集。平面文物均做高清扫描图像采集。此外，展览中设计电子图版所用的历史图片大多采用电分或高清扫描仪等方法精确采集图像

信息，以获得高清且色彩有层次的效果，因性状或其他原因不能进行电分的图片一律采用性能最好的专业高清扫描仪扫描采集。

展览一角：中共山东地方组织的创建和最初的革命斗争

四、多元陈列——展览语言多层次性展现

陈列设计是展览内容的创造性发挥，是体现展览水平的载体。展览采用明快鲜艳、视觉冲击力强烈的国旗红色主体色调，突破传统的、枯燥的展陈模式，在图片图版、文物展出等传统形式的基础上，充分运用雕塑、油画、多媒体互动演示等多种展示手段，营造不同类别的陈列氛围。整个展厅的布局、图版和展品位置、多媒体的设置以及艺术品的摆放和展示等各种数据都经设计人员用电脑技术做出三维立体效果，能随时修改和调整，提高了陈列设计工作的效率。策展人员采用电分或高清

采集的历史照片图像保证了图版的展览效果，图版内容做到与
文物展品紧密结合；展览中采用数字化多媒体互动演示，并与
由国内著名艺术家创作的雕塑《齐鲁魂》和油画《大刀抗战》
《徂徕山起义》《识字班》等艺术展品相结合的多层次展陈方式，
在相应的历史阶段展示区域加深了展览的感染力。此外，陈列
策展人员为每一件展出文物量身定做展具，确保文物展出期间
的安全性和展示效果的美观度。

　　因展览内容庞大、涉及历史时期较长，涉及重大历史事件
和历史人物众多，展览内容在原计划的截止时间后仍在不断修
改调整，留给展览设计和专业图版制作的时间一再压缩，策展
人员经根据实际情况，将设计方案十余次反复调整、细化，并
按展览开幕倒计时方式不断调整工作计划，制定展览进度表，
昼夜加班，保证了展览的如期开幕。

展览掠影（部分）

展览掠影（部分）

五、党史教育——展览宣教增进"两学一做"

2016年初，适逢党中央在全国党员中间集中开展"两学一做"思想理论学习教育。庆祝建党95周年主题展更大特色就是积极响应"两学一做"的党内教育热潮，展览的宣传、推广、讲解、教育工作紧紧围绕着这一中心开展。

1. 党史培训学习扎实、讲解到位

山东博物馆为展览调集了本馆政治过硬、业务优秀的讲解团队，并多次邀请权威党史专家对讲解员进行山东党史知识系统培训；同时邀请山东航空公司、山东广播电台相关专家培训讲解礼仪和普通话，讲解员职业素养得到提高。开展前，宣教部全体讲解员根据布展情况几次调整讲解词，为观众带来山东党史的精彩讲解。

省委党史研究室乔士华处长为讲解员做党史知识培训

布展完成后博物馆讲解员在展厅反复做讲解练习

2. 结合《复兴之路》山东展联合开展和省内巡展扩大展览影响

与本次展览同时开幕的是来自国家博物馆的"复兴之路"

山东展大型图片展。"复兴之路"展通过回溯近代以来中国人民在探索民族救亡、实现民族复兴历经的百年征程，特别是中国共产党建立后为中华谋复兴、为中国人民谋幸福、践行初心使命的光辉历程。"复兴之路"山东展与"山东省纪念中国共产党成立95周年主题展"两展同时展出，从全国格局到山东地区的党史历程互相呼应，更能增加观众对于党史的全面和深刻了解，这实为党史展览的一大创新之举。此外，"山东省纪念中国共产党成立95周年主题展"开幕后，陆续在全省范围内进行巡展，巡展的举办更有利于促进各地党内教育活动的深入开展。

党政机关团体参观展览后合影留念

3.省内党政机关团体组织参观学习热潮

自展览开展以来，受到社会各界的广泛好评，结合当下"两学一做"的党内教育热潮，展览开展第一个月即不断接到省内外各级机关事业单位、企业、团体等的参观预约。开展后短短一个月时间内，山东博物馆即先后接待山东省军区、省委组织部、共青团山东省委、省委台办、省发改委、省公安厅、人社厅、省统战部等团体参观188余批次，讲解团体人数近8000人，社会观众参观如潮。本次展览是开展党员党性教育的生动教材，在新时期具有特殊的历史意义和现实意义。

部队团体参观展览

4.新闻宣传和活动宣传相得益彰

展览具体的宣传工作主要分为"新闻宣传"和"活动宣传"两大部分，"新闻宣传"通过电视、报纸、网络、电台和手机自媒体等多种渠道，以专版报道、专题文章、现场采访、微信互动、手机APP资讯发布等多种形式进行；新闻媒体积极主动宣传展览，为展览提供有力舆论支持，进一步放大展览的积极影响，在构建社会主义核心价值观、宣传党性教育、讲好党史故事方面发挥巨大作用。"活动宣传"则通过爱国主义教育活动、鲁博剧社、流动博物馆等行式，促成广大观众热烈参观展览的热潮。

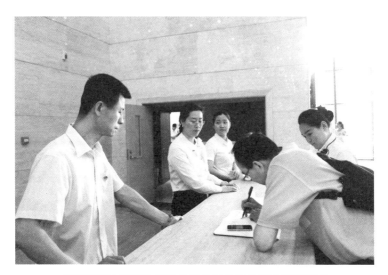

展览期间山东博物馆特设党员服务岗为观众答疑解惑

5.党员学习与科研讲座并重

在展览开幕后，山东博物馆即组织了一系列加强党员学习教育的活动。在"七一"节前夕，山东博物馆党委组织全体党员在一楼报告厅与团省委的党员干部共同听取了由省委党校党史教研部主任王立新教授为全体党员干部作的《正确认识党的光辉》专题党课讲座。王立新教授从什么是中国共产党党史、党史的特点讲起，深入浅出、内容丰富、旁征博引，具有很强的指导性和感染力。通过此次党课学习，山东博物馆党员干部加深了对党史的认识，强化了党性修养、党员意识和党性观念，进一步加深全体党员干部对"两学一做"学习教育活动的理解和掌握。

山东博物馆党员认真听取省委党校王立新教授的讲座

　　7月1日上午，山东博物馆党委组织全体党员干部在一楼报告厅集中收看中国共产党庆祝建党95周年大会电视直播实况。7月4日上午，为庆祝中国共产党建党95周年，同时结合"两学一做"学习教育主题活动，山东博物馆党委组织全体党员一起参观了"复兴之路"山东展暨山东省庆祝中国共产党成立95周年主题展，并重温入党誓词。党员在一系列生动深刻的党性教育学习中进一步加深了对党史的深入理解，对积极践行"两学一做"学习教育的要求有了进一步的认识。党员学习的目的就是要把习总书记讲话精神贯彻落实到博物馆事业各项工作中去。

　　庆祝建党历史主题性展览的举办，是社会主义精神文明建设的时代性、政治性和实践性的具体体现。展览更是对博物馆举办政治性历史展览展示水平的一次宝贵的锻炼机会。在筹备展览的半年时间里，策展人员在各项工作环节中付出了坚持不懈的努力。在展览最后审查关头，面临时间紧、任务重的情况下，省委党史研究室与博物馆的策展人员合署办公，昼夜加班，不眠不休，在保证办展高水平的基础上确保展览如期顺利开展。成功举办的展览更是博物馆各部门精干力量组成的策展团队积极配合、团结协作的艺术结晶。

党员重温入党誓词

六、人民视域——坚守初心办好革命历史陈列

为迎接中国共产党百年华诞，山东博物馆集合山东全省珍贵文物史料，策划2021年"初心——山东革命历史文物展"（以下简称"初心"）。展览已于2020年荣获国家文物局"弘扬中华优秀传统文化、培育社会主义核心价值馆"主题展览推介，并同时在国家文物局网站和中华文物云同步展示。展览创新展示革命文物研究、保护、利用的最新成果，以观众为中心，传承红色基因、讲好中国故事。展览围绕解决当下国内革命历史陈列普遍存在的"千馆一面"、展示手段落后、文化内涵挖掘不

足，观众参与性、体验性差等问题，旨在突破程式窠臼、建构陈列根本，实现守正创新。

"初心——山东革命历史文物展"序厅

"初心——山东革命历史文物展"海报

1.坚守策展原则：时代性、政治性、人民性和特色性

（1）时代性原则

记录伟大时代，讲好中国故事，凝聚民族力量，让革命文化薪火相传、赓续精神血脉，就是对革命历史陈列展览提出的时代要求。重大题材历史策展首先应在新时代历史背景下与时俱进，关注时代表达，展现时代价值。

（2）政治性原则

"鲜明的政治性和教育性是重大题材历史展览与其他陈展最大的区别，这就要求展览必须坚守正确的政治立场和政治追求，必须与党中央的宣传口径一致，所反映的事件、事迹应有令人信服的考证和出处，保证陈展主题和内容的严肃性和权威性"①。

（3）人民性原则

坚持"以人民为中心"的策展理念，以百年人民历史提出学术观点，通过展陈的叙事范式使特定的历史认知建构社会公众认同。坚持"人民性"原则的展览，必定是内容贴近人民群众，传承地域、村镇甚至家族红色文化，以炽烈的情怀和使命感打造出的"为人民办好事、有情感温度的展览"。

（4）特色性原则

展示历史有特色，展览凸显山东革命历史在全国战略格局中的重要地位和特殊贡献，展示山东有特色的典型革命文物，塑造、阐释有血有肉的齐鲁英雄模范和普通民众代表人物，体现深厚的大义担当和家国情怀，展现党与人民群众水乳交融、

① 李光：《浅谈红色纪念馆展览陈列的时代表达》，《中国旅游报》，2019年5月10日。

生死与共的沂蒙精神。展览在重点内容的诠释和展现方面，以典型文物为核心，书写"人民战争"、沂蒙精神、支前精神的历史述说、场景还原，突出人民群众在推进厚重历史进程中的伟大力量。

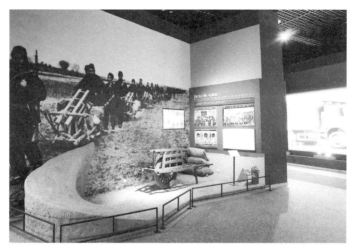

"初心——山东革命历史文物展"展厅掠影

2.关注"人民"视域，拓展宏大叙事突出山东特色

突破革命历史展览"千馆一面"以党史铺陈的程式化模式，关注"人民"视域，"初心"展采用以中共山东党组织领导下山东人民反抗斗争、百折不挠、接续奋斗历程为主线、以党史为重要辅线的双线模式设计大纲内容和展陈内容。"初心——山东革命历史文物展"追溯马克思科学历史唯物主义"人民主体性"思想、中国传统文化"以人为本"的文化溯源，以论述"初心"的理论源头出发，将视野放诸20世纪国际共运和中国革命宏观历史大背景下，以文物为核心阐释历史叙事，展现山东人民为中华谋复兴、为人民谋幸福的伟大实践，山东纵队、海阳地雷

战、铁道游击队、"马石山十勇士""济南第一团"等英雄群体书写了山东战争史上的传奇；沂蒙红嫂、胶东乳娘、西海地下医院……无数发生铭刻在齐鲁大地上的历史真实铸就了党群同心同德、无坚不摧的革命伟力。展览总线重在表现"初心"的理论溯源和深厚内涵，展现革命文物承载的山东革命老区的重要贡献和深厚内涵，凸显中共山东党组织百折不挠的如磐初心，弘扬党与人民群众水乳交融、生死与共的沂蒙精神，升华展现中华民族实现伟大复兴的民族初心。

"初心——山东革命历史文物展"展厅掠影

3.文本设计同步创作多维研究挖掘文物史料价值

以展陈创新践行理念创新，任何展陈元素、展项构成背后都应该是策展理念主旨的贯穿，"初心"突破固有模式，实行大纲文本与展陈设计同步融合创作，共同进行展陈文本设计和体量安排，确保展览各项工作齐头并进，紧扣主题，确定主次分明、详略得当的逻辑表达，保证展览策展的高效率和深度融合。

革命文物尤其是党史文物蕴含深厚的红色文化，是中国共产党革命精神重要的价值传递与精神凝聚载体。在实物展示方面，展览突破图版加文物的程式化模式，"初心"突出以典型革命文物为核心深化阐释和展现重点内容，以物证史，以史彰物。展览重视党史专家权威研究成果、地方文史文献史料、口述史的挖掘和利用，在多学科基础上探索揭示多维的历史真实，挖掘文物和史料的精神特质和时代价值，展示文物经过本体修复保护的更好面貌，重点突出文物解读、内涵诠释和背后故事的挖掘，在创新展陈方式和数字化传播基础上，增强文物背后故事的感染力。

4.重点内容深度设计，创新宣教增进认知

"初心"展厅整体设计风格庄严、肃穆，场景宏大。展览内容与空间规划有机结合，各展览部分衔接自然有序，展线设计合理流畅。在重点展现诠释文物、人物和事件的分区块场景布局中，以典型文物为核心，对反映的烈士、英雄、普通指战员、有代表性的战士、民众故事进行深度准确解读和多维展示，塑造有血有肉、有情有义的丰满人物形象。展览在重点体现四五烈士、沂蒙精神、济南战役场景还原等处，适度使用艺术品、复原场景、数字多媒体等技术，增强展览的艺术感染力。

"初心"展的宣传教育实行线上线下全方位模式，打造线上虚拟展厅"云观展"，制作在线课程（Mooc课程）全网推广播放，配合微信、微博、抖音等新媒体平台提高展览的宣传力与影响力，另外举办专家学术讲堂、"流动博物馆"、省内胶东、沂蒙、渤海、鲁西等红色文化高地巡展等，在这些活动中，重点突出山东博物馆全国爱国主义教育基地功能，主力打造青少年红色宣讲团活动和"沉浸式"讲解活动,有效转换文物史料信息价值,以准确解读和创新模式赋予文本研究抽象结论更多具体形象的实现方式,将文物史料信息价值创新转化,真正为观众认知、感受和接纳,让革命精神在新一代少年心中赓续传承。

"初心——山东革命历史文物展"展厅掠影

21世纪的博物馆,媒介化趋势如日方升,博物馆通过优质陈列展览,承担着社会舆论传播力、引导力、影响力和公信力等重要职责。"初心"策展人秉承炽热的情怀与使命感,坚守策展原则,创新策展思维;策展团队努力把握创意与创新力、专业精神与跨界视野、理论与实战的驾驭力,办展初心就是让展览做到建构根本,守正创新,先感动自己、再感动观众、提振民气。

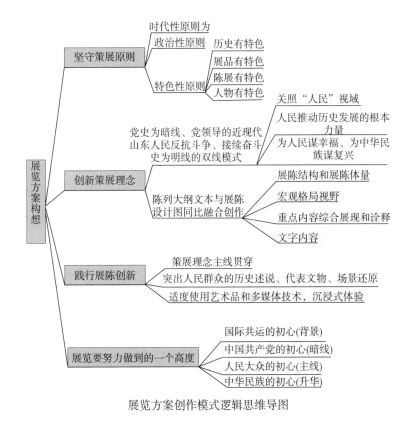

展览方案创作模式逻辑思维导图

第三节　革命文物保护利用工作实践和规划建言

文化自信是中华民族发展中最深沉最持久的精神力量。革命文物是革命文化的重要载体，蕴含深厚的民族精神和时代价值。党的十八大以来，党中央珍视革命历史，高度关注革命文物保护利用工作，相继在政策、制度、法规、财政等各方面统筹顶层设计，为加强新时期革命文物工作提供了重要保障。

百年山东光辉历史为后世留下了种类丰富、数量庞大、价值突出的革命文物。为进一步发挥革命文物在服务大局、资政育人和推动发展中的重要作用，2019年底中共山东省委宣传部等13部门印发《山东省革命文物保护利用工程实施意见》，《山东省革命文物保护利用规划》和省内各地市革命文物工作规划方案启动编制。新时期山东革命文物保护利用工作以2020年初发布的第二批革命文物保护利用片区分县为支撑，以《山东省文化旅游融合发展规划》（2020—2025年）和山东省第一、二批革命文物名录为引领，整体规划、连片保护、资源整合、统筹展示、示范引领，重点做好冀鲁豫片区山东部分和山东片区所涉区县革命文物工作，坚持保护优先、保用结合，重视革命文物保护利用的发展共性和实践个性，进一步加强革命史实的研究和革命文物价值的挖掘，传承红色基因。

第二批革命文物保护利用片区分县名单
（山东93个）

冀鲁豫片区

济南市	历城区、长清区、平阴县
济宁市	微山县、金乡县、梁山县、曲阜市 邹城市
泰安市	岱岳区、宁阳县、东平县、肥城市
德州市	齐河县、平阳县、夏津县、禹城市
聊城市	东昌府区、茌平区、莘县、东阿县 冠县、高唐县、临清市
菏泽市	牡丹区、定陶区、曹县、单县 成武县、郓城县、鄄城县、东明县

山东片区

济南市	莱芜区、钢城区、商河县
青岛市	平度市、莱西市
淄博市	淄川区、博山区、临淄区、高青区、沂源县
枣庄市	市中区、薛城区、台儿庄区、山亭区 滕州市
东营市	东营区、垦利区、利津县、广饶县
烟台市	牟平区、龙口市、莱阳市、莱州市 蓬莱市、招远市、栖霞市、海阳市
潍坊市	寒亭区、临朐县、青州市、诸城市 寿光市、昌邑市
济宁市	泗水县
泰安市	新泰市
威海市	文登区、荣成市、乳山市
日照市	岚山区、五莲县、莒县
临沂市	沂南县、郯城县、沂水县、兰陵县 费县、平邑县、莒南县、蒙阴县 临沭县
德州市	陵城区、宁津县、庆云县、临邑县 武城县、乐陵市
滨州市	沾化区、惠民县、阳信县、无棣县 博兴县、邹平市

第二批革命文物保护片区分县名单（山东）

山东博物馆革命文物典藏丰富，种类繁多，是山东革命历史文化资源的集成所在。多年来山东博物馆深入贯彻落实党和国家关于革命文物保护利用的各项重要指示和政策，在革命文物典藏保管、文物保护、文物科研和展陈宣教等多个方面扎实推进，守正创新。尤其重视利用馆藏革命文物的资源优势，加强挖掘阐发，不断打造以人民为中心、彰显红色文化传承的展览精品，广泛开展宣传教育。在"文化+""旅游+"综合战略中，积极寻找文博工作在文旅产业链中的环节对接，促进业态融合。

目前山东省革命文物工作在文物保管、文物保护、文物征集、文物科研和陈列展览等方面仍存在一些问题和不足，面临不少困难与困境亟待解决。如一方面，革命文物的展示利用方面仍存在同质化、刻板化，与市场需求不适应的问题。不在少数的革命场馆展览"千展一面"，步如展厅满眼都是程式化的图版加文物或实物。内容不系统、阐释不准确、叙述不权威、展品不典型，没有红色故事可倾听，没有感人事迹可渲染，刻板的信息宣传和带有说教性质的展览讲解，也将众多中青年群体挡在了深入了解革命文物的大门之外；另一方面，革命文物保护利用组织保障还需继续加强，在旅游、规划、财政等多部门之间存在加强协调沟通的问题。现今亟需增进相对独立的权力职能部门之间的互动联系。此外，如何建立从省到市、县乃至乡村的协同工作机制也是目前对革命文物保护工作组织保障的考验之一。坚持问题导向，根据当下工作重点内容和未来发展中已经存在或可能存在的问题，在此亦提出相关的建议参考。

一、完善"一普"调研工作　摸清革命文物收藏家底

山东博物馆自2013年开始，历经五年多时间，基本完成全国第一次可移动文物普查工作中馆藏近20万件文物的系统整理。"一普"基本结束后，文物信息补充、纠偏和数据完善工作也一直在持续进行。2021年1月6日山东省文化和旅游厅公布了第一批山东省革命文物名录，其中可移动珍贵革命文物统计3233件（套），山东博物馆革命文物登录数量总计14048件（套），实际数量达38649件，珍贵文物在第一批公布名录中上报2366件（套），基本摸清了馆藏革命文物的家底。

　　馆藏革命文物历史时期跨度长，展现出完整的山东新民主主义革命光辉历程，在文物构成上以中国共产党的历史活动为主，并以抗日战争和解放战争时期保留下的文物居多，在革命文物资源构成中占有重要地位。文物种类丰富，主要有档案文书类、书籍报刊类、钱币类、纺织品类、奖章证章类、生活用品类、武器装备类、名人遗物等十几大类。文物来源多为在1954年山东省博物馆建馆之初接收的、原解放区山东人民政府古代文物管理委员会在战争时期收集保护的各类文物，另外自20世纪五六十年代至今，山东博物馆不断接收和征集来自国内外单位、团体及个人捐献的革命文物。此外，改革开放以来面向全社会不断征集关于新民主主义革命和社会主义建设时期的各种文物，文物征集成果斐然。如2015年正值中国人民抗日战争暨世界反法西斯战争胜利70周年，山东博物馆接受了台湾伯夷艺术馆馆长许伯夷先生和台湾山东日照同乡会理事长贺郁芬女士分别无偿捐赠的珍贵抗战文物百余件，其中包括《历史写真》、日军参谋本部战报剪贴、《青岛沉船位置图》等，这些文物历经战火和岁月保存至今，弥足珍贵，大大丰富了山东博物馆馆藏革命文物的数量和质量。

　　查清全省革命文物基础数据资源，是保护利用革命文物的基础。虽然经过"一普"和革命文物登记备案，但是全省各级各类文物收藏单位收藏的革命文物仍然存在家底不清、情况不明、数据上报不全的情况，未能实现及时登记、信息著录和影像采集，文旅行政部门不能实现动态管理和监管，在今后工作中应首先将文物信息基本工作扎扎实实地做到清楚明白、严谨完善。"在实现全面摸底的基础上，相关部门还需及时组织甄别

《历史写真》，日本昭和三年（1928年）出版。月刊，十二册合订本。其中
"六月号""七月号"详细刊登了1928年日本预谋策划出兵山东、入侵济
南的随军真实影像，影像印刷清晰，时间排序清楚，是日本侵略中国的历
史铁证。（山东博物馆藏）

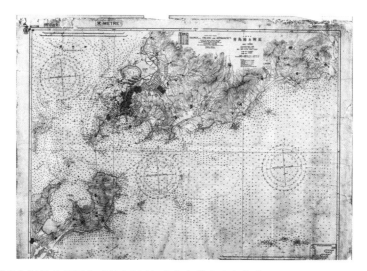

《青岛沉船位置图》，民国爱国船商贺仁菴之女贺郁芬女士捐赠，此图原名
"青岛港图"，为1934年日人绘制。1937年青岛长记船运公司贺仁菴奉青
岛市市长沈鸿烈令，将所属七艘轮船凿沉胶州湾，阻滞延缓了日军登陆青
岛入侵的时间，为抗战初期的山东抗敌做出了巨大家族企业牺牲和重要贡
献。图上铅笔印记为标注的沉船阻敌位置。（山东博物馆藏）

鉴定活动，并根据革命文物的稀缺性、重要性，分门别类建立档案名录"①，完善电子数据和纸本数据。在"一普"工作基础之上，我省应重视普查后续收尾和数据的深入整理，进一步丰富和完善全省革命文物名录。

二、改善革命文物典藏环境　落实文物保管保护措施

山东博物馆新馆自2010年开馆投入全面使用后，在文物库房面积、展陈调控、自动化管理等硬件设施方面都达到了历史新高度。新馆拥有34个现代化管理的文物库房，配置完善的消防、安防、新风系统、恒温恒湿实时监测调节等专业设备。2017年和2018年又分别更新完善了报警系统、加长通风管道设备、空气采样检测等设备。

在革命文物保管方面，专职业务人员严格遵守藏品管理制度、文物出入库制度和责任保管员制度等相关法规规章。革命文物分配有专门的库房，严格实行责任到人保管，并根据文物的不同属性定制不同的专柜存放，并配有适合文物性质和材质的包装材料、囊匣。2019年起贯彻落实《国家文物局关于进一步加强革命文物保护项目组织实施工作的通知》要求，有序推进实施文物可预防性保护项目，对文物库房橱柜进行改造升级，优化文物保存环境。

革命文物的科学保护一直为山东博物馆所重视，近几年围绕馆藏文物连续开展了一系列卓尔有效的文保工作。文保技术人员与各业务部门共同协作，有序开展馆藏革命文物日常保护

---

① 　季春芳：《保护革命文物弘扬红色文化》，《中国旅游报》，2020年7月2日。

工作，及时采取保护措施排除安全隐患，为文物长久保存创造条件。在文保工作中秉持正确的革命文物保护理念，坚持最小干预以及修旧如旧的原则，实施严谨细致地保护修复，既要消除病害延长文物寿命，又最大限度保持文物原貌。

2018~2019年，山东博物馆文保部完成山东省批复实施的第一个革命文物保护项目《山东博物馆藏革命文物保护修复项目（武器类）》，对95件武器类革命文物进行了病害检测分析、本体修复和科学保养，该项目获省级资金绩效考核第一。此外，文保工作以项目为载体带动文物科研工作，深入挖掘革命文物价值，在保护修复过程中利用多种现代检测仪器多角度的分析文物内在的科学信息，为研究山东地区革命历史和红色文化提供更为深入的信息资料。

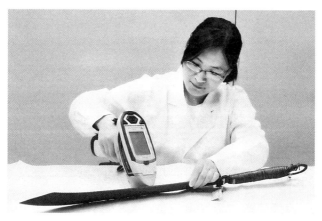

专业文保人员在项目实施中做武器类革命文物分析检测

完善革命文物保护体系，是保护利用革命文物的必要方式。文物的保护利用工作中，保护永远是第一位。完善预防性保护体系和保护修复规划，抢救性保护与预防性保护相结合，着眼于区域整体性和时效长远性统筹管理，有序实施。

可移动革命文物方面，占大多数的纸质类、金属类、纺织品等类目前保存现状堪忧，持续性的锈蚀、霉烂、病虫害、氧化脆化等情况普遍，文物的防锈防潮防氧化等专业功能的囊匣装具普遍欠缺，尤其针对珍贵革命文物急需专项经费资金拨付，加强预防性保护和本体保护修复。在文物保存环境监测、保存环境调控、文物保存设施、柜架防震减震等方面需要特别关注行业领先。

不可移动类文物方面，第二批革命文物保护利用片区分县名单中涉及冀鲁豫片区山东部分和山东片区中的文保单位，连片划分后，县级以上政府应将革命文物保护作为支持重点，推动革命文物保护利用与脱贫攻坚、乡村振兴有效结合。该类文保单位应落实责任到人，由专职人员加强日常安全巡查、检查力度，重视日常维护。囿于常态化疫情防控期间保护经费紧张的现实情况，应以预防性保护、抢救性保护为主，按照轻重缓急的原则，着力实施重点文物保护工程，并努力实施保护工程的系统性整体推进。可对不可移动文化遗迹旧址等开发利用价值做出分类，重点保护和开发价值较大的文物，并对地表式、特色文物点进行优先恢复和保护，对特定区域所含有的红色文化脉络进行延续，保障保护不可移动文物工作处于良性循环的模式下发扬红色文化。

文物保护工作应重视加强各级部门合作支持，由财政增加倾向性经费扶持，由民政（或退役军人事务）厅负责非文保的革命旧址、纪念设施维修保护，由文物部门负责列入文保单位的革命文物和革命旧址保护，共同做好革命遗存的保护传承。另外，对革命年代的口述史资料，要适时抢救保护，尽早做好调查访问、音像口述史料的整理、留存和数据备份。

三、实现文物信息科学管理提升文物数字项目建设

为了更好地保护和有效利用革命文物,在全国"一普"工作中,山东博物馆对革命文物进行了全面数字化信息采集和信息备份,健全馆藏革命文物数据档案及电子档案,并定期申报项目对珍贵革命文物进行数字化3D信息数据采集。自2020年开始推进革命文物数字化和数据库建设项目,重点推进珍贵革命文物的数字化保护。

为利用现代技术实现文物信息资源的科学管理和开发利用,2018年国家文物局要求进一步加强"可移动文物预防性保护和数字化保护利用"工作。革命文物的保护,除了需要用现代科学技术手段进行本体保护修复,另一方面也很需要使用现代信息技术手段,系统完整保存文物及相关信息,尽可能完整、真实、准确地保存文物所承载的"原态"信息,建立馆藏革命文物数据库,使其永久保存,多渠道推广和传播文物资源,实现革命文物数字化保护、数字化传播、数字化教育和数字化服务四位一体工作的发展常态。

首先,在革命文物信息资源数字化方面,对革命文物进行多维度多媒体信息采集与加工,实现文物信息动态著录与数据交换、文物数字化资源管理,在资金条件允许的情况下可以进一步实现智慧化革命文物藏品管理、RFID(无线射频识别技术)文物电子身份证等,其次,革命文物数字化保护主要包括文物智慧化综合业务管理系统、文物安全风险大数据分析及预警控制(智能感知)、文物高清三维数字化复原及辅助修复、文物无损检测分析、3D打印、文物数字化储藏柜架囊匣、文物库

房安全智能化监控、文物展陈安全智能化监控、文物运输安全全程智能化监控等；再次，关于革命文物的数字化传播、数字化教育和数字化服务等内容。主要包括虚拟展览、全媒体宣传、移动终端传播导览、博物馆教育数字资源库、博物馆研学旅行数字化管理、人工智能服务、团队智慧讲解、数字化流动博物馆服务（结合文化下乡、精准扶贫、乡村振兴）等①。

在珍贵革命文物的收藏规模和收藏类别上，收藏量最大的山东博物馆近期已申报《山东博物馆藏珍贵革命文物数字化保护及山东省革命文物数据库建设项目》，该项目对全省革命文物进行系统梳理、整合，建立山东省革命文物数据库；通过建设数据库平台、数字化革命文物保护系统平台，对全省革命文物进行数字化保护、开发。从数字化保护入手，通过搭建山东省革命文物数据库，实现全省革命文物在管理上，对上对接国家文物局资源中心，对内为省内各地探索经验、制定标准，实现全省各区县革命文物统一调度采集和全省革命资源共享，并充分利用大数据基础平台及综合统计分析系统，不断加强馆际互动联合，整合藏品、强化分析、资源共享、协同发展。

四、重视利用重大时间节点举办主题历史展览活动

向全社会公众推出好又精的群众喜爱的红色文化精品展览，是博物馆作为文旅结合发展中最为基础的本职工作。2015年以来，为积极响应党中央在抗战70周年纪念、庆祝建党95周年、

---

① 以上资料的整理来源为国家文物局《关于加强可移动文物预防性保护和数字化保护利用工作的通知》，2018年4月28日。

建军90周年和新中国成立70周年等重大时间节点开展纪念庆祝活动的号召,在中共山东省委宣传部组织领导下,山东博物馆贯彻落实实施革命文物主题展览精品工程,围绕重要时间节点、重大历史事件和重要题材,利用馆藏文物资源优势,深掘革命文物精神内涵,策划推出"纪念中国人民抗日战争胜利暨世界反法西斯胜利70周年山东抗日战争主题展""光辉的历史伟大的成就——庆祝中国共产党建党95周年山东主题展""庆祝中国人民解放军建军90周年山东主题展""奋进的山东——庆祝中华人民共和国成立70周年成就展""让党旗永远飘扬——山东省庆祝中国共产党成立100周年主题展"等一批革命文物精品展览、流动展览和线上展览,坚持以人民为中心,表达人民心声,展示家族、村镇、军区、地域等红色文化传承,推出接地气、传得开、留得下的优秀展览精品。多项展览先后获评国家文物局弘扬社会主义核心价值馆主题展览的重点展览和百项推介,社会反响强烈。

历次展览注重发掘革命文物的深厚内涵和精神实质,加强文物史料征集利用,精心打造内容最系统、史料最权威、图片最丰富、展品最有代表性的省级红色文化展示。在展览设计方面着力创新展示载体手段,注重将红色文化"活化""数字化",让文物作为革命历史见证的社会教育意义更好的发挥,并在宣教方面利用全媒体和各种信息平台立体化、延伸式、全方位弘扬红色文化精神,把展览办成群众喜闻乐见又提振文化自信的好展览。

展品的典型性和代表性有助于提升展览的内涵和深度,大力提升爱国主义教育意义和文博工作的社会价值。在这些展览中,除了已定级的珍贵革命文物外,重点利用"一普"新发现或未刊未公布未有研究的革命文物，分批展示如党员遗物、武器装备、支前文物等。展览同时多次采取"流动博物馆"和虚拟展览、云传播的方式，将展览走进社区、学校、部队，走向全社会，充分发挥展览的最大效应。

2015年"纪念中国人民抗日战争暨世界反法西斯战争胜利70周年山东抗日战争主题展"展厅掠影

"光辉的历程伟大的成就——山东省庆祝中国共产党成立95周年主题展"展厅掠影

"庆祝中国人民解放军成立90周年山东主题展"展厅掠影

"奋进的山东——庆祝中华人民共和国成立70周年成就展"展厅掠影

"初心——山东革命历史文物展"展厅掠影

青少年参观革命主题展览

"流动博物馆"走进济南某部军营

在革命历史陈列举办方面，省内各地可结合山东革命历史中的重要事件、重大战役、纪念日（如习近平总书记视察临沂发表沂蒙精神讲话周年纪念、支前文化、胶东红色文化、孟良崮战役、济南战役、五四运动在山东、五三惨案纪念日、抗日武装起义爆发纪念日等）举办精品展览活动。依托革命文物场所，举办红色展览，开展革命教育主题活动，构建革命教育的"红色矩阵"；组织革命文物、文献、档案、史料的社会征集活动，响应国家文物局"三个百集"创作号召，积极制作博物馆数字化和展览，制作革命文物故事微视频、革命旧址短片、革命人物纪录片等用于博物馆新媒体传播，利于今后全省革命文物数字展示传播和展览交流等工作的高效开展。

五、深掘文物基础科学研究　传达文物内涵时代价值

深入发掘革命文物深厚内涵，增进专项学术研究，是革命

文物保护利用的重要部分。在研究过程中，业务人员寻访革命前辈、烈士遗属、专家学者等，广征革命文物史料和口述史料，深入研究文献档案和借鉴参照学术前沿，对革命文物进行科学诠释，发掘文物特有的复合价值，提炼解读齐鲁革命文化的深厚内涵和精神特质，以高质量的论文和科研项目的开展增强革命文物科学研究。针对革命文物的研究成果可为今后准确判断革命文物保护与利用形势、科学制定保护利用方案规划提供借鉴依据，并在革命文物整理研究的基础上使其赋予鲜活的时代内涵，探索革命文物数字化保护和活化利用的创新途径，更好地为史学研究、艺术创作、数字化展示传播等社会多元需求提供服务。

　　近现代文物尤其是革命文物的研究是深挖文物内涵、增强保护利用的重要部分，是保证革命文物鉴定认定、价值阐述、展示传播等系列工作严谨准确的保证。目前关于山东革命文物工作及专项研究相对比较薄弱，革命文物图录出版数量相对较少，建议结合重大时间节点、纪念日、主题展览等配套出版综合性和专题性的革命文物图录、图集等，集中展示山东革命文物的整体资源面貌和保护现状，以可视化的形式将丰富的革命历史影像资料与挖掘革命文物的内涵诠释相结合而留存，促进红色文化传播和传承。此外，革命文物研究需与文博工作研究有机地结合，加强和党史研究部门、社科机构、高校学术资源、国内文保单位、文化协会团体组织的交流合作，重视学术前沿成果，有选择性地创新利用数字化科技活化革命文物，展现红色故事的感染力，重视线上线下展览的同步展示，将革命文物数字化的成果广泛运用到展示宣传的各个环节。

另一方面，从2021年初公布的山东第一批革命文物名录的构成中可以看出，对于红色文化遗产，既要注重物态文物的保护，又需重视无形遗产尤其是精神层面的价值传承。挖掘革命文物承载的深厚内涵和时代价值，做深做实对于革命屋文物活化利用的现代化技术和传播实践。新时代背景下，应重点聚焦新技术所带来的传播、展示新形式，多领域融合提供更加符合市场需求的新产品。如与媒体常态化合作、建立今日头条号和新媒体矩阵、APP客户端、数字化传播基地，"不忘初心、牢记使命"主题教育VR教室、纪录片、微视频在学习强国和两微一端推荐，甚至跨界合作创作录制影视精品等等。传播好革命文物声音，讲述好革命文物故事，以对历史心存敬畏，对未来担当负责的态度积极作为，构建革命文物宣讲的中国话语体系。

六、深度融合文化旅游要素　创新展示多元宣传推广

新时期，革命文物资源正成为深化脱贫攻坚、实现融合发展的经济增长动能和促进革命老区振兴的红色引擎，保护革命文物的社会基础更加坚实。站在新的历史起点上，要更加重视发挥齐鲁文化优势，突出发挥"好客山东""好品山东"品牌效应，推动文旅深度融合，重视革命文物在促进红色旅游、扶持乡村振兴的推动作用。

文化是一个省的核心竞争力。从文化复合价值的角度看，红色文化具有不可替代的教化凝聚作用、导向作用和激励作用。山东博物馆文物资源禀赋虽"傲视"全省，但作为文化大馆图"强"之路仍亟待提质。尤其红色文化产业长期受文博公益性

强、经济性差的观念影响，文化资源优势至今仍在很大程度上未能充分转换成产业发展优势。此外，文旅融合发展中的通病和掣肘都成了阻碍红色文化产业发展的原因。要使红色文化和文化旅游相得益彰发展，山东博物馆也积极从其中很多方面着力改进和创新。

1.在文旅融合背景下，山东博物馆积极转变社教理念，由"博物馆研学"提升到"博物馆研学游"。根据观众不同的教育需求、结合我们的馆藏特点，在现有常设展览的基础上，根据不同专题，设计参观游览线路。依据"走进大厅听总览，走进展厅看专题，走进学堂做活动"，做到"有高度、有重点、有体验"的博物馆之旅。

2.融合旅游业"吃、住、行、游、购、娱"六个基本要素，创新研学游宣传推广模式。博物馆依托优质文化旅游资源，结合博物馆内部观众服务设施、文创产品售卖和地下超市、旅客综合服务中心、周边美术馆、档案馆、万象城购物中心、紧邻的购物天街、假日酒店、奥体中心等，推进服务融合，打造主客共享的文化旅游新空间，为来馆参观的公众创造更加舒适便捷、人性化的旅游休闲环境。此外，还将博物馆文化推广到旅游要素之中，构建游客"身边的博物馆"，将博物馆研学游融合到旅游的全要素之中。山东博物馆努力以自身为中心，依托省旅游局、各大旅行社等精诚合作，结合轨道交通，深度融入省内文化旅游、研学、寻根等专题文化旅游线路和项目，尤其是融入省内140多家红色文化展示场馆旅游路线。

2019年文化遗产日宣传期间济南遥墙国际机场的山东数字化博物馆分馆

3.山东博物馆是全国爱国主义教育基地、全国科普教育基地和全国社科普及教育基地，近年来，以弘扬中华优秀传统文化、传承发扬红色文化等为主题，以加强文物资源整合与活化利用为切入点，灵活创新展示模式，精心策划各项社教交流。2019年创新推出将直播间设在博物馆，构建云端上的博物馆，创新与传统媒体合作方式。2019年山东博物馆在展厅一楼专门开辟了"直通博物馆"演播厅，联合山东广播电视台通过电波向听众博物馆实况，并定期与听众互动，自年初至今已推出了六期直播节目，充分利用新媒体，构建指尖上博物馆。山东博物馆联合山东体育休闲广播FM102.1，联合推出"齐鲁瑰宝耀中华之国宝小主播"活动。活动主题以"沂蒙颂"为专题，通过阐释诵读沂蒙精神、红色故事，开展广泛深入的宣传普及，旨在唤醒全社会不忘初心、感恩先烈、弘扬红色文化的热潮。此外，除了开设微博、微信之外，还与百度合作，开设博物馆奇妙月，在喜马拉雅客户端开设山东博物馆展览专栏，拍摄博物馆抖音视频等。

"直通博物馆"第六期"保护革命文物传承红色基因"直播现场

"齐鲁瑰宝耀中华之国宝小主播讲好红色故事"活动

习近平总书记在总结新时代中国特色社会主义思想中，深刻指出文化创新的重要性："文化也是最需要创新的领域。在人类发展的每一个重大历史关头，文化都能成为时代变迁、社会变革的先导。"①加强革命文物资源保护和活化利用，挖掘和深入阐释红色文化，使红色文化不断实现创新转化。当精神的言说成为跨越时空的实践时，人们更加明了红色文化的精神实质和深厚力量，从而更加坚定中国特色社会主义文化自信。然而，红色文化产业与其他文化产业有很大不同，不能仅仅局限于当下取得的成绩，不能光靠居高临下的姿态说教宣传，也不能光重视红色文化"以文化之"的精神引领作用，更应注重与时俱进，返本开新，把新时代社会主义先进文化融入革命文化思想，重视文化产业的提升，与新时代的行进频率共鸣，这既是市场经济环境下宣传红色文化的高效途径、拉动相关产业经济的着力点，更是新时代传承红色基因、让红色文化永葆鲜活和强劲生命力的立足点。

1.要发展好红色旅游文化产业，就必须整合全省红色旅游文化资源。革命老区的旅游业因道路交通等因素发展相对滞后，革命遗迹、旧址等大多分散农村，需在高度重视的思想下抢救性地保护修复，并以文物保护单位为阵地举办面向社会广大人民群众及青少年的展览展示和宣教活动，将革命文物承载的深厚内涵和精神特质以宣讲教育活动为主要形式增进传播。

2.依托红色文化线路，打造红色旅游精品体系。推出一批红色研学旅行和体验旅游精品线路，将发展各地旅游与老城环境风貌整治、美丽乡村建设、传统村落保护、基础设施建设相

---

① 中共中央宣传部：《"推动社会主义文化繁荣兴盛"——习近平新时代中国特色社会主义思想学习纲要（12）——关于新时代中国特色社会主义文化建设》，学习出版社、人民出版社，2019年，第139–140页。

结合，大力开发"红色旅游+"产品多种形式的探索，整体设计和个性彰显相结合，形成高水平的红色文化旅游品牌。旅游产业收入来源则由景区消费逐步转向弹性空间更大的以吃、住、玩、乐、行等服务经济为主体的综合消费。

3.丰富红色旅游体验，创新红色旅游发展模式。依托5G基站建设、人工智能、大数据技术等提升红色旅游景区项目的高观感、可视化、实体验效果。

（1）文创灯光与夜游融合。随着"博物馆之夜"夜间文化活动的尝试探索，在红色夜游项目上也可开展举办创新模式，结合当地的红色旅游特色和文化产业各要素融合发力，是向全域旅游新突破的破题之举。由夜游文创灯光研究院倾力塑造的古田红军小镇就是实现"红色+"的典范。围绕"自然景观+灯光艺术+文化特色"打造红色旅游日夜游新名片。

（2）"红色+沉浸式"，多维感官加深对革命精神和红色文化的理解。用数字科技领域的沉浸式体验技术，可以直观展现历史场景和环境。不仅能让游客通过多元互动感受更深层次的体验红色精神，更可以让受流行文化影响较深、在传统阅读上更缺乏耐心的年轻人，更愿意来体验"高大上"的红色文化，理解红色旅游中的"内核"。

（3）"红色+旅游演艺"：奇幻演艺空间再现红色文化。旅游演艺目前的主流形式有两种：室内演艺和实景演出，两种演艺本身都具有强烈的吸引力。获文华大奖的歌剧《沂蒙山》就是室内演艺的优秀经典剧目。随着科技的发展，目前的室内演艺基本形式为虚拟结合现实，让参观者沉浸其中。

4.红色旅游必须要坚持"论从史出"。从严把握历史点的真实性、可靠性、权威性和公信力，严谨、审慎地依据党史、国史、中国近现代史来发展红色旅游，是当前中国红色旅游必须牢固坚守的一条底线。当前，红色旅游在以"润物细无声"的方式起到社会效益的同时，也对各地经济社会协调发展起到了重要作用。但我们始终还是要有政治意识、大局意识，切不可在没有足够史料支撑的情况下，因为立场和利益的问题无限放大某个历史事件甚至否定其他事件或地点，这样很容易陷入历史虚无主义。我们在谋划红色旅游发展路径时，还是有必要多多查阅经典文献，多多请教资深党史专家，规避不必要的争论和棘手后患。只有学理化、学术化的研究，才能长久支撑起红色旅游的长足发展。

5.红色文化产业与其他文化产业不同，不能仅仅局限于弘扬爱国主义精神，而且要以新时代产业化给大众提供服务和产品。以红色文化为立足点，以市场为主导，以红色影视录制、媒体栏目、创办红色文化基金，举办全国性和区域性的红色文化演出、美术艺术品创作等多种形式，尝试将文创产品开发纳入文化产业投融资服务体系支持和服务范围，依靠红色文化影响把经济、文化、科学、体育和旅游等结合在一起。拓宽红色文化产业的基金渠道，促进文化消费和经济效益的发展。

山东历史文化底蕴厚重、博大精深，红色文化更是积淀深厚，红色文化产业化潜力巨大。"富有之谓大业，日新之谓盛德"。放眼今日，齐鲁大地正回溯传统、凝聚当前、发力未来，红色基因也在产业融合发展中焕发生机，红色文化产业化任重道远。山东博物馆作为山东全省的文物收藏中心和展示中心，更加正视文旅融合带来的机遇和挑战。在已有成绩面前，我们也清醒地认识到，在文物保护利用的各项工作中，仍存在因长期以来文保意识淡薄带来的各种问题，亟待重视和解决。如在文物征集方面，各种反映重大历史事件、反映人民反抗奋斗史的重要物证还比较欠缺，需拓宽征集途径和征集范围，抢救性地征集保护；其次，陈列展览需进一步创新理念，打破思维惯例，关注人民力量，展示地域红色文化传承，诠释好严谨有据又生动感人的红色故事，推出接地气、传得开、留得下的展览精品；最后在文旅融合方面与时俱进，融入新时代精神，用产业化为社会大众提供优质服务和产品，尤其可以在不违反国家政策的情况下，让各类企业、单位或者个人都参与到文化建设当中来，拓宽产业基金渠道，促进文化消费和经济效益的发展。

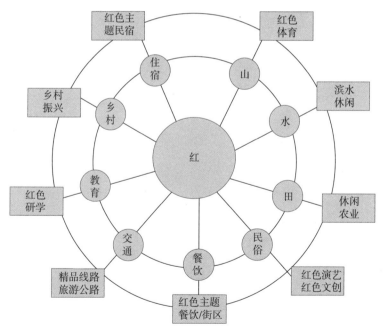

"红色旅游+"多业态产业模式

行稳致远，久久为功。在全社会高度重视文化建设的新时期，山东博物馆不仅承载着山东省文博事业百年发展历史，也承载着文博工作者繁荣文化事业的坚定初心。在党和国家的正确领导和社会各界的关心支持下，山东博物馆将继续扎实做好各项工作，创造出无愧于历史和时代的一流业绩以服务于社会大众，真正意义上保护好、传承好红色文化遗产，发挥其在以社会主义核心价值观引领文化建设，构建全社会文化价值共识方面的重要作用。

第四节　革命文物专项整理和研究

从博物馆的基本业务角度看，开展对革命文物的深入研究，是秉承以"知识"为核心构建博物馆业务形态和体系，是在革命文物收藏、保护、研究、传播、陈列等一系列业务形态中重要的一环和贯通的要素。在强化科研产出方面，需"整合文物、党史、军史、档案、地方志方面研究力量，加强'四史'相关实物、文献、档案、史料、口述史的抢救、征集与研究；围绕科学保护、价值挖掘、展示展览、社会教育、传播传承、科技应用方面，支持文物博物馆机构与高等院校、科研机构合作开展革命文物领域课题研究，建设革命文物协同研究中心，加强基础研究、人才培养和跨学科合作"[1]；同时，强化革命文物与大中小学段贯通思政一体化教育的融合，将革命文物资源创造性

---

[1]　国家文物局：《革命文物保护利用"十四五"专项规划》，国家文物局官网，2021年12月24日。

转化为思政教育教学资源，加强革命文物资源体系化整理，强化革命文物资源系统性研究。

　　对于革命文物的深入研究，意在唤醒曾经沉睡楼阁、漠然视之的"它们"，可钩沉、理清历史脉络、以物证史；可以运用交叉学科、新视角和新方法，哪怕只是做资料整理性的研究，只要坚持不懈，终也有所裨益。以下是著者从针对馆藏革命文物的专项研究中撷选出的部分内容，包含了对山东抗战文艺文物、近代反帝文物、红色影像遗产、革命报刊文献以及革命文物数字化等不同方面所做的一些探讨。兹列于此，并非只是文章的罗列，而是意在说明在革命文物各门类的整理、分析和研究方面，著者所作的尝试和努力。

一、红色影像文物整理和研究[①]

　　【主要观点】山东红色影像[②]发端于抗战时期晋察冀军区摄影梯队发展对山东的带动时期，之所以成为值得专门研究的体系，在其秉承了解放区纪实影像明确的指导思想和政治立场，有建制且传承发展连续，并因山东地缘因素葆有鲜明的历史特性，是构成山东现代革命史、中国摄影史的重要部分。红色影像文物是钩沉百年山东的"影像历史"见证载体，是齐鲁革命

---

① 本文节选自著者主持的2021年度山东省文化和旅游研究课题《文化传承视域下山东红色影像文物整理和活化利用研究》。

② 本部分研究对象以山东省内国有单位收藏的二维平面红色影像藏品为主，重点是省内目前已在全国可移动文物平台注册的、有影像资料收藏的80家收藏单位藏品（集体性质、私人性质单位和个人收藏的红色影像暂未纳入本项目调研范围之内）。

文物中不同于古代历史文物的特殊又重要的一类。红色影像的重要价值在于"影像永生"的历史见证，活化利用影像文物，增进创新展示路径下的革命精神的时代传达，更彰显齐鲁红色文化血脉和民族精神的传承价值。

红色影像①是20世纪30年代直到50年代初发生在中国特定时期的特定的文化、政治现象，是中国影像史发展的一个重要历史阶段。红色影像肇始于20世纪的中国工农红军时期，目前留存的有限的影像集中于井冈山苏区和红军长征到达陕北两个时间段。红色影像正式发展是在抗战时期。在中国共产党的领导下，主要由军队摄影工作者开创和建立，摄影机构建制酝酿形成，在艰苦卓绝的革命年代顽强生存、迅速发展，是广泛、深入、真实地反映革命战争年代解放区党政军民各方面各领域活动的纪实图景，鼓舞革命斗志、团结广大民众的"摄影武器"。红色影像极大地扩展、丰富和发展了中国影像史的宏阔内容。摄影技术作为诞生于西方的事物在东方得到空前的发展，其自上而下成建制体系的发展脉络、影像创作实践、理论建设以及作品展示和成果保存等，对其后解放战争和新中国成立后的思想趋向、摄影格局和体制建设产生了深远影响。

关于战争纪实摄影，国外早在1920年就有保罗·梅里尔对于一战战争摄影的论述。20世纪战地摄影论述见多，主要涵盖摄影观念、摄影技术和战争影响等；近几年国外研究视角趋下，多从社会群体及个体角度，采用观众史、性别史、艺术史等多维

---

① 本课题所涉及的研究对象限于全省文博场馆收藏的可移动革命文物中的二维红色影像，不包括音像类，文物时期限定于从20世纪30年代至中华人民共和国成立。

度阐释战地纪实摄影。西方纪实摄影在从属关系、摄影理念、组织力量、表现效果等方面与中国红色纪实摄影有很大不同，对于中国乃至山东的革命影像的比较论述近乎空白，然国外研究对于我们开拓视角、增进交叉研究大有裨益。山东红色影像发端于抗日战争的中后期，由八路军一一五师和山东纵队共同开启筚路蓝缕的战时影像事业，并接受了延安和晋察冀画报等系统的大力支援和极大影响。即便如此，山东红色影像事业的发展在组织建制、党办画报、广结援力和大区合并等方面仍发展出不同于国内其他解放区的地域特征。山东红色影像遗产数量丰富、价值突出。从图像实证、历史纪实等层面，红色影像文物是钩沉百年山东的"影像历史"见证载体，是齐鲁革命文物中不同于古代历史文物的特殊又重要的一类。红色影像的重要价值在于"影像永生"的历史见证，革命历史精神内涵的视觉传达，更彰显齐鲁红色文化血脉和民族精神的传承价值。活化利用红色影像，挖掘阐释影像的内涵价值，"让文物活起来"，是从文化传承的角度更好地利用革命影像文物的有效途径。通过对红色影像的数字化保护和展示的实践经验，分析新技术在红色文化传播形态中的应用，有利于探索影像数字化、活化利用创新途径。

（一）山东红色影像史的发展脉络

"红色影像"特指"在中国共产党领导的抗日根据地逐步形成、在抗日战争和解放战争中发挥过重要作用、并对新中国的摄影理念产生过重大影响的影像体系。"[1]抗战时期，延安和晋察冀解放区都是红色摄影的发源地。在长达14余年的战争环境

---

① 顾棣：《中国红色摄影史录》，山西人民出版社，2009年。

中，延安和晋察冀组建发展的摄影、电影团队，已然形成一支规模庞大、体制健全的组织体系。延安、晋察冀摄影系统和山东摄影系统在红色影像事业发展中保持了密切的人员交流和互相扶持，在革命历史的发展历程中塑造出与几乎同时起步的西方同行截然不同的摄影风格，为抗日战争和解放战争发挥出无可替代的巨大作用。

早在抗战时期的中国，以沙飞、石少华、吴印咸等为代表的党的摄影文化开拓者们就在实践基础上构建起了较为完备的八路军抗日影像创作理论。新中国成立后摄影理论家顾棣和司苏实师生的摄影论著，也是抢救性地对中国解放区摄影史的梳理研究，研究对象涵盖广泛，然受宏观论著题材影响，山东影像内容占比较少，亦乏整合分析。改革开放以来，红色影像研究层出，集中于探究红色影像与史学、新闻史、艺术史等交叉学科的关联价值、红色影像的传播路径构建等方面，总体上多基于回溯中国红色影像的整体或个案论述，且对山东红色影像文物在博物馆学和文化遗产学方面并没有较多的学术关照，尚未有成果进行专题考察，有效活化利用的论述和实践较为匮乏。

山东红色影像发端于抗战时期晋察冀军区摄影梯队发展对山东的带动时期，之所以成为值得专门研究的体系，在其秉承了解放区纪实影像明确的指导思想和政治立场，有建制且传承发展连续，并因山东地缘因素葆有鲜明的历史特性，是构成山东现代革命史、中国摄影史的重要部分。抗战时期，延安和晋察冀军区摄影事业的发展，积极带动了各军区、各根据地在培养人才、建立组织、创办画刊画报方面的积极性，敌后抗日根据地红色影像事业得以有了全方位发展。尤其是距离晋察冀军区相对较近的山东抗日根据地，更是得到了前者在人员培训支持和器材设备等方面的大力支援。自抗战至新中国成立初期，山东红色影像的发展先后历经了几个重要的阶段，并在红色影像传承事业中呈现出鲜明的地域特色。

一是从1939年至1945年，是红色影像在抗战时期的开端和发展，该时段主要围绕八路军总政派一一五师和山东纵队共同创办的《山东画报》为核心。初创人员只有一一五师部保卫处长苏静、一一五师记者康茅召（兼职摄影）和军区保卫部郝世保（苏静的学生，专职摄影）三人，之后吸纳发展了一一五师兼山东军区宣传部的美术工作者那狄、从事木刻的龙实，还有大众报社铅印厂从事刻字的宋大可和美工刘玮、王建础等人。1943年7月，山东画报社在莒南县蛟龙湾成立，康茅召为社长，那狄为主编，龙实、郝世保等为编委。初期由于专业摄影人员极其匮乏，基本还是以美术工作者为主要办报力量和画报重要通讯员。画报由山东新华书店发行。创刊之初，摄影工作尚处在筹备、实验阶段，因照相器材、耗材和制版技术繁重匮乏，画报绝少刊印摄影照片；随着摄影设备的增加和工作逐步开展，康茅召、龙实、白刃、邹健东等第一代山东画报人身临战场前线，用摄影定格了革命年代的一个个瞬间，采写刊发了大量流传甚广的摄影纪实报道。

随着艰险恶劣的抗战形势变化，画报社在沂蒙山区数个地方辗转搬迁，1944年末画报社在朱家洼子土法上马，开始试做铜版，并在1945年春的《战士报》上开始刊登铜版照片，当时的照片也是大部分为郝世保所拍。1945年上半年，出版山东抗日民主根据地第一本特刊照片画册《攻克莒县城》，其中刊登照片70余幅，郝世保、龙实、那狄、王建础等为主要摄影者。1945年7月1日，从《山东画报》第25期始大批刊登新闻照片，内容包括近一年间山东抗日根据地军民取得的重大战果，如攻克文登、泗水、沂水、蒙城、利津，诸城伪军反正，人民支援前线，部队练兵，准备大反攻，把海滩变盐田以及军民关系等84幅，作者包括郝世保、康矛召、白刃、吕杰、石锋、纪生等；另有木刻图画及文字报道，共44页，刊首登朱德总司令和军区罗荣桓司令员肖像。之后画报的开本不断变动，不定期出版。

　　1944年，军区政治部又发出团以上单位普遍建立摄影工作的指示。为发展培养宣传工作者和画报社优秀的摄影工作者，山东军区、渤海军分区等先后举办了9期摄影训练班，培训摄影人员，摄影队伍不断壮大。在山东画报的带动下，山东各军分区普遍建立了摄影工作。最活跃的胶东区、渤海区先后创办了画报。《胶东画报》于1944年6月正式创刊，16开本双月刊，每期24页至44页，发行近5000份，至1945年4月共出版7期。"①其中有4期几乎都是采用主题是英雄人物的摄影作品做画报封面。胶东画报社"第一任社长兼主编是鲁萍，后调任第六师宣传科长，李善一出任第二任社长。《胶东画报》人员虽少，却在当时负责了《胶东画报》《战士朋友》《山东画报胶东渤海分报》三种画报的编辑出版工作，此外还负责绘制宣传画和瓦解日伪宣传材料的任务。渤海区的文字记者吴化学、鲁中军区的庞德法，都在各自军区指导摄影、培训人员。吴化学在解放

---

① 司苏实：《红色影像》，北京联合出版公司，2015年，第303页。

战争时期还组织创办了《渤海画报》。从 1943 年 11 月到抗战胜利，山东全区专职和兼职摄影工作者已发展到四五十人。

第二阶段从 1946 年春 1947 年，是山东在晋察冀军区大力支援下的大发展阶段。1946 年春，在山东军区发函请求支援下，"晋察冀画报社派摄影科副科长郑景康、编辑罗程增、摄影记者孟振江三人到山东画报社工作"①，摄影和画报工作更加活跃。郑景康甫至山东即着手开办摄影训练班，为《山东画报》和山东军区各主力部队都培养了陆文骏、高胜康、刘洁、晓植等新的一批摄影力量，更吸收了来自原江南新四军的画家吕蒙、吴耘、亚明、江有生等进入山东画报社。参加摄影训练班的人很广泛，山东军区所属鲁中、鲁南、滨海、渤海、胶东等 5 个军分区和新四军第一、二、七纵队和山东大学等都加入了训练学习，培训过后他们即分配到各军区和主力部队中从事摄影工作。1947 年，渤海区新闻学校培养的摄影人员也加入了三野摄影队伍。山东解放区摄影力量和美工力量整体都很大加强。

第三阶段是 1947 年春到新中国成立。这一阶段是《山东画报》走向《华东画报》时代的大发展时期，也是山东红色影像大发展的时期。1947 年 1 月华东野战军成立后，《山东画报》从第 40 期也更名为《华东画报》，延续《山东画报》第 39 期之后继续出版，至 1949 年 3 月出版第 49 期《淮海战线特辑》后告一段落。此时期山东红色摄影随着华野南征北战而大大扩充发展。挺进东北的山东主力部队虽带走了部分摄影人员，但不久新四军北移山东后又补充了新的摄影力量。华野成立后，摄影工作

---

① 司苏实:《红色影像》，北京联合出版公司，2015 年，第 302 页。

即归了新华社系统。华东总分社第一任社长康矛召，他是华东军区宣传科长，又是华东画报社社长。除完成本职工作外，还担负对全野战军摄影工作进行组织联络和指导的责任。

1949年2月，华东野战军改称第三野战军。总分社摄影组组长由原华中军区摄影组组长陆仁生担任，郝世保任副组长。当时华东战场大部分专职摄影人员都配备到各兵团、军、师的新华支社摄影组。专业、兼职和业余爱好者总数已达百余名。

山东红色影像事业虽是受力于抗战时期晋察冀摄影系统的带动引领，但红色影像与山东革命历史同向共行，在地域因素中葆有不同于国内其他解放区的鲜明历史特性，乃至也有区别于同时期西方纪实摄影的风格特点和历史涵盖。

首先，影像内容以山东为基础，涵盖全国。相较延安、晋察冀根据地，山东红色影像虽然创立稍晚，但后期发展壮大。这与山东积极响应党的号召，走出山东支援全国的军事战略密切相关。这也使山东红色影像不仅仅是山东革命历史的缩影，更囊括了华野子弟兵支援全国的无数影像。

第二，山东红色影像的队伍随着人民战争的节节胜利而不断发展壮大，建制完善，最鲜明的特点即是随着山东子弟兵挺进东北、跃进中原、剑指天山、南下江南、支援全中国的光辉历程中，每进行一次重要战役就不断有新的成员加入到红色摄影队伍中。如在济南战役中就开始专职摄影的景涛，洛阳战役的摄影记者邓守智，肖海和季音都是渡江战役的时候参加进华野军队中的。在解放南京、上海和舟山群岛等战役后，参加野战军队、地方军队战地摄影的人更多了，甚至有晓庄为代表的女记者都英勇无畏地到舟山战斗前线拍照。

至解放战争后期，华东军区与第三野战军的摄影队伍，至第10兵团进军福建，完成解放沿海岛屿作战任务时为止，军队内部已扩充有百余名摄影人员。已查清姓名的有：

陆仁生、邹健东、陆文骏、王纪荣、苏正平、陆明、周锋、周洋、任奇祥、蒋君毅、吴迪、耿忠、杜星（以上为新四军北上干部）。

康矛召、郝世保、龙实、鲁岩、刘玮、郑景康、姜维朴、宋大可、刘忠义、高胜康、赵钱孙、刘保璋、吴杰、郑如山、杨玲（女）、晓植（女）、刘浩、邵锡吾、言炎、张韫磊（以上为华东画报社人员）。

潘沼、姜柳湘、鲁萍、鲁农、陆平、王丁、李善一、王鼎、孔东平、孙再昭、李静纯、温国华、李恕、迟文石、石磊、云光、晴波、徐晓、长虹（以上为胶东画报社和胶东军区人员）。

吴化学、蒋文、张文江、步红、邓宝泉、景涛、寇纪文、李耐因、刘实（以上为渤海军区人员）。肖海（女）、相知、张树梓、吴瑛、吴加昌（以上为10兵团人员）。

雷洁、雷雨、石峰、刘伦生、纪生、白刃、黄平、周进、茹辛、泰阳、乃钟、徐光、李久胜、白雪、李本文、辛冠洁、陈一凡、薛克定、肖里权、屈中奕、余坚、李清、望阳、韩而复、芦振海、崔积稔、邹克、徐正中、郑华、季音、唐桂江、王凤鸣、徐明治、徐明道、曹宠、吴平、邓守智、姜旭、陈伯华、杨荣敏、黎明、吴秋贝、陆平、程富平、高礼双、张麟、沈彧、庞德法、王觉先、曲中爽、颜辉、卢友和、陈田、姜树棠、雷文略、刘培玉、王晓波、刘鹏、张子固、曹秉衡、王立人。

　　新中国成立初期在华东军区、第三野战军从事摄影工作的有：吴云龙、晓庄（女）、边振遢、杨比沪、张崇岫、王名时、王干；业余爱好者：欧阳平（第33军政治部主任）、黄华、林晖、林立、吕蒙、亚明、吴耘、江有生。"①

　　山东抗日根据地紧跟党领导下的人民军队对敌斗争的历程，创办了《山东画报》，这是目前为止国内现有党办画报时间最长的画报。《山东画报》自1943年7月创刊，至1949年5月停刊，7年间出版画报共计51期，丛刊五种，影集两册，宣传品、传单数十种、美术画集多册，总计发表新闻照片2000余张次，摄影作者40余人。"②《山东画报》与《华东画报》，是一个画报前后阶段的两个名称，是解放区创办较早的大型新闻摄影和美术画报之一。三野成立后，由《山东画报》改名的《华东画报》并未并入新华分社，仍归军区宣传部直接领导。渡江战役和上海战役后，华东画报社从山东搬到上海，改为地方画报。1950年初又重新组建《华东战士画报》，成立华东战士画报社。新中国成立几年后，《华东画报》恢复《山东画报》刊名。战地记者同时都是《山东画报》和后来《华东画报》的通讯员，很大程度上，正是因为有了画报社，才有了对于摄影队伍的统筹组织和有力指导。1943年至今78年光阴，山东画报在齐鲁大地锻造出中国现存我党创办最早的画报。战争年代，它成为激励士气、鼓舞斗志的文化号角；和平年代，山东画报与时俱进，在不断改革和创新中缔造时代的精神符号。

----

① 　顾棣：《中国红色摄影史录》，山西人民出版社，2009年，第14页。
② 　司苏实：《红色影像》，北京联合出版公司，2015年，第304页。

（二）山东红色影像文物的构成和应用价值

中国红色影像历经85年的发展历程，从战火纷飞的革命年代，沙飞、石少华和顾棣等一代红色摄影人深谋远虑、精心创建和守护的影像档案管理体系影响广泛，为后世留下了极为珍贵也相当系统的影像文献和史料档案。从文物收藏角度看，红色影像文物亦属于珍贵、客观和特殊的革命文物，可以直观实证性史料提供解读山东革命历史的新角度，并在历史价值、学术价值和社会价值等多维度具有综合的价值呈现。

在2019年公布的全省"一普"文物登录数据中，红色影像文物占有重要部分保护革命文物，摸清家底是基础。在理论研究的基础上重视对于红色影像文物的深度整理、挖掘提炼和活化利用研究，建立专类、系统、完善的红色影像文物数据库，能有效地深化普查成果，充分践行文物保护初心，发挥革命文物的社会价值。山东红色影像文物在博物馆场域的收藏大致在20世纪五六十年代，时值国内主要的省级文博场馆创建时期，当时征集主要面向原山东解放区，而多半数量则来自于原济南军区、山东画报系统的移交。结合山东革命文物大数据统计，全省红色影像收藏主要集中在中共党员的个人肖像照（含抗战前党员的个人照），山东党政军领导人的合影、战场指挥、支前场景、英雄模范、战斗瞬间、战场遗址、行军场景和根据地大生产、生活、学习活动照片等较为代表性的几类。

相较晋察冀影像档案的系统完整性，山东红色影像整体收藏较为碎片化，原版照片数量较少，部分翻拍照片因原版或底片已然遗失不复存在，故也成为珍贵文物遗存。此外，大量存在于画报系统刊物中的照片，因无影像实物本身存在，经由数字化保护提取，故亦是红色影像数字遗存的重要部分。现依据全国"一普"山东省可移动文物登录大数据，同时结合现有的山东省革命文物数据库、省档案系统、画报社系统中深入排查检索，补充完善信息，形成基本的山东红色影像分布、收藏和保护现状的数据集成。

山东红色影像文物集成详目

序号	影像类别	影像、文物名称	收藏单位	数量	文物级别
1	原版照片（含底片）	1926 年刘谦初的全身像	山东博物馆	1	一级
		20 世纪前期王尽美的遗像	济南战役纪念馆	1	一级
		1924 年关向应烈士遗像	山东博物馆	1	二级
		1929 年魏一斋在齐鲁大学时的照片	山东博物馆	1	三级
		1932 年于子聪在济南第一监狱时的照片	山东博物馆	1	三级
		1933 年左武堂烈士的照片	山东博物馆	1	三级
		1926 年于培绪在齐鲁大学参加党组织时照片	山东博物馆	1	三级
		1932 年日照暴动领导人安哲（安建亭）在暴动前夕所照照片	山东博物馆	1	三级
		1932 年王建民照片	山东博物馆	1	三级
		1938 年蔡英卓等人合影	山东博物馆	1	三级
		1919 年和 1932 年徐墨林照片	山东博物馆	2	三级
		民国时期雷晋笙烈士照片	山东博物馆	1	三级
		1943 年山东省战工会第二次县长会议照	山东博物馆	1	三级

序号	影像类别	影像、文物名称	收藏单位	数量	文物级别
1	原版照片（含底片）	1945 年滨海区行政公署成立纪念照片	山东博物馆	1	三级
		1949 年广饶"一门四英雄"王洪翥送三弟一子参军的照片	山东博物馆	1	三级
		1949 年广饶商家商姓一连参军的照片	山东博物馆	1	三级
		1949 年广饶参军大会升旗礼的照片	山东博物馆	1	三级
		1949 年广饶九区参军大会上报名参军的全体新战士照片	山东博物馆	1	三级
		1946 年 8 月 15 日山东渤海军区炮兵营成立典礼的纪念照片	山东博物馆	1	三级
		1949 年群众欢送子弟兵团赴前线的照片	山东博物馆	1	三级
		抗日战争时期昌邑集东村人共产党员张智忠烈士的遗像	山东博物馆	1	三级
		抗日战争时期张黎烈士的遗像	山东博物馆	1	三级
		中华民国时期邓恩铭早期照片	山东博物馆	1	三级
		1922 年 6 月刘谦初与乡友在北平山东会馆的合影	山东博物馆	1	三级
		1937 年 1 月 26 日长山中学附小高级部第十二级毕业师生的合影	山东博物馆	1	三级
		1945 年 7 月胶东武委会召开英模大会时民兵英雄纪念留影	山东博物馆	1	三级
		1937 年荏平县第一任县长吴亚屋烈士的遗像		1	三级
		1945 年烈士栾廷有放置全家福照片的相框	烟台市博物馆	1	三级

序号	影像类别	影像、文物名称	收藏单位	数量	文物级别
1	原版照片（含底片）	抗日战争时期天福山起义领导人之一于烺小照	烟台市博物馆	1	三级
		解放战争时期烈士栾廷有放置其十九岁照片的相框	烟台市博物馆	1	三级
		中美谈判时中方代表于谷莺、杨兰桥的照片	烟台市博物馆	1	三级
		解放战争时期解放军干部李镇东的照片	烟台市博物馆	1	三级
		1945年张富贵相片（劳动英雄得奖像）	山东博物馆	1	一般
		1939年新四军直属队指挥员之一部摄影	山东博物馆	1	一般
		刘慕诗烈士照片	山东博物馆	1	一般
		20世纪中期张成文、徐喜麦等216位海阳兵役局英模照片底版	山东博物馆	1	一般
		20世纪中期张培忠、吕增寿等38位县、团以上英雄模范照片底片	山东博物馆	1	一般
		20世纪中期于春庆、于文明等66位莱阳英模照片底片	山东博物馆	1	一般
		1926年朱冀阶的毕业留影	山东博物馆	1	一般
		1932年朱冀阶任青州第十中学教务主任时的照片	山东博物馆	1	一般
		1935年朱冀阶在山东省黄河水利委员会工作时的留影	山东博物馆	1	一般
		1948年朱炳在济南战役后与战友的合影	山东博物馆	1	一般
		民国时期海阳子弟兵团合影	山东博物馆	1	一般

序号	影像类别	影像、文物名称	收藏单位	数量	文物级别
1	原版照片（含底片）	民国时期山东省各界人民代表大会开幕会场	山东博物馆	1	一般
		民国时期廖容标照片	山东博物馆	1	一般
		解放战争时期淮海战役一等功臣刘永成个人像	山东博物馆	1	一般
		民国时期于化虎照片	山东博物馆	1	一般
		民国时期海阳子弟兵团合影	山东博物馆	1	一般
		民国时期参战渔民民工照片	山东博物馆	1	一般
		民国时期苍山暴动前决定暴动开会时会址照片	山东博物馆	1	一般
		民国时期赵守福照片	山东博物馆	1	一般
		民国时期山东省联庄会博山县第二队队长暨第三区第二期全体会员摄影纪念	山东博物馆	1	一般
		民国时期胶济铁路总工会四方分会全体罢工胜利纪念合影	山东博物馆	1	一般
		1949年冀鲁豫黄河指挥部孙口浮桥照片	山东博物馆	1	一般
		民国时期鲁西北抗日军队第十军队照片	山东博物馆	1	一般
		解放战争时期济南战役照片	山东博物馆	1	一般
		民国时期青岛抗议美军暴行举行游行照片	山东博物馆	1	一般
		民国时期金谷兰烈士像	山东博物馆	1	一般
		1945年庆祝烟台解放暨欢迎孙市长大会留影纪念	山东博物馆	1	一般
		抗战时期海莱子弟兵团前线凯旋全体合影	山东博物馆	1	一般
		1943年岱崮连英雄班合影	山东博物馆	1	一般

序号	影像类别	影像、文物名称	收藏单位	数量	文物级别
1	原版照片（含底片）	民国时期参军照片	山东博物馆	1	一般
		1945年滨海区行政公署成立纪念照片	山东博物馆	1	一般
		民国时期胶济铁路总工会四方分会全体罢工胜利纪念合影	山东博物馆	1	一般
		1938年井冈山的同志们在延安合影	山东博物馆	1	一般
		民国时期攻城命令之照片	山东博物馆	1	一般
		民国时期马大娘、马继友全家照片	山东博物馆	1	一般
		解放战争时期济南第一团士兵照片	山东博物馆	1	一般
		解放战争时期孟良崮战役照片	山东博物馆	1	一般
		1943年全省第二次县长会议照片	山东博物馆	1	一般
		1943年山东军区特务团骑兵正在演习的照片	山东博物馆	1	一般
		民国时期军队开荒生产照片	山东博物馆	1	一般
		民国时期军民同乐照片	山东博物馆	1	一般
		民国时期在反扫荡中利用麦纱帐作掩护伏击敌人的照片	山东博物馆	1	一般
		民国时期侯寨子民兵基干班合影	山东博物馆	1	一般
		民国时期广九区参军大会全体新战士照片	山东博物馆	1	一般
		民国时期被服厂照片	山东博物馆	1	一般
		解放战争大军进入青岛市里照片	山东博物馆	1	一般
		解放战争孟良崮战役图	山东博物馆	1	一般

序号	影像类别	影像、文物名称	收藏单位	数量	文物级别
1	原版照片（含底片）	民国时期高忠良照片	山东博物馆	1	一般
		民国时期林茂成照片	山东博物馆	1	一般
		民国时期全村老百姓欢送参军壮士照片	山东博物馆	1	一般
		1943 年缴获敌武、装备我特务团之炮兵照片	山东博物馆	1	一般
		1943 年沂蒙山区反扫荡歼灭日伪缴获的车辆照片	山东博物馆	1	一般
		解放战争鲁南战役缴获的装备的照片	山东博物馆	1	一般
		解放战争我军解放潍县、莒县、栖霞的照片	山东博物馆	1	一般
		1945 年战斗英雄陈金秋合照	山东博物馆	1	一般
		1943 年山东抗日根据地一九四三年行政区划图照片	山东博物馆	1	一般
		民国时期解放青岛照片	山东博物馆	1	一般
		解放战争五青士照片	山东博物馆	1	一般
		1943 年照片底片	山东博物馆	1	一般
		1944 年大众日报照片	山东博物馆	1	一般
		1948 年淮海战役中牺牲的郭继胜照片	山东博物馆	1	一般
		解放战争庆祝青岛解放的照片	山东博物馆	1	一般
		抗日战争时期新华药厂的照片	山东博物馆	1	一般
		民国时期郑耀南和李佐长合影	山东博物馆	1	一般
		民国时期杨一齐照片	山东博物馆	1	一般
		抗战时期乡村教学照片	山东博物馆	1	一般
		民国时期冯毅之的父亲冯旭臣烈士像	山东博物馆	1	一般

序号	影像类别	影像、文物名称	收藏单位	数量	文物级别
1	原版照片（含底片）	民国时期山东根据地人民在进行民主选举照片	山东博物馆	1	一般
		民国时期拥军支前照片	山东博物馆	1	一般
		民国时期省政协第二次会议人员合影	山东博物馆	1	一般
		民国时期土改时期照片	山东博物馆	1	一般
		民国时期解放莱阳城照片	山东博物馆	1	一般
		民国时期苏鲁特委负责人郭子化开药铺的地方照片	山东博物馆	1	一般
		民国时期妇女群众做军鞋、写信的照片	山东博物馆	1	一般
		1939年山东被服厂成立大会照片	山东博物馆	1	一般
		民国时期胶东特委合影	山东博物馆	1	一般
		1945年胶东武委会战斗英雄照片	山东博物馆	1	一般
		1937年天福山起义地照片	山东博物馆	1	一般
		民国时期赵守福个人照片	山东博物馆	1	一般
		民国时期孙玉敏的照片	山东博物馆	1	一般
		民国时期理琪同志墓外景照片	山东博物馆	1	一般
		民国时期市民争读解放区报纸照片	山东博物馆	1	一般
		民国时期八路军向纬二路疾进抗战照片	山东博物馆	1	一般
		1948年解放战争时期的照片	山东博物馆	1	一般
		1948年支援淮海战役航运情况照片	山东博物馆	1	一般
		民国时期民工支前照片	山东博物馆	1	一般
		民国时期胶县县政府外景照片	山东博物馆	1	一般

序号	影像类别	影像、文物名称	收藏单位	数量	文物级别
1	原版照片（含底片）	民国时期山东省联庄会照片	山东博物馆	1	一般
		民国时期慰问英雄家属大会照片	山东博物馆	1	一般
		民国时期王拓瑞照片	山东博物馆	1	一般
		民国时期英雄合影照片	山东博物馆	1	一般
		民国时期战士照片	山东博物馆	1	一般
		民国时期慰问战斗英雄功臣模范家属照片	山东博物馆	1	一般
		1947 年羊山战役我军步兵接敌运动照片	山东博物馆	1	一般
		1943 年冀鲁边区第二军分区四十八英雄之墓照片	山东博物馆	1	一般
		民国时期大张楼村全景	山东博物馆	1	一般
		民国时期炮手和功劳炮一起的合影	山东博物馆	1	一般
		1945 年胶东平度战役前夕照片	山东博物馆	1	一般
		抗战时期湖西烈士董少宰的照片、手迹、名片	山东博物馆	1	一般
		1930 年施剑翘像	山东博物馆	1	一般
		解放战争期间军区召开迎接新战士大会照片	山东博物馆	1	一般
		解放战争期间军区欢迎新战士会之主席台照片	山东博物馆	1	一般
		解放战争期间广饶全县参军大会新战士及其家属的照片	山东博物馆	1	一般
		解放战争期间粟裕、邓小平、刘伯承、陈毅、谭震林同志合影	山东博物馆	1	一般
		解放战争期间黄祖发同志在渤海时的照片	山东博物馆	1	一般

序号	影像类别	影像、文物名称	收藏单位	数量	文物级别
1	原版照片（含底片）	解放战争期间张黎烈士遗像	山东博物馆	1	一般
		抗日战争期间马耀南半身像	山东博物馆	1	一般
		1938 年蔡英卓照片	山东博物馆	1	一般
		1945 年海阳纪常胜照片	山东博物馆	1	一般
		1943 年新四军三营干部合影	山东博物馆	1	一般
		抗日战争期间渤海军区妇女生产模范照片	山东博物馆	1	一般
		1945 年解放平度时的照片	山东博物馆	1	一般
		1945 年海阳英模大会照片	山东博物馆	1	一般
		1945 年庆祝民兵英勇战斗保家卫国大会照片	山东博物馆	1	一般
		1945 年赵同伦及孙玉敏在民兵大会上受奖照片	山东博物馆	1	一般
		1945 年海莱子弟兵团前线凯归全体合影	山东博物馆	1	一般
		1945 年海阳子弟兵团前线胜利归来合影	山东博物馆	1	一般
		1939 年新四军直属队指挥员之一部摄影	山东博物馆	1	一般
		抗日战争时期海阳 9 位民兵合影留念	山东博物馆	1	一般
		抗日战争期间马耀南半身像	山东博物馆	1	一般
		抗日战争期间铁道游击队政委张鸿仪照片	山东博物馆	1	一般
		抗日战争期间中共地下情报员中医常洪敖照片	山东博物馆	1	一般
		1920 年蔡雍泉青年时代照片	山东博物馆	1	一般
		土地革命时期中共党员张福临照片	山东博物馆	1	一般

序号	影像类别	影像、文物名称	收藏单位	数量	文物级别
2	翻版照片（此处只统计翻版的原版未有登记留存的）	民国时期毛泽东在农民运动讲习所办公室照片（翻拍）	山东博物馆	1	一般
		1917年俄文报纸照片（翻拍）	山东博物馆	1	一般
		鲁伯峻烈士遗像照片（翻拍）	山东博物馆	1	一般
		20世纪中期胶济铁路总工会代表泣告书照片（翻拍）	山东博物馆	1	一般
3	根据原照片所制画像类	1949年75岁吴哲卿在济南画像	山东博物馆	1	一般
		民国时期的鲁佛民布画像	山东博物馆	1	一般
		民国时期烈士画像	山东博物馆	1	一般
		抗日战争时期吴亚屋烈士画像	山东博物馆	1	一般
		抗日战争时期吴文庆烈士画像	山东博物馆	1	一般
4	带红色影像的画报类刊物	抗日战争时期印《胶东画报》	山东博物馆	1	一般
		1944年6月20日出版的《胶东画报》（第一期）	烟台市博物馆	1	三级
		1944年10月20日胶东画报社编印《胶东画报》（第3期）	山东博物馆	1	三级
		1944年胶东画报社印《胶东画报》（第4期）	山东博物馆	1	三级
		1944年胶东画报社编印《胶东画报》	山东博物馆	1	一般
		1944年胶东画报社编印《胶东画报》	山东博物馆	1	一般
		1945年4月胶东画报社编印《胶东画报》（第7期）	山东博物馆	1	三级
		1945年9月20日山东军区政治部出版《山东画报》	山东博物馆	1	三级

序号	影像类别	影像、文物名称	收藏单位	数量	文物级别
4	带红色影像的画报类刊物	1945 年 11 月出版的《山东画报》（第 30 期）	烟台市博物馆	1	三级
		1945 年 12 月出版的《山东画报》	烟台市博物馆	1	三级
		1945 年胶东军区政治部出版《胶东画报》	山东博物馆	1	一般
		1946 年山东胶东军区政治部编印《山东画报》（胶东分版第 2 期）	山东博物馆	1	一般
		1944 年、1946 年山东军区政治部出版《山东画报》（第 15.25 期）	山东博物馆	2	一般
		1946 年 1 月 1 日出版的《山东画报》	烟台市博物馆	1	三级
		1946 年 4 月 15 日山东胶东军区政治部编印《胶东画报》（部队版第 17 期）	山东博物馆	1	三级
		1946 年胶东军区政治部出版《胶东画报》	山东博物馆	1	三级
		1946 年胶东军区武装部编印《胶东画报》（第十七期）	山东博物馆	1	一般
		1946 年胶东军区政治部编印《胶东画报》	山东博物馆	1	一般
		1946 年 9 月 1 日山东胶东军区政治部编印《胶东画报》（第 26 期）	山东博物馆	1	一般
		1946 年山东胶东军区政治部编印《胶东画报》（第 31 期）	山东博物馆	1	三级
		解放战争时期出版的《山东画报》（胶渤分版第一期）	烟台市博物馆	1	三级
		1947 年《山东画报》（1）	山东博物馆	1	一般

序号	影像类别	影像、文物名称	收藏单位	数量	文物级别
4	带红色影像的画报类刊物	1948 年《山东画报——法西斯统治下的中国》	山东博物馆	1	一般
		1947 年 8 月 15 日人民画报社编辑、晋冀鲁豫军区政治部出版《爱国杀敌英雄王克勤》	山东博物馆	1	三级
		1948 年 12 月 15 日华东军区政治部、华东画报社出版《华东画报》	山东博物馆	1	三级
		1948 年一分区农民画报社、紫石县文工队、大众报社合编、华中一分区韬奋书店出版《春节文娱》	山东博物馆	1	三级
		抗美援朝时期出版的关于民兵英雄于化虎赵守福事迹的画报散页	烟台市博物馆	1	三级
		1946 年 6 月山东鲁中军区政治部印的连环画册《论人民军队》	山东博物馆	1	一般
		1946 年十一纵队战线画报社印《冯治才诉苦记》	山东博物馆	1	一般
		1944 年胶东画报社编印《胶东画报》	山东博物馆	1	一般
		1946 年胶东书报社出版的山东画报胶东分版增刊《高举义旗》（第三期）	山东博物馆	1	一般
		1946 年胶东画报社出版《恭贺年禧》	山东博物馆	1	一般
		1948 年 4 月 15 日华野第十一纵队战线画报社出版《李有福火线入党》	山东博物馆	1	一般

序号	影像类别	影像、文物名称	收藏单位	数量	文物级别
4	带红色影像的画报类刊物	1948年吴耘画的华东画报之《红军的妈妈》	山东博物馆	1	一般
		1948年冀东军区政治部编印《子弟兵画报》英模专号（2）	山东博物馆	1	一般
		1949年2月中国人民解放军第四十一军政治部编印《塔山英勇守备战画报特刊》	山东博物馆	1	一般
		1949年4月15日东北画报社出版的连环画《东北画报》（第49期）	山东博物馆	1	一般
		1947年华东军区政治部出版的华东画报丛刊之《孟良崮》	山东博物馆	1	一般
		1947年10月大众日报社、华东新华社编印《中国人民爱国自卫战争华东战场第一年画刊》	山东博物馆	1	一般
		1948年报纸剪贴《攻打烟台画录》	山东博物馆	1	一般
		1948年9月30日中国人民解放军中原军区野战军政治部出版《中原画刊》	山东博物馆	1	一般
		1949年11月25日出版《大众日报画刊》（第六期中国人民政协委员特辑）	山东博物馆	1	一般
		1947年10月大众日报社、华东新华社编印《中国人民爱国自卫战争华东战场第一年画刊》	山东博物馆	1	一般
		抗日战争时期王锡岐的事迹画刊	山东博物馆	1	一般

序号	影像类别	影像、文物名称	收藏单位	数量	文物级别
4	带红色影像的画报类刊物	1944 年胶东新华书店出版《劳动英雄像》	山东博物馆	1	一般
		1947 年渤海新华书店出版《民兵英雄像》（第一集）	山东博物馆	1	一般
		1945 年光华书店发行《群像》	山东博物馆	1	一般
		1949 年《东北画报》剪页	山东博物馆	1	一般
		中华民国三十五年（1946）晋北鲁予军区第二纵队政治部印《战士画报》（第五版）	山东博物馆	1	
		中华民国三十六年（1947）渤海军区政治部出版《渤海画报》	山东博物馆	1	
		20 世纪 40 年代晋察冀军区政治部出版晋察冀画报编辑委员会编辑《晋察冀画报旬刊》	山东博物馆	1	
		1949 年中国人民解放军第七兵团浙江军区政治部出版《华东前线画刊》	山东博物馆	1	
		1949 年六十八军政治部出版《前线画报》（1949 年 9 月 23 日第 15 期）	山东博物馆	1	
		中华民国三十六年（1947）人民解放军等部队联合出版的《人民战士画刊》	山东博物馆	1	
		1948 年华东画报绣珍画集	山东博物馆	1	
		1949 年《支前画报》	山东博物馆	1	
		1948 年华东军区政治部、华东画报社出版《战士文化》	山东博物馆	1	

序号	影像类别	影像、文物名称	收藏单位	数量	文物级别
4	带红色影像的画报类刊物	1948 年华东军区政治部华东画报社出版《战士文化》（第 2 期）	山东博物馆	1	
		1948 年华东军区政治部华东画报社出版《战士文化》（第 3 期）	山东博物馆	1	
		1949 年华东军区政治部华东画报社出版的人民解放战争华东战场战绩特辑《战士文化》（4）	山东博物馆	1	
		1948 年前进画报社编、华东鲁南军区政治部出版《三大纪律八大注意》	山东博物馆	1	
		1948 年华东军区政治部华东画报社编《中国解放军对宗教的政策》	山东博物馆	1	
		1949 年东北画报社出版的《人民戏剧》（4）	山东博物馆	1	
5	数字影像	《陈粟视察炮阵地》《淮海战役的尾声》《解放南京》等	山东画报社		
		建党百年红色影像	山东博物馆	千余张	

由集成表格中的文物信息可知：山东红色影像类文物以文博场所收藏为主，且以山东博物馆收藏数量为最多，主要来源为原济南军区的移交；其次是烟台市博物馆。作为综合类的博物馆，能在山东革命文物保护传承中薪火不灭，实属难得。经调研排查，省内档案系统多收藏民国政府及相关机构、个人的影像资料，极少存在红色影像原始资料的收藏，画报社系统经

由新中国成立初期停刊后的几度机构变迁，现有主要收藏现当代的画报刊物，红色影像原版资料亦留存已非常稀少，且主要以数字图片为主。通过资料爬梳整理，山东红色影像文物主要分为五类：

一是包括底片在内的原版照片共155张（未包括两套照片）；

二是翻版照片（此处只统计翻版的原版未有登记留存的）共4张；

三是根据已灭失的原照片或后人记忆所制画像类（该类亦是美术作品）共5张；

四是原版照片难寻或已灭失，刊有影像的画报画刊等共56册，其中共刊载没有实物照片的；

五是纸质影像难寻或已灭失，长期在各类党史党报出版物中流传下来的红色数字影像万余幅。

在山东红色影像文物中，第一类、第四类和第五类数量居多。馆藏的原版照片主要有党的创建时期和土地革命时期优秀共产党员、英烈生前的个人肖像照（在抗战时期开始的红色摄影之前）、抗战时期山东抗日根据地党政军重要会议、党政军相关机构（公署、兵团等）成立纪念合影、参会人员合影、支前参军合影、群众支前、民兵英雄、生产模范，解放战争时期解放军重要领导人合影、牺牲英烈像、重要战役中我军对敌作战场面、淮海战役群众支前等。

馆藏带红色影像的画报类刊物主要集中在抗日战争时期和解放战争时期，其中解放战争时期的画报类期刊数量居多，馆藏画报类期刊中的红色影像的内容主要有以下几类：

　　抗日战争时期画报类刊物中的红色影像主要内容：我军战地照片、对敌作战战果、我党领袖像、我军重要将领像、我军对日作战攻势情况、山东重要城市的光复与解放、我军胜利归来、群众欢迎我军战士凯旋、死难军民、烈士墓园墓碑、烈士追悼会会场等。

　　解放战争时期画报类刊物中的红色影像主要内容：（1）我党领袖人物肖像（毛泽东）、中国人民解放军诸将领照片（总司令朱德将军、刘伯承、叶剑英、常胜将军刘伯承、胶东军区司令许世友等）（2）我军对敌作战实录和重要战役场景：如淮海战役大捷、济南战役、兖州战役、我军摧毁的敌军重要建筑、我军歼灭敌军残余部队（3）我军对敌作战战果：我军俘虏的蒋匪高级军官、国民党部队起义投诚、我军缴获的武器等、展示战后收缴的敌军大炮（4）解放区的生产与建设：解放区人民的铁路建设、煤炭挖掘、重要厂矿（博山工矿）、解放区工人的发明创造、解放区工人待遇地位提高（5）战前、战后我军士兵操练、射击（6）国民党军队的暴行：国民党部队破坏狂炸城市、国民党军队轰炸天主教堂抢劫教友衣物、国民党统治下人民遭受战乱天灾的生活惨状（7）人民解放军的民族、宗教政策：解放军保护天主教堂、教友赞扬解放军纪律严明，解放军妥善保护重要的名胜古迹，兖州前线解放军尊重回民风俗习惯（8）军民一家亲、解放军的人民政策：抢救群众、解放军和农民一起收割小麦、我军保护民众疏散物资，向群众宣传对敌作战形势（9）政策宣传：我军向群众宣讲解放区的建设和我军的城市政策，解放军对敌人和俘虏的宽大政策、我军新解放城市的政策宣传（10）宣传与纪念英雄模范、拥军模范、支前模范、劳动模范等。（11）军民庆祝胜利表演、祝捷大会场景。

馆藏画报类刊物中的红色影像是记录者、见证者，是宝贵的历史资料，记录了我党我军在抗日战争和解放战争时期重要战役、对敌作战战果、解放区工农政策等的重要瞬间，这些红色影像内容丰富，数量庞大，与传统的文字记录相比较，这类红色影像跟进最新战争动态、战役形势，集宣传、教育和对敌舆论斗争于一体，更为直观、展现的内容更加鲜活，有更强的视觉冲击力，可以弥补文字描述的不足。另外，在照片选择上，通过敌我双方战果的影像组合与对比，更具有宣传效果、利于军民鼓舞气势，广泛动员群众。

山东红色影像文物作为数量占比较高的革命文物，蕴含较高的历史价值和精神价值，对此类文物的专项考察、数据库整理分析和提炼影像内涵和精神实质，无疑可为今后准确判断红色影像文物保护与利用形势、科学制定保护利用方案规划提供借鉴依据；在整理研究基础上提炼和解读齐鲁红色影像的深厚内涵和精神特质，探索数字化保护和活化利用的创新途径，能更好地为史学研究、艺术创作、数字化展示传播等社会多元需求提供服务；同时此类研究进一步促进全省红色影像文物资源的整合利用，为深入开展策展联展、合作交流和文旅开发等提供有效借鉴，在新时期革命文物利用保护大发展的趋势下展现应用价值和社会意义。

（三）红色影像文物的诠释利用方式

红色影像属于珍贵、客观和特殊的历史文献，可以提供解读山东革命历史的新角度。深度诠释红色影像文物，需将视野放诸20世纪中国革命历史大背景下中国红色影像发展历程的基础上，以此来显现山东红色影像的历史特性和精神特质，进而分析中国纪实影像领军精英构建的八路军红色影像创作理论为基础，探究山东红色影像事业发展中的理论新建树和文化特性；此外，把以上研究放在文化遗产保护和文化传承的视野中，探索红色影像数字化保护和活化利用新模式。

挖掘影像文物内涵的基础在于，首先勾勒山东红色影像的发展脉络和影像文物收藏情况。在总结中国红色影像的发展历程和历史功绩基础上，分析山东红色影像事业发轫的历史背景、发展要素和阶段特性。山东红色影像事业虽是开端于晋察冀和延安既成摄影系统的带动引领，但在山东革命历史和地缘因素中仍葆有鲜明的历史特性，在革命历史中亦显现了不同于国内其他解放区乃至同时期西方纪实摄影的风格特点和历史涵盖，应重视从山东红色影像的地域政治文化认同构建中阐释山东革命文化的精神特质和文化价值传承；基于"一普"数据平台，在现有的山东省革命文物数据库中深入排查检索，补充完善，系统整理山东红色影像文物的分布、数量、特征和保护现状，建立并完善全省红色影像文物数据库，有效地深化普查成果。因年代久远、战争和时代变迁因素，相较延安和晋察冀系统影像的齐全完备，山东红色影像的留存往往支离破碎，如何把碎片化影像整合成一个整体去还原和解读，是现实存在的难度，故需尽可能地多方搜集整合和内容提炼。

其次，提炼红色影像的叙事方式、精神内涵和文化传承价值。重在整合山东红色影像文物和各类相关文本档案史料，从影像史学、文化遗产保护的角度对红色影像文物的综合价值进行分析。基于对红色影像信息整理基础上提炼影像内涵和历史叙事，在利用影像文物构建的具体的历史语境里，通过历史影像、报刊媒体以及敌方文本的综合使用着重分析山东红色影像的立场观念、组织建制、创作理念及传播方式等，比较其不同于国内其他解放区乃至同时期西方纪实摄影的风格特点和历史特征；理解红色影像的视觉叙事和在构建文化认同、政治认同中起的历史作用，提炼影像视觉语言蕴含的精神内涵。从文化认同的角度理解红色影像家经长期摸索和成功实践出的创作理论，探究山东战时纪实摄影理论新建树；从红色影像的象征意义和文化价值传承中理解山东革命文化的精神特质和中国革命影像叙事的内容指向，彰显其对于齐鲁红色文化血脉和民族精神的传承价值和意义。

最后，在理论研究的基础上，重视对于红色文化遗产的长效保护研究和活化利用研究，以充分践行文物保护初心，发挥革命文物的社会价值。根据普查掌握的情况，影像文物藏品的预防性保护现状不容乐观，文物数字化亦开展较少。数字传播和展示技术目前更新日新月异，但对于红色文化的关照仍处在起步阶段，在实际应用中也需要严谨文本设计、完善交互体验等多方面的改进。结合实际工作中对于红色影像数字化保护和展示的经验，需要进一步重视以 VR 影像、CAVE 等全新展示技术在红色文化传播形态中的应用，探索影像数字化、文旅开发利用等多方面活化利用创新途径。为增进红色文化传播，提升全社会的文化价值共识提供文化支持。

二、辛亥革命文献整理和研究

从《主盛京笔政时著》手稿补述徐镜心的教育思想①

【主要观点】《主盛京笔政时著》是辛亥先烈徐镜心在1907年任奉天《盛京时报》主笔时期写的部分社论手稿，共收文17篇，属徐镜心亲笔撰写的珍贵档案文献，是其教育思想在公共舆论领域得以集中体现的阶段。徐镜心基于在山东办学的历程经验，审视奉天周边各县的教育实况，鼓励各地自上而下"劝学"、广设民立学堂，重视小学启蒙等普及教育；在清政府限制赴日留学政策后，呼吁政府正视中国南北省存在的各方面差距，反对政府一刀切限制留日学生名额。徐镜心虽只是以一己之力限于设想、建议和呼吁，但篇篇立意深远，言辞恳切，论述精到，彰显了中国当时先进的知识分子纵论古今中西的博闻广知，在国家革故鼎新过程中的真知灼见和探求救国途径的赤子热忱。

孙中山曾于辛亥之时分析中国革命"发轫于甲午以后，盛于庚子，而成于辛亥。"辛亥先烈徐镜心是中国同盟会山东首任主盟人、民国国会参议院议员。武昌首义爆发后，徐镜心先后领导了东北和山东烟台等地光复。在山东独立运动旋起旋灭后，徐镜心又发动了光复登（州）黄（县）系列战事，激战至清帝退位。徐镜心一生追随孙中山，为革命奔走十余载，功勋卓著。1914年因反对袁世凯称帝而惨遭杀害。1936年民国中央常务委员会明令褒扬、追赠上将②。辛亥革命已过去120年，而

---

① 本文原载于《山东博物馆辑刊》，2021年。
② 民国中国国民党《中央党务月刊》，第九十五期，1936年，第654–655页。

关于徐镜心本人的研究除生平传记和在东北等地辛亥革命中的活动外，成果较少。比较有代表性的有烟台大学李日教授针对徐镜心著《政界表说略》和《光复登黄战事纪实》①的笺注和解析，主要针对徐镜心的政治思想和革命活动等方面作考证分析，然关于徐镜心的教育思想现今仍着墨稀少。

辛亥革命中，以同盟会会员为主的山东革命党人致力于兴学堂、办报刊、宣传革命，毁家纾难，与封建反革命势力进行了艰苦卓绝的斗争。徐镜心的教育思想一直贯穿于其革命历程，是鼓舞民国青年求知问学、开化民智、培育革命力量的重要理论指引。现有研究主要限于对其在山东的办学经历。而徐作为同盟会北方支部和辽东支部主要负责人。徐在奉天主笔日本《盛京时报》时期，虽主笔时间较短，然其教育思想在公共舆论领域得以集中体现。徐镜心领导革命生涯秘密而艰险，矢志追求共和。徐牺牲后相关其本人的革命遗存大多散佚。《盛京时报》相关教育思想的刊文至今也未见有解析。本文基于山东博物馆收藏之徐镜心《主盛京笔政时著》珍贵手稿和1906—1907年相关《盛京时报》略作一析，补述其教育思想。

（一）关于《主盛京笔政时著》手稿

《主盛京笔政时著》是徐镜心在1907年主笔奉天《盛京时报》时期写的部分社论手稿。1914年徐为袁世凯势力所害后，遗物由其日本好友仓古箕藏运回山东黄县乡梓，转交徐镜心长子徐焕章保管。后手稿被徐镜心的堂侄徐宪章借走，直到1950

---

① 李日教授所研究的两件史料文献均由1963年7月由徐镜心堂侄、徐宪章之子徐善琏捐赠。

年徐宪章去世后，由徐宪章之子徐善珽收藏保管。1963年7月徐善珽捐赠给当时的山东省博物馆，是目前所见由徐镜心亲笔撰写的两封手稿之一，具有较高研究价值。该手稿自捐献后即做编目整理保存，但历经"文革"十年动荡，馆务保管人员更替，加之旧馆搬迁，手稿长期以来湮没于库房的大批卷宗文献中，至今仍未将内容深入整理发掘。

该手稿纸捻粗编，毛笔写就，共161页。内文多篇文章有字斟句酌修改的批注。据1906年9月15日《申报》第二版刊登的一则很短的奉天新闻启事"日商（中岛真雄）创办盛京时报"，内称"聘某留学生为主笔，定于九月上旬出版"。《盛京时报》实际创刊号为1906年10月18日，而一般的文献都没有记载徐镜心具体的入报社的时间，只是表示1907年开始任主笔。《主盛京笔政时著》手稿扉页记有"海城南门里二合×转寄黄瓦窑侯×元查收""自四月廿五日起"字样，然是否是从4月25日开始任主笔刊发的这些寄送给侯×元的文章，兹不做安定。至1907年7月26日，徐镜心发布假称留学日本辞职启事[1]，照此计算，其在《盛京时报》担任主笔的时间不超过半年。徐镜心以同盟会会员身份藏身于日人所办报社，意在借助报纸开展进步舆论宣传。因当时报文一般都署各类笔名化名，亦不能统计出哪些出自徐之手笔。时值清政府对东北地区进行新政改革初期，在日办报刊中，华人言论发文也不可能像辛亥后大张

---

[1] 《盛京时报》1907年7月26日第2版曾报道消息"徐镜心离馆赴日留学""辞去主笔职务"，实际是为掩护其至吉林省城与宋教仁会合而发布的一个半真半假消息。

旗鼓地宣传民主革命，背离日本人《盛京时报》的宣传方针，故徐之后辞职的原因除规避官方缉捕外，也可能在于意识到利用该报宣传革命、倡言共和的局限性。

从这本手稿收录的自1907年发表的17篇较为完整的手稿文章看，关于时局政论有四篇：《论国家宜速赎回俄之东清铁路》《论张香帅反对司法独立之非》《论次帅留任奉省之合宜》《地方自治与官吏分治之异同利弊》，在反俄、提倡司法独立和民主自治等方面立意鲜明；其余多篇都是在教育或文化的不同方面或鲜明或隐晦提出进步论述和主张，立意深入、内容丰富。本文借此，略陈补述徐镜心革命生涯中的教育思想，并对清末东北新政教育近代化亦可管窥一二。

（二）徐镜心主笔《盛京时报》的时代背景

1906年《盛京时报》是日俄战后日本在东北创办的影响力最大、创办时间最长的一份中文报纸。该报创办之际正值东北新政兴办之时，其不仅对东北重要时政做了大量报道，且主要打着帮助东三省"广开民智"的旗号，对清末新政教育改革采取表面积极拥护实则暗加影响。徐镜心任主笔期间，借助了这一机会大力宣传新政和新教育思想。

徐镜心在东北主持该报之前，其已加入中国同盟会一年有余，并在山东多地发展革命组织。徐镜心少时聪敏好学，20岁即为县廪生，后目睹国势颓危，民生维艰，深感旧学"不足以致用"，为探求救国新知，1903年春赴日本留学。期间频繁接触了当时在日本的中国革命党人。1905年8月在中国同盟会正式成立大会上，孙中山委任他和丁惟汾为山东主盟。1905年11月徐镜心因反对日本《关于准许清国人入学之公私立学校之规程》回国^①，在烟台秘密设立同盟会机关，在山东多地发展组织。1906年秋，基于"辽东为满洲根本，覆满必先撼其根"的考虑，同盟会总部委派徐镜心到关外活动，创建同盟会辽东支部。1907年徐镜心任《盛京时报》主笔。期间短短数月，因发文多抨击时政、宣传激进，为避清政府缉捕，1907年7月从《盛京时报》辞职，后掩迹于白山黑水间招揽革命义士，秘密发展"奉天激进会"等组织。直到1910年秋返回山东。徐镜心在东北苦心孤诣从事革命近4年，转辗各地，为同盟会在东三省开辟革命局面、加强山东与东北革命势力的联系作出了贡献。

（三）《主盛京笔政时著》中的教育思想解析

该手稿从1907年起，共收录了17篇徐镜心在《盛京时报》的主笔文章。结合现存有关《盛京时报》创办头几年的报道文章可见，手稿中关于教育方面的文章，对标清政府当时推行的各项教育新政，在教育与新政、劝学、留学、普及教育等方面都作了相关评论。相关撰文题目主要有《论学务公所宜分派劝学委员道各州县劝办民立学堂以期教育之普及》《论限制留学生南北省宜别其制》《论东边道所属宜添设警务学堂》《论音乐之养人》《奉天音乐会章程稿》《论开设工艺场胜于施粥场》等；另有解析立宪与教育关系的日本政党史论两篇：《日本大隈伯爵政党史论书后》《日本政党史论》（参考并序）。徐镜心的这几篇文章只是其在该报论述的一小部分，但从中亦可看出

---

① 即日本文部省于明治三十八年（清光绪三十一年，1905年）十一月二日颁布的《关于准许清国人入学之公私立学校之规程》，其中对于中国留学生的入学资格和各类管束条款被留日学生视为镇压革命运动、剥夺留学生就学自由的产物，展开大规模的两千多人罢课归国运动。

深受日本维新思想影响的印记。尤其在教育理论方面，多借鉴日本近代著名政治家、教育家大隈重信和福泽谕吉等人的理论造诣。

1.言明政治与学务教育的密切关系

《盛京时报》在徐镜心主持下，积极主张推行新式教育。从对《盛京时报》有关教育史料的搜集与分析可看出，关于教育的报道更多是论及教育改革的重要性及教育改革的重点。照应清政府新政推行的教育改革，《盛京时报》支持宣传新式教育理念。在光绪三十四年（1908年）六月二十八的社论《论国家与教育之关系》一文中论到："国家之强弱，以教育事业之完美与否为断，故欲国家之富强，文化之进步，必先注意于国民之智德体育。"①

此外，《盛京时报》不光是针对清末预备立宪运动的宣传和支持者，也是清末预备立宪失败的预见者。徐镜心借力使力，《主盛京笔政时著》手稿中有分析日本宪政的《日本大隈伯爵政党史论书后》，纵论日本自幕末开国半个世纪以来保守和进步两党"纷纠数十年"、尤论及大隈伯爵筹组"宪政党"失败的历史。认为日本从落后岛国发展到世界强国依赖"豪杰志士忠肝热血愤激所成"②，同时提出如"上无明主、昏暴专制，严禁党徒、壅蔽舆论"，则纵有流血志士，国家亦有沦为"灭亡之域"的危机，直言国家政治开明民主的重要性。《盛京时报》曾连续

---

① 《论国家与教育之关系》，《盛京时报》，1908年7月26日，第526号（2）。
② 徐镜心：《日本大隈伯爵政党史论书后》，《主盛京笔政时著》手稿，1907年，山东博物馆藏。

刊载《中国应当实行立宪》的报道，认为中国如要实行预备立宪。"振兴教育造就人才是为不可一日缓之要政"①新政的教育改革的实施也能有力促行立宪改革。徐镜心以革命党人的身份，假借"宣扬立宪"来鼓励教育的言论，为《盛京时报》赢得了东北社会诸多阶层人士的认可。

在主笔《盛京时报》前夕，徐镜心就在其当年完成的著作《政界表说略》中规划了学习西方现代民主法制的政治蓝图。《政界表说略》②的成书时间是1906年，亦是山东博物馆关于徐镜心本人的珍贵文献典藏。徐镜心考察当时世界各先进民主国家的教育制度，倡言教育在国家大计的重要性和应保持的相对独立性。在该表中还具体规划了学务的管理组织制度和职位分配，"学务全归学部，由学部大臣主管。在谈及学务的负责人选择时，徐镜心又强调了"公举"的重要性，"公举"是民主共和的基石，否则不能"完善"。

2.自上而下"劝学"重视普及教育

清朝时期，东北地区在"满汉分治"政策的指导下，东北旗人重武轻文，文化教育比同时期内地省份的教育相对落后，加之外敌入侵、政局动荡直接导致政府财政经费常年短缺。当时官办学堂经费能直接由官府出资，公办学堂则由地方通过各种渠道筹集，私人办的学堂则由私人出资办理，但数量较少。徐镜心的《论学务公所宜分派劝学委员到各州县劝办民立学堂以期教育之普及》是典型的"劝学篇"。在文章中，徐镜心审视

---

① 《派员考察学务》，《盛京时报》，1906年11月1日，第9号（2）。
② 徐镜心：《政界表说略》，1906年，山东博物馆藏。

奉天周边各县的教育实况,倡立地方自办教育,鼓励各地广设"民立学堂"。清政府的新政内容中包含了改造传统教育,颁布新的学制章程等内容,提倡"废科举、兴学堂、劝游学"。而徐镜心的这篇文章在时隔一年后的1907年,写成之时仍是面临东北劝学不力的局面,可知新政推行步履维艰。各地方经费紧张,"乡邑郊野亦必待国家筹款为之兴学"。当时各地也采取多种渠道进行教育经费的筹措,仍是严重匮乏。

当时的东北奉天,官办和民立学堂无论从数量还是规模上都不甚乐观。徐镜心指出一是地方绅民思想不甚开化,二是地方官吏不够重视提倡,遂在文中重申组织"劝学",主张由官吏主导组织,从卒业师范生中择选品学优胜、热心教育者数人,遣派到各州县劝办民立学堂,复"札令地方官扶助倡导",并设想理想的劝学效果"将不数月而学堂林立,成效可观矣。绅士亦感起而应之。或变卖庙产,或筹办公捐,多方以图学堂之成立,倡之者一,和之者百,于是乎风气渐开、痼弊渐化矣。"他认为此方法可行之处,一方面可以改变卒业生闲散家居或候差公所而无着落的现状,咸得其所用,二是地方州县亦不需多耗费而教育可以普及,实属"一本而数利""所望于有学务之善者"。

徐镜心提出的举措并非空想,而是基于在山东办学的历程经验。就在徐镜心赶赴东北的1906年,当年春他从日本归国先在济南的山左公学任教,不久创办"东牟公学",同时作为同盟会北部支部和山东分会的机关。招揽革命人才,一时聚集求学者曾达数百众。同时他还授意省内各地的同盟会员利用清廷鼓励私人办学的机会创办学堂,借助学堂阵地开展革命活动。徐镜心考量东北各省几年来学务有起色的地区，都皆是创办民立学堂的模范地区，且描画民办学堂的美好愿景："民立学堂多，则与官立学堂互相竞争，以为高下，而学务遂蒸蒸乎日起。而有功国家，不耗兴学之款，但使地方官提倡而士绅商民即感趋之若鹜，斯亦可谓不费之惠矣。"①

关于劝学办学的方向，在 1907 年 9 月，徐离职后的报纸继任主笔仍提倡"兴办劝学所"教授蒙学，推行普及教育，并提出自上而下的具体组织做法："令民政部通知各省都督转巧各府州县，将乡间户籍查明，以便核定每村住户，足一百家的住户便筹设蒙学一区宣讲所，"②。另外设置"简易学塾""半日学堂"等，让贫困家庭子弟先入简易学塾，不收取学费，年龄也不受限制，提高民众福利性教育普及程度。

普及教育中的初等小学为蒙养之基础。在兴办学堂的数量中，小学堂因投入小、见效快且能灌输官方意识，是当时教育改善的重点，也得到地方的支持。自实施新政以来，奉天地区依托教育机关所在地得天独厚的条件，小学堂数量急剧增长。据光绪三十三年（1907 年）第一次教育统计数据显示③，1907 年东三省中奉天小学堂数量即以达到 1304 所，占奉天学堂总数的 90%，而奉天的小学堂数量更是占东北三省小学堂数量的 94%，

---

① 《论学务公所分派劝学委员到各州县劝办民立学堂以期教育之普及》，《主盛京笔政时著》手稿，1907 年，山东博物馆藏。

② 《普及之计划》，《盛京时报》，1907 年 9 月 17 日，第 273 号（5）。

③ 数据分析来源自学部总务司编《光绪三十三年第一次教育统计图表》，沈云龙主编《近代中国史料丛刊第三编》，第 10 辑，第 93 册，文海出版社，1986 年，第 139–193 页。

当时东北三省的小学生在读生能达到49314人，占学生总数的89.68%，足可见小学堂的规模和数量都远超新政之前的状态。然上述情况也仅仅局限于奉天地区，同时期的吉林和黑龙江两省的小学堂数量总和都与奉天相差甚远。且新政创办学堂林立，发展也并非一帆风顺。财政经费紧张和教学落后、花费奢靡形成鲜明对照。《盛京时报》光绪三十三年四月二十的社论《论奉省学务之费款》中，作者也不禁为奉省惋惜①。在此方向引领下，发展较快的小学堂和文化启蒙多受重视，相较西方先进思想文化的传授，国文教育仍然是当时的教学重点。这一点从清政府学部对启蒙教科书的编纂要求中看出，"既需保存我国数千年立国之精神又期符合近世教育国民之主义"②。

3.倡导留日求学　反对南北一刀切限制

甲午、庚子后，清政府"知科举取士不足恃，亟亟以兴学堂，遣派出洋留学为急务"，1896年清朝首派官费学生留日。科举制废除后，科举入仕之路堵死，更迫使青年一代竞相东渡出洋留学。中国人留学日本既是学习其他民族优秀文化的手段，同时它也是中国人蜗行摸索、不断迈向近现代的艰辛阶段。清末民初新学制的设立也有赖于效法日本、问计近代中国留日学生及赴日考察人员，并不断走向完善。徐镜心在山东烟台办学时期，即以自身留学经历勉励学子游学日本。当时徐镜心创办的非公开报纸《芝罘报》第六期曾刊发他的文章，面对当时"进士亦须入校，官吏必学政法，学潮潮涌，游学日多，各省竞

---

① 《论奉省学务之费款》，《盛京时报》，1907年5月31日，第181页（2）。

② 《学部奏颁初等小学教科书折》，《盛京时报》，1910年1月5日，第976号（3）。

争几成学战"的留学热潮，徐镜心热切劝勉山东学子游学日本。文章中称留日学生来源中以南方各省居多，每年福建、湖南、四川、浙江各有六七百人，云南、贵州、苏州、安徽、江西各有三四百人，只有山东两次官派60人还自费，数量与山西、陕西、河南等地比虽略有优势，仍大大落后于南省。徐镜心切言北方学子与其株守旧章、虚延岁月，不如"游历方外，振吾精神，增吾魄力，造就有用之学问，经济力图进取，况吾祖宗赖以血食。子孙赖以图存者。非有此通中达外之人，相与作民气，开民智，断难挽危机于万一。"[①]在文末仍费心周全将游学日本的各种花费和准备物品详细列出，将"游学日本之便宜""同乡招代之妥善""学校之无阻碍""学科之可以自择"条分缕析，为莘莘学子之打算为之计深远。

相较山东，东北官方组织留学数量虽仍不及南省，但自1906年盛京将军赵尔巽派选留日学生后带动影响力渐成。20世纪初，留日学生由光绪二十七年的200多人（1901年）猛增至光绪三十二年（1906年）的7000余人，其中大部分为速成生；尤其在1905年科举制废除后，日本几成中国的"贡院"。而就在1905年爆发了留日学生反对《留学生取缔章程》事件后，清政府忌惮于留日学生中的革命风潮，通过不断增加严苛的选拔章程[②]压制约束留日名额，限制留日而鼓励留学欧美。当时对于留日学生的选拔也是极其严格。

此外，鉴于中国南北方相差较大的思想开化和教育程度，

---

① 徐镜心：《劝山东人士游学日本公启》，《芝罘报》，1905年第六期专件。
② 《游学章程》，《盛京时报》，1906年10月24日，第2号（3）。

徐镜心写出《限制留学生南北省宜别其制》[①]一文，公开反对政府限制留日学生名额。文中列出几个缘由：一是北省留学现状。文章分析几年之内湖南光扣留的学生已至四五百人，而北方学生能留学者仅山东寥寥数人。南方各省学堂林立，外洋留学人数已因限制令日见减少，不见增多；而北方诸省内地学堂数量本就零星无几，外洋留学生"尚属萌芽幼稚之时代"，故不能与南省一刀切的实行留学生限制政策；二是速成教育南北有别，中日有别。且南方汉学底蕴深厚之人数远胜北省，留学回国的学生已遍布国内各地，文明进步、改革易俗的速度比北省快很多。南北差距越拉越大；三是学务不能持续供给导致留学质量下降。南方各省的速成生学期需9—12个月，而奉天的师范速成生才6个月，学有多少所成不能相较。学生学成后政府没有支持，学生无合适工作者将学问束之高阁，实无所用，只能是"学资靡费，毫无益处"。徐镜心在文后恳切呼吁当局，若再不限制南省留学生，无视南北现实差异，一律限制北省留学生名额，"北省其真终底于灭亡乎哉！"

（四）余论

参照清末新政实施中的《奏定学堂章程》中对于学堂的分类，东北近代学堂基本包括普遍教育（初等、中等和高等）、专门教育（师范、实业）和社会教育。在徐镜心的教育思想的设想中，也有对于女子教育、音乐教育、警务教育等内容的关照，此不一一赘述。虽着墨较少，有的也只停留在呼吁或设想的程

[①]　徐镜心：《限制留学生南北省宜别其制》，《主盛京笔政时著》，1907年，山东博物馆藏。

度，仍体现出徐镜心为国谋划的殚精竭虑。

徐镜心的教育思想中的很多方面深受留日教育的影响，也贯穿于他领导辛亥革命的始终。1907年的短短数月虽栖于日人所办报刊，但仍不遗余力地利用这块难得的舆论阵地向国人倡言教育改革，隐喻革命思想，从立宪政治、中西交流、社会文明发展等多角度的密切联系中，言明教育的重要作用，虽只是以一己之力限于设想、建议和呼吁，但篇篇立意深远，言辞恳切，论述精到，彰显了中国当时先进的知识分子纵论古今中西的博闻广知，在国家革故鼎新过程中的真知灼见和探求救国途径的赤子热忱。

"当过去不再昭示未来时，心灵便在黑暗中行走"，但启迪心灵朝向光明的使者，非教育莫属。

三、红色报刊文献整理和研究

山东早期党组织时期的报刊文献

【主要观点】在山东早期共产党组织创建的不同时间段都保留了珍贵的文献流传于世。这些红色文化遗产对研究山东早期党组织的创建史和马克思主义中国化的发展历程具有重要的研究价值。在对这些报刊文献的整理基础上，加强对其保护和研究，在以唯实求是为原则、重视原始文献的搜罗和研究成为党史研究学界自觉的当下，既是对早期党史文献文物的全面保护，也是对山东早期党组织创建历史的有益探索。

2015年8月22日，山东博物馆在开幕的《甲午战争专题展》中首次展出了数件山东早期共产党组织创建时期的报刊文献，引起公众的广泛关注。山东地区是近代以来遭受日本军国主义侵略最早、程度最深的地区之一，展览以历史回溯的方式从甲午战争开始说起，直至中华民族的不断觉醒、救亡探索，最终在20世纪取得中国人民抗日战争的伟大胜利，并逐渐开启了中华民族复兴的新道路。在展览第六单元"民族屈辱与救亡探索"部分，从1919年前后五四新文化运动中马克思主义在山东的早期传播，一直到山东早期共产党组织的建立，展览共展出了山东地区流传最早的《共产党宣言》中译本，《晨钟报》的报头印模、《晨钟报·星期副刊》和中共山东省委早期创办的《山东红旗报》等国家一、二级珍贵文物。这些文物是在山东博物馆首次面向公众展出，充分展现了中国共产党早期在山东萌芽、创建和艰辛发展的光辉历程。除此之外，山东博物馆在山东地方党组织创建初期的文献珍藏还有很多，本文试就系统整理和利用研究做浅见分析。

1. 早期山东共产党组织的报刊文献的流传与收藏

山东博物馆馆藏革命文物中，关于山东早期共产党组织创建时期的报刊文献占了非常重要的部分。按照分类，大致有如下几种：

五四运动前后山东地区创办和流传的报刊：这一时期以《励新》半月刊和《济南劳动周刊》和《晨钟报》为代表，可惜前两者未有收藏，"《晨钟报》因原稿散失未有流传于世，山东博物馆仅收藏《晨钟·星期副刊》报纸两份"[1]。此外，收藏此时期流传于山东的《新青年》《新潮》和《湖南教育月报》等国内著名杂志的较早期版本。

---

① 李娉：《王尽美主编"晨钟报"的木质印模》，《中国文物报》，2016年9月20日。

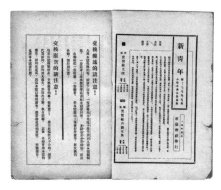

1919年12月1日上海群益书社印《新青年》（第七卷第一号）（山东博物馆藏）

　　1920年秋，王尽美与邓恩铭等发起成立进步学术团体"励新学会"。"王尽美自幼砥砺学行，能书善写。在他短暂而又光辉的一生中，充分发挥自己的特长，创办进步报刊，撰写文章，探索和传播革命思想。"[1]为了传播革命思想，王尽美投入很大精力办报纸刊物。《励新》之后，又开办中国劳动组合书记部山东支部的机关刊物《山东劳动周刊》，"大量报道全国各地组织起来的工人革命斗争运动，意在用马列主义教育广大劳动群众、提高工人阶级的革命觉悟和战斗力"[2]。1920年下半年，邓恩铭、王翔千等在济南成立"山东马克思学说研究会"。1921年春，在李大钊的帮助下，济南共产主义小组（也称山东共产主义小组）秘密建立。济南共产主义小组是中共初创期的6个最早地方组织之一。成员有王尽美、邓恩铭、王翔千、王复元、王象午、王用章、贾乃甫、鲁伯竣等人。共产主义小组的主要活动有一是通过励新学会宣传马克思主义，组织进步青年；二是接

————————

[1][2]　李娉：《王尽美主编"晨钟报"的木质印模》，《中国文物报》，2016年9月20日。

触工人，帮助建立工会组织；三是出版《济南劳动周刊》等。

1923年之后，王尽美参与主办了《晨钟报》、《现代青年》、《十日》等报刊。《晨钟报》社长汝仲文，王翔千任主笔，王尽美等人任主要编辑"[①]。栏目辟有"时事要闻""本省要闻""电报"（电讯）、"本埠新闻""小说连载""新诗和广告"等栏目。内容包括政事、战争、社会新闻。报纸中缝刊有戏剧预报、本埠粮价、火车时间表等。该报的星期副刊《晨钟》，每周一期，辟有"寸铁""小说""新诗""杂感""记事""谐著"（幽默笑话）、"游戏等待""谜语候教"等栏目。

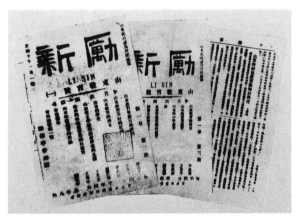

《励新》半月刊书影

《晨钟报》是王尽美1923年任中共济南地方委员会书记时主办的报刊，也是迄今为止关于王尽美本人的重要革命遗存。王尽美应邀参加了报社工作，为办《晨钟报》，王尽美惨淡经

① 李娉：《王尽美主编"晨钟报"的木质印模》，《中国文物报》，2016年9月20日。

营，费尽心血。他不但亲自撰稿，编辑编排，而且夜晚参加印刷，白天还帮忙负责邮局发行，甚至有时亲自上街卖报"[①]。与北京《晨钟报》积极宣传新文化运动精神、针砭时政的办刊宗旨看齐，"王尽美等人利用《晨钟报》的阵地发表了大量工人群众开展革命斗争的进步文章，进行反帝反封建的宣传。《晨钟报》发行后不久即受到山东封建军阀张宗昌势力的压迫，报社三次迁址搬家，终于在1925年8月15日被其查封。"[②]在《晨钟报》社被查封四天之后，8月19日王尽美在青岛因病溘然长逝，年仅27岁。

王翔千在1950年填写的履历表中写道：《晨钟报》"系小型通俗报，但注重政治及社会问题，不采低级趣味作风，经济王尽美参加领导，为本党宣传时较多。在当时山东为仅有的进步言论……经多次反动军阀的压迫及变乱后，原稿散失，事后搜集竟不能得。"王翔千所记《晨钟报》未见有流传于今者，而在全国"第一次可移动文物普查"后续普查工作中，山东博物馆在未整理的文物中惊喜发现了《晨钟报》1924年原版报纸。这份珍贵红色文献历经革命历史洪流近百年幸而保存至今，晨钟再现。

《晨钟报》报纸上的报头与山东博物馆所收藏的《晨钟报》木质报头印模完全对应，同为端正大气的魏碑字体，字号大小和上下字距也完全一致。报纸发行日期为民国十三年（1924年）九月十三日（星期六）第265号，当日正是农历八月十五日中秋节。报社社址标注济南商埠普利门外钟声里路西，报头

---

① ② 李娉：《王尽美主编"晨钟报"的木质印模》，《中国文物报》，2016年9月20日。

旁标注"中华邮政特准挂号立券之邮件","电话877号""济南同兴印刷所代印"字样。《晨钟报》正是建党初期王尽美在以笔代戈、殚精竭虑领导工人革命运动的历史见证。

《晨钟报》报头印模（正面图）（山东博物馆藏）

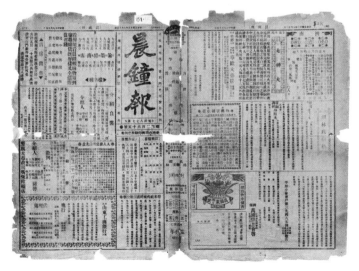

《晨钟报》民国十三年（1924年）九月十三日（星期六）第265号（山东博物馆藏）

从这期报纸刊文可明显看出，《晨钟报》为规避当局反动军阀视线求得生存，刻意在正面显眼的头版二版全部刊载各类广告启事，将当时军阀混战的电报、社会新闻和新诗小说等排版于反面的三版四版，且并没有明显的进步思想标题和工人群众斗争的文字内容。据已见的三份《晨钟报》星期副刊的内容可知，报纸把进步的革命的思想重点宣传内容都放到几乎每日附送的副刊，用意良苦。

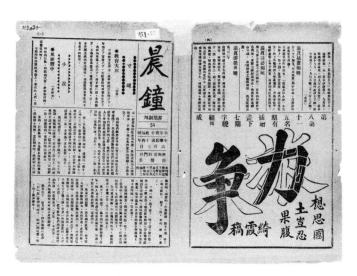

《晨钟·星期副刊》1925年6月7日第54期（山东博物馆藏）

《晨钟》是《晨钟报》的星期日副刊，由莘莘青年社编辑，编辑部在济南普利门外钟声里。《晨钟·星期副刊》随《晨钟报》附送，不取分文。王尽美载任《晨钟报》主编时候在副刊中也发表了大量重要文章。山东博物馆收藏有《晨钟·星期副刊》的第43期（1925年3月22日）和第54期（1925年6月7日），其中在第43期，由张适斋为编辑主任。《晨钟·星期副刊》以"群众、团结、努力、改造"和"奋斗、牺牲、平等、自由"为宗旨和办刊理念，刊登新体诗、宣传新教育思想、介绍西方法治思想和新青年生活的改变等。《晨钟》是响彻在齐鲁大地的革命钟声，唤醒了先进的知识分子、青年学生、工人群众的思想觉悟，引领他们投入工农革命道路。

（1）山东早期党组织萌芽时期流传的马克思主义经典论著

以全国最早的《共产党宣言》中文全译本为代表。1920年，中国共产党正处于"胚胎期"，越来越多的先进知识分子选择了马克思主义作为变革世界、改造中国的理论武器。到1920年，在《宣言》问世后的72年后，《共产党宣言》才在中国由早期共产主义者陈望道（浙江义乌人）从日文译成中文，同年8月由上海社会主义研究社秘密出版。历经艰难岁月，这最早出版的《共产党宣言》至今流传于世的极少。原件《共产党宣言》最初为山东广饶县大王镇刘集村保存，现珍藏于东营市博物馆，是中国保存该书最早版本的十几本之一，"也是迄今为止发现的唯一由农村党组织传播、使用和保存的珍贵文献"[①]。原件《共产党宣言》书面水红色印着马克思半身像，著者"马格斯、安格尔斯合著""陈望道译"。封面标题是错印版的《共党产宣言》。扉页有一方"葆臣"的印章。

（2）中共山东省委成立后初期创办的报刊文献

以吴亚鲁创办的《山东红旗报》等为典型代表。吴亚鲁（1898—1939年），原名吴肃，又名吴渊、吴潇，字亚鲁，化名陈俊卿等，江苏如皋县人。1919年考入南京高等师范。1922年

---

① 《火种：1920年8月版〈共产党宣言〉》，人民网.

加入中国共产党。吴亚鲁是中国共产党徐州地方党团建设的创始人。南通地区第一个共产党员、"平江惨案"中壮烈牺牲的著名烈士。

《共产党宣言》（中文全译首印本，1920年8月版，东营历史博物馆藏）

1930年底，吴亚鲁受党中央调派到山东开展党的工作，先后任省委秘书长兼宣传部部长、常委等职，亲手创办了省委机关报——《山东红旗》。在1939年震惊全国的"平江惨案"中为了掩护其他同志壮烈牺牲，时年41岁。

《山东红旗报》是吴亚鲁在山东工作时创办的，也是关于吴亚鲁烈士的珍贵革命遗存。《山东红旗报》的前身是中共青岛市委机关报《青岛红旗》。《青岛红旗》是1930年由时任中共青岛市委副书记的马恒德（1908—1931年）主持编辑出版的，当时刊名为《青岛工人》之后不久改名《青岛红旗》。1930年12月，吴亚鲁受中共中央指派来山东重组山东省委，在青岛成立临时省委。随后将原青岛市委的《青岛红旗报》改为临时省委机关报，定名《山东红旗》。12月26日，《山东红旗》在青岛秘密发行。第一期油印，周刊；第八期后改为每星期二、五出版两期。版面有8开、16开、32开不固定。"1931年4月14日《山东红旗报》因国民党肆意破坏而被迫停刊"①，一共仅出版22期。山东博物馆即收藏了其中五期，分别为1931年2月7日、2月8日、3月27日、4月1日、4月6日五期，均为国家一级文物。《山东红旗报》在山东地区中秘密传播，及时报道将国民大革命失败后国内严峻的斗争形势、红军动态、各地的罢工斗争和反抗运动，因而属于极端秘密的报纸，但在白色恐怖的时局中，真理之火韬光养晦，革命先驱依旧前仆后继，一往无前。

《山东红旗报》1931年4月6日（第二十一期）（山东博物馆藏）

此外，中共山东省委成立后直至抗日战争爆发前，关于山东地方党组织早期领导人的来往书信、日记等都是非常珍贵的文献资料。比较有代表性的有任作民任山东省委书记期间被捕入狱时的手稿、胶东特委书记理琪在1936年写给胶东各级党组

①　《山东红旗》，山东省情资料网党史资料史料对应。

织同志的信；1923年胶澳商埠督办公署教育科科长鲁佛民所写的《青岛日记》。此外，早期共产党员烈士的原版遗像等也是珍贵的影像史料，其中主要1929—1931年中共山东省委书记雷晋笙的遗像、1928年领导昌（邑）南农民运动牺牲的于培绪烈士遗像、领导日照暴动牺牲的安哲烈士遗像、鲁伯竣烈士遗像、"四五烈士"原中共山东省委书记刘谦初遗像等；还有关于他们相关的实物类文物，有的作为集品类集中收藏保存。

2.山东早期党史文献的研究价值分析

党史文献是中国共产党光辉历史研究的基石。山东地方党组织的创建时期的珍贵文献档案，无意是有利于深化山东地方党史研究的绝好史料，具有极大的研究价值。如下试从几个方面略作阐述：

（1）从改良道路到选择暴力革命的思想转变

《湖南教育月刊》为1919年初在湖南长沙创刊，是五四运动期间的一份很有影响的刊物。毛泽东同志曾在该刊上发表了许多文章。山东博物馆收藏了《湖南教育月刊》第一卷第二号，内有毛泽东同志1919年12月1日写的《学生之工作》一文。是青年毛泽东描绘的关于"新村"建设的改造社会的规划。这个规划的思想基础来自于毛泽东1918年的北京之行所受到的新村式改良运动的影响。毛泽东在青年时期的政治思想经历了一个过程，从《湘江评论》的创刊词中毛泽东明确表达"主张群众联合，向强权者为持续的"忠告运动"，实行"呼声革命"，是不赞成暴力革命的温良改良道路。然而社会实践的磨炼，"特别是湖南自治运动的失败。使青年毛泽东于1920年底终于摆脱对社会改良道路的最后幻想，使他义无反顾地走上了阶级斗争和社会革命的道路。"

1927年大革命失败后，山东党组织接连遭受重大破坏，一批批党员被捕牺牲。中共山东省委创办的《山东红旗报》该报几期中以纪念"二·七""四·一二"等契机，猛烈抨击国民党反动派的白色恐怖统治、压迫剥削劳苦大众的腐败真相，宣传国内革命斗争形势，报道红军作战胜利的消息，"反抗帝国主义和国民党进攻红军和苏维埃区域""拥护全国第一次苏维埃代表大会"抨击改组派，并大量报道全国各地工人运动、工人罢工和农民暴动情况等，鼓舞、动员人民群众起来参加革命斗争。

毛泽东1919年12月1日在《湖南教育月刊》上发表《学生之工作》一文
（节选）（山东博物馆藏）

（2）彻底反帝反封建斗争纲领和斗争形势的舆论宣传

在1931年日军制造"九一八事变"的前几个月，《山东红旗报》已密切关注到驻扎在伪满洲日军的动向，揭露国民党的不抵抗和不作为的投降主义，1931年2月8日的《山东红旗报》

中报道了"沈阳日军演习野操，国民党只是口头反抗，实际只是投降帝国主义"。同期亦刊登潍县文华中学发生的反对教会教育风潮、"反对帝国主义走狗日本社会党首领贺川欺骗工农"等报道，都是社会不同阶层力量积极进行反帝斗争的表现。

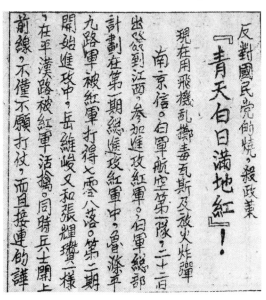

《山东红旗报》1931年3月27日（第十九期）报道揭露国民党反动派对江西红军的毒气弹轰炸，反对其"青天白日满地红"的烧杀政策，妄图"用飞机投掷一百磅二百磅三百磅的毒瓦斯及放火炸弹，将苏维埃区域及红军经过的地方烧杀得一个精光。"

（3）马克思主义中国化的历史佐证

早期山东共产党组织的文献资料，从最早的中译本《共产党宣言》到五四运动前后早期共产主义者创办的报刊、流传广泛的马克思主义经典论著，再到中共山东省委成立后创办的《山东红旗报》等，这些真实而又珍贵的党史文献资料正是中国共产党人坚持不懈地把马克思基本原理同中国实际相结合、不断推进马克思主义中国化的历史见证。

1931年2月8日的《山东红旗报》中揭露日本帝国主义肆虐下，国民党反动派为求荣而屠杀工农群众的罪恶行径。

　　在五四运动前后的报刊文章中，一些马克思主义的早期接受者本身政治思想成熟也是经过长期磨炼的，他们大多只着重于传播唯物史观，对辩证唯物论基本原理几乎没有传播，在接受新思想的知识分子中，激进的民主主义者逐渐转向历史唯物论，在当时更适合了阶级斗争革命实际的需求。

　　通过早期党的文献史料的研读分析，照应中国的近现代史的发展历程可以看到，马克思主义在20世纪的中国已越来越作为科学为国民所信仰，共产主义的意识形态和科学的唯物史观相结合成了马克思主义在中国的最根本的理想信念。在中国近现代复杂紧张的政治形态下，人们没有太多时间去认真思索、反思这种学说，就将其运用于现实当中，在阶级斗争中抹掉了原有的民主与思想启蒙，主要成了关于革命的战略学说，而且中国传统的实用理性和农民意识也不自觉地渗透到了马克思主义当中。历史学者们没有对其进行足够的重视和理论探讨。单极发展的马克思主义学说在中国"不太合理但完全合情且十分有效"地发挥了它在中国的作用。在新时代中国大转型的历史时期，我们或许应该考虑的是重新回到马克思主义诞生的欧美思想源头，进而发展出更符合中国实际更有效解决中国现实问题的马克思主义，让马克思主义成为建设的哲学，而不仅仅是让人屈从的"道德主义"。

山东博物馆珍藏的早期山东共产党创建时期的报刊文献，具有非常重要的历史价值和研究价值。在对这些报刊文献的系统整理基础上，加强对其专业保护和深入研究，在以唯实求是为原则、重视原始文献的搜罗和研究成为党史研究学界自觉的当下，既是对早期党史文献文物的全面保护，也是对山东早期党组织创建历史的有益探索。

革命报刊中的妇女解放运动研究

[主要观点] 抗战时期胶东报刊文献关于妇女解放和妇女运动给予很多评论和报道，对动员妇女群众投入民族解放斗争、争取民主自由和妇女解放，起到了重要舆论导向作用。胶东妇女运动的发展，在很大程度上得益于建设了专职的妇女干部队伍。在妇女干部的领导和组织下，胶东妇女无论在拥军参军、支援前线、根据地大生产中都做出了卓越的贡献，她们积极接受教育、参政议政，积极争取应有的社会权利。革命女性介入公共空间时，其性别主体性的确立往往呈现出曲折的演变轨迹，

中国社会转型期妇女的传统角色的变革过程必定是复杂漫长①。

　　抗日战争的洪流对传统女性角色造成强大冲击，也为妇女解放运动带来新的生机。经过抗日战争的洗礼，抗战前已经有一定发展的中国妇女解放运动获得了更蓬勃的进步。在胶东地区，中共领导的妇女运动卓有成效，成千上万的胶东农村妇女在党的群众路线的有效动员下，走出家门参加劳动生产，参与乡村公共社会事务，追求应有的社会民主权利，广泛参加选举。妇女的形象因而在政治上崭露头角，逐步呈现在民族战争和"女性革命"中新的社会身份。

　　报刊是表达思想主张宣传之喉舌。从抗战时期胶东出版的各类报刊中，无论是机关刊物还是农村小报，关于妇女运动的有很多评论和报道。这些文章对动员妇女群众投入民族解放斗争、争取民主自由和妇女解放，起到了重要舆论导向作用。抗战时期正是胶东女性逐渐打破传统窠臼、妇女自身得到逐步解放的历史时期。正是她们个体或群体的性别化的抗争，颠覆了原先在地缘政治里"弱势性别"的形象。"她们身陷个人和家国的危机之中，又自觉以这危机为伦理资源，让"以弱胜强"的女性想象成为现实存在，并成为中国革命精神诉求的具体证明"②。

---

① 　本文系 2012 年度山东省人文社会科学课题《抗战时期胶东地区的革命报刊研究》阶段性成果，项目编号：12-ZC-WH-06，证书号：2013075，审批单位：山东省人文社会科学课题管理办公室，2013 年 12 月 16 日。

② 　颜海平：《中国现代女性作家与中国革命》，北京大学出版社，2011 年 6 月。

1.胶东报刊关于妇女运动的宣传

对于妇女解放问题，党的领导人毛泽东同志在革命早期就指出，"解决妇女运动的主要根源在于中国社会与文化的转型，因此，关键的解决途径在于颠覆那个旧社会，建设一个新中国。"[①]

"七七事变"以前，山东在国民党统治之下，真正意义上的妇女运动几乎没有。山东的妇女运动基本上是从1938年下半年开始的，山东的知识妇女流动性小，抗战后多数都参加了抗战工作，大部分都在地方上，而且都做妇女工作，故抗战初期，这些妇女工作的主要干部，促成了山东抗战妇女运动的开始。1938年的5~6月间山东才开始有计划地进行妇女工作，首先就是在胶东。战争的需要促使妇女解放运动被提到议事日程，胶东机关报以及各团体机构出版的报刊里，妇女运动的话题也是重要内容。虽然有些刊物并非由女性自身创办或主持，但其中很多文章都是以动员宣传抗战，谋求女性解放为己任，为女性提供了非常宽泛的表达自己要求和意愿的讲坛。

抗战正式爆发后，中共领导下的妇女运动宣传主力来自于省、区各级妇救联合会。1938年8月至1942年4月，山东全省范围内的胶东、苏鲁豫、鲁南、鲁西南、鲁中、清河及冀鲁边行政区和27个专区妇女救国联合会相继成立。1940年8月，山东妇女运动的领导机构——山东省妇女救国联合总会成立，妇救总会通过了《山东妇救总会工作纲领》《山东妇女救国总会组织章程》，提出妇女运动的"参战、参政、生产、学习四大任

---

① 【美】若克斯娜·帕思娜卡：《绿色政治时代中的毛泽东与妇女问题———些批判性思考》，张孝芳译，载《湖南科技大学学报（社会科学版）》，2005年7月，第8卷第4期。

务"①。妇救总会为指导妇女运动，制定了许多计划、规定，发表了许多文章、号召、电文。1940年8月《大众日报》发表了省妇女联合会的文章《反投降中妇女的任务》，1941年三八节前夕制定了《"三八"国际妇女节宣传大纲》。这些纲领、章程和号召同期为胶东机关报刊、各团体机构报刊等宣传媒体所引用和翻印。

据相关数据统计，抗战时期山东抗日根据地创办的期刊共有"261种"，胶东地区就有"94种"②，占比36%。这些刊物的内容绝大部分围绕时代主题——宣传抗战及中共政策、民兵、群众运动、青年运动等，妇女刊物虽然少，但也是重要的一部分。在山东地区成系统、影响大的有四份妇女刊物，按创办时间早晚分别是《大众日报》副刊《妇女前哨》③、山东省妇女救国联合总会创办的《山东妇女》④、鲁西妇救总会的《鲁西

---

① 山东省妇联妇运史编辑室：《山东妇女运动历史大事记1919年5月——1949年10月（征求意见稿）》，1986年版，第49页。

② 李洪梅：《山东省图书馆藏民国期刊述略》，《山东图书馆学刊》，2013年10月28日。

③ 《妇女前哨》是1940年2月在《大众日报》副刊上开辟的一个栏目，到1941年共出版10期，后合并到《大众日报》的"群众生活"副刊。《妇女前哨》专栏围绕实际进行宣传，报道中心明确、突出，文章短小精炼，内容丰富，形式多样，有文章、通讯、对话、讽刺诗、漫画等。《妇女前哨》的主要撰写人是王平权。

④ 《山东妇女》，该刊创刊于1941年3月8日，由山东省妇女救国联合总会主办，是山东妇女组织建立后的第一个刊物。主编戈明。由于战争环境极端恶劣，《山东妇女》共出版4期，第二期因战争频繁未发，现山东省博物馆仅存第一、三、四期。3期均为16开本铅印、竖排、左开口的综合性刊物。

妇女》①和清河区妇救会的《战地妇女》②。胶东也有一份《胶东妇女》杂志，不过是在抗战刚结束后的1946年才创刊，创办机构是由胶东抗日救国联合会，刊物的内容主要反映胶东妇女运动的状况、登载妇女英模人物、鼓励先进、转载上级指示和有关进步文章，栏目设置有诗歌、散文、白话小说、新闻报道等，据相关记载目前仅存有第二期。

　　尽管如此，在其他报刊中对于妇女运动的宣传却贯彻抗战的始终，积极配合着宣传着山东境内和胶东地区的妇女运动。其中胶东机关报《大众报》和通俗农民报纸《群力报》等是当时流传广泛、影响深远的报纸，其中很多期中文章都涉及妇女运动、妇女解放的评论。借着抗战年代简陋的印刷条件，胶东各出版社、各文化单位也翻印、出版了不少各具特色的妇女书刊。有的偏重妇女教育，如胶东妇联总会翻印的《怎样办妇女干部训练班》，海阳印刷社出版的《妇女课本》《青妇队课本》，这些都是当时大众普及教育运动中兴办的训练班、识字班、夜校等的妇女教育教材，指导妇女识字扫盲、学习文化知识，在寓教于乐中激发妇女们的文化学习热情，对提高妇女觉悟起很

---

① 《鲁西妇女》，1941年初由鲁西妇救总会创办；1941年7月，鲁西边区与冀鲁豫边区合并为冀鲁豫边区时改名为《冀鲁豫妇女》，由合并后的边区妇救总会宣传部主办。负责人为冀鲁豫边区妇救会宣传部长路克里，《鲁西妇女》主要报道妇女救亡运动的情况和评论，旨在指导和促进边区的妇女运动。1942年底因形势恶化，被迫停刊。

② 《战地妇女》其前身是清河区妇救会于1939年10月创办的《清河妇女》，系32开油印本。其主要内容包括：抗战形势述评，经验总结，故事，妇女生活通讯以及揭露日伪暴行和顽固派、投降派的反共内战阴谋活动的文章等等。主编刘孟。

大作用；有的重点宣传妇救会组织及妇女模范，如群众出版社出版的《妇女解放》《东海妇救会》《孙玉敏、陈桂香连环画》等；还有胶东农训班编印的《养蚕法》、东海妇救会编印的《纺织教材》等，都反映当时的胶东养蚕业、棉纺织等手工业生产情况和妇女参加大生产运动的状况。这些保存至今的珍贵报刊大多出版时间不长，发行量也少，但因稀见珍，反映出当时创办妇女刊物的困难情形。这些报纸刊物从不同角度反映当时胶东妇女运动的主要内容：包括上级有关指示、妇运工作的报告、山东先进女模范的宣传、妇女的教育与学习、妇女参加生产自救、妇女干部的培养等。这些小刊物灵活机动，它们大量地散布流传于乡村社会的各个角落里，它们在信息传递与政府关系、制造舆论和引导民众等方面发挥着更为直接的功能。

随着妇女运动的深入发展，不断有专门针对妇女运动而发表的论著、文章，在山东博物馆革命文献馆藏目录具体如下：

序号	论著或文章	作者	收录刊物	出版者	出版时间
1	《怎样办妇女训练班》	无记载	无记载	山东妇联总会筹备会编印	1940.7
2	《悼向警予同志》	李明	《烈士传》	胶东联合社	1941.12
3	《青年运动与青妇工作》	夏光	《中国青年》山东版第三期	中国青年社山东分社	1942.4
4	《略谈胶东妇女参政问题》	林一山	《胶东大众》第6期	胶东大众社编印	1942

序号	论著或文章	作者	收录刊物	出版者	出版时间
5	《论妇女解放与妇女干部的修养》	朱瑞		群众出版社翻印，渤海图书馆藏	1942
6	《军直总支队直队妇女工作决定》	无记载	《前线报特刊》	第十八集团军山东胶东军区政治部	1943.9
	《加强部队中男女同志的团结》	吴克华			
	《严政同志给常总支书记转全体妇女同志的信》	无记载			
	《爱护自己》	常勇			
	《向王利华同志学习》	巴联			
7	《王寡妇》	高洁	《胶东大众》第19期	胶东文协主编、胶东联合社出版	1943.12
8	《怎样进行妇女工作》	无记载	《我们如何参加了建设根据地》	抗大一分校政治部校刊编委会	1944.4
9	《社会是不是由家庭集合而成的？家庭的起源——谁制定嫁娶？》	曹伯韩	《通俗社会科学十二讲》	胶东联合社翻印	1944.5.5
10	《妇女模范》	仲抗曲少岩词	《胶东大众》第24期	胶东文协主编、胶东联合社出版	1944.10
	《小黑翠》	杨锐			
11	《开办妇女训练班的几点意见》	林健吾	《前线报民兵整训特辑》	胶东军区政治部主编	1944.11.10

序号	论著或文章	作者	收录刊物	出版者	出版时间
12	《纺花姑娘》	无记载	《大众歌集》第二集	胶东文协编印	1945
13	《忿怒痛恨已使她忘记了疲劳》	姜淑媛	《胶东大众》新年号	胶东文协主编、胶东联合社出版	1945
14	《女英雄杨秀芬》	萍踪	《胶东画报》第7期	胶东画报社编印	1945.4
	《组织纺织的王玉兰》	丁苑			
	《从群众中生长出来的女英雄》	王文英、丁岩			
	《制药英雄董永芳》	于波			
15	《妇救会》		《冬学课本》甲种上册	牟平开源书局印	无记载
16	《工农青妇各团体要好好团结》		《查减会员课本》	海阳各救会翻印	无记载
17	《谈谈恋爱与结婚》	沙荻	《中国青年》山东版创刊特大号	中国青年社山东分社，渤海图书馆藏	无记载
18	《青年妇女工作》	无记载	《根据地建设与群众工作》	群众出版社翻印，渤海图书馆藏	无记载

续　表

序号	论著或文章	作者	收录刊物	出版者	出版时间
19	《山东妇女运动的新任务》	陈若克	《联合大会特刊》	出版单位页缺失，渤海图书馆藏	无记载
	《山东妇联总会成立宣言》				
	《工农青妇文各团体当选委员名单》				
	《山东省妇女救国联合会组织总章》				
20	《打死了十七个鬼子的孙玉敏》	无记载	无记载	连环画，缺页，无出版单位和时间，渤海图书馆藏	无记载
	《胶东妇女劳动英雄王文英的故事》				
	《女民兵英雄陈桂香》				
	《模范的孙大娘》				
21	《妇女解放》	无记载	《冬学政治课本》下册	胶东区行政公署印	无记载
22	《崔家舍妇女剧团是怎样组织起来的》	吉立	《胶东大众》第25期	胶东文协主编、胶东联合社出版	无记载
23	《滨海纪土于妇女剧团光复县区政府奖旗》	无记载	《农村文娱》第6期	胶东大众社	无记载
24	《一个妇女中队》	无记载	《民兵文化教材——村团干部自修读本》	胶东武委会编印	无记载

在艰苦卓绝的革命斗争中，妇女刊物正成为妇女解放运动摇旗呐喊的新生阵地。以上整理出的有关妇女运动的文章，主要涉及的内容有各级妇女组织文件、妇女干部、群众妇女工

作、女民兵女劳模、根据地妇女教育等等。这些文章不光是宣传革命，更为关注妇女解放、妇女教育、自主婚姻等问题，且刊物内容形式也是丰富多样，除了机构文件、论文外，还有漫画、连环画、诗歌小调、人物传记、纪实、小说等等。其中很多文章出自当时发行较广泛的《胶东大众》《胶东画报》《前线报》《中国青年》等抗战报刊，发行单位有胶东的行政机构如胶东行政公署、胶东军区政治部、胶东武委会、山东妇联总会筹备会等；有比较大的报社、协会，如胶东大众社、胶东画报社、胶东联合社、胶东文协等；还有胶东各县区的团体机构如牟平开源书局、海阳各救会、抗大一分校等。从文本表面上看，关于妇女解放、妇女运动的文章有着鲜明的主流政治意识形态的倾向性；另一方面，文章作者多为先进的知识女性，也有从基层群众中成长起来的女干部，文章更为关注女性的生存现状，她们将关于女性思想改造的思考融入对国家、民族命运的思考之中。

2. 胶东报刊中的妇女组织与妇女干部

（1）胶东妇女组织的发展。胶东妇女运动的发展，在很大程度上得益于建设了专职的妇女干部队伍。在抗战报刊文献中，很多反映当时妇女组织与妇女干部问题。胶东妇女运动组织受中共中央、山东分局、胶东特委的有组织地领导，故在胶东地方报刊中较多提及的是中央的妇女组织工作和发布的相关政策。抗战爆发后，中共中央妇委高度重视山东地区的妇女运动，"团结广大群众，壮大抗日民主力量"[①]、动员参军、后勤生产等都需

---

① 梁家贵：《抗日战争时期中共领导的山东妇女工作》，《理论学刊》，2005年第4期，第22页。

要组织起广大基层妇女的配合和参与。

　　从1938年夏天，中国共产党开始有计划地从部队中调出女同志担任妇女工作，很多同志深入到农村、基层开展工作很不适应，没有经验；另一方面，农村妇女们虽然情感上痛恨日军，也知道要抗日，但她们的封建思想浓厚加上畏惧心理，抗战初期的群众动员工作非常困难，经过妇女干部们的耐心细致的说服工作，山东的妇女工作逐渐地开展起来。胶东地区的妇女运动开展较早，抗战爆发之前，胶东的蓬莱、黄县、掖县等地就成立了妇女救国会组织，1938年的7~8月间又成立了胶东特委妇女部，此后胶东地区的妇女工作就有了党的统一领导。根据相关报刊、文献资料，抗战时期胶东妇女组织的发展历程如下表。

抗战时期胶东妇女团体组织发展一览表

时间	组织名称	主要领导人	组织活动
1938年7~8月间	胶东特委妇女部	李紫辉任部长	代表党统一指挥领导妇女运动，坚持抗日游击战争
	胶东妇女抗日救国联合会筹备会	李紫辉任主任、张福之任副主任，曲韶华负责组织，宋兹心负责宣传	胶东特委领导下的筹备会及后来的妇救会下设工作团，分布在主要区开展妇女工作。
1938年下半年	蓬莱、黄县、掖县妇女抗日救国会	蓬莱李雨之（又名李玉枝）任主任，黄县是王竹琪，掖县是方菊珍。	

1938 年 12 月—1945 年 8 月	胶东区党委妇委会	书记李紫辉 1939 年 7 月任职，代书记李雨之（李玉枝）1939.7-1940.12 任职；王大 1942 年任职书记	代表党统一指挥领导妇女运动
1939 年 4 月—1945 年 8 月	胶东妇女抗日救国联合会（简称胶东妇联）	会长蒋守全 1939.4-1939.8，李雨之任副会长；盖大华 1939.8-1940.12；荣敏之 1940.12-1941.6；丁修 1941.6-1942 年春；董贤 1942.5-1944.10；张里夫 1944.10 任职	胶东妇联卓有成效地领导领导胶东各地妇女的抗战工作。
1940 年夏	胶东各县妇救会、各海区妇联先后成立		
1940 年	各地成立妇女自卫团，核心组织为青妇小队	领导青妇小队等组织的杰出妇女干部有参战模范海阳小纪区纪宋店村人陈桂香、海阳小滩村人孙玉敏、乳山龙口南寨村孙伟菊（孙大娘）等 [12]	开展、配合游击战，保护群众，保卫生产、战地工勤

由上表可见，胶东妇女运动的发展有着齐全周密的组织建设，抗战始终，妇女运动都在自上而下的党组织的有效领导下开展工作。上级组织有中央妇委、山东分局妇委和省战工会的领导和政策支持，胶东妇女运动地区领导机构从胶东特委妇女部到胶东区党委妇委会、胶东妇女抗日救国联合会。胶东各县、区、乡也纷纷建立了妇救会等基层组织，胶东区党委妇委会和妇女抗日救国联合会一直坚持到1945年8月抗战结束。

妇救会采用各种方式，动员妇女群众，如用会员组织妇女，用会员去发展会员，以补救干部少的缺点。有的妇救会员走娘家时，就把娘家村庄的妇救会组织起来。妇救会重视团结组织社会各阶层的妇女，"利用更多的形式、来团结各阶层的妇女"。[①]如鲁西的"善人救国会"、改造后的"一贯道"等。

（2）妇女干部的组织和培养。胶东地区大力培养妇女干部来推动妇女工作。1929年秋，中共烟台特别支部酝酿成立平民夜校，分男校、女校两处。地下党员彭雪枫、张恒生、陈桓乔到平民夜校女校担任教师时，利用合法讲台，向女工宣传革命道理，到女校上课女工约30人。抗战爆发后，妇女干部的培训工作成为胶东妇女工作的重点。1938年9月，胶东文化供应社在文登县大水泊举办了一期有百余名女青年参加的训练班。学员对象主要是学生、教师和农村女党员。结业后，大部分人从事文化宣传工作，一部分人为专职妇女工作干部。"1938年冬有30多名女青年进入胶东抗日军政大学。"[②]女学员的日常就是学校学习和抗日前线两个阵地。

据1940年统计，"胶东乡级以上的专职妇女干部已有1061人"[③]。妇女干部中相当一部分领导骨干，曾进各级党校、各种干校和各种训练班学习。中共胶东区党委党校自1940年2月开

---

① 山东省妇女救国联合总会：《山东妇女》创刊号，1941年3月8日，第32页。山东博物馆藏。

② 马金萍：《战争与性别》，《山东师范大学博士论文》，2020年5月。

③ 曹卉：《山东抗日根据地妇女解放运动研究》，《电子科技大学博士论文》，2020年4月。

始培训干部，至 1943 年秋，培训党员干部 2400 人，其中女干
部 400 余人。"在提拔和培养的大批妇女干部中，不少都是劳动
妇女，这在当时是妇女工作的一个基本条件。"[①]她们在社会和
政治生活中获得了发言权，要求取得平等待遇。妇女们在战争
的环境里得到了深刻锻炼。或许可以说，妇女的革命和解放成
为战争意外的收获。妇联干部是妇女群众的旗帜和先锋，正是
这样的干部群体，广泛有效地组织领导着轰轰烈烈的妇女运动、
支援抗战，建立了彪炳抗战史册的丰功伟绩。

（3）妇女运动期刊文献

在保留下来的胶东抗战文献中，反映妇女工作的论著或文
章很多，如中共山东分局书记朱瑞[②]在 1941 年所作《论妇女解
放与妇女干部的修养》近 10 万字的妇女运动理论专著。新版
《山东省志·出版志》中关于"山东根据地和解放区出版的重
点图书"栏目中介绍的第一种便是《〈论妇女解放与妇女干部
的修养〉〈山东妇女丛书〉之一》，并特别指出"该书是中国共
产党运用马克思主义妇女观系统地阐述中国妇女问题的重要文
献，对当时山东根据地的妇女运动有重要的指导意义"。该书

---

① 陈若克：《山东妇女运动的新任务》，联合大会宣教委员会《联合大会特刊》，
大众印书馆（今存山东博物馆），1941 年 3 月出版，第 261 页。

② 1938 年 12 月苏鲁豫皖边区省委改为中共中央山东分局，分局撤销了妇女部，
成立了中共中央山东分局妇女工作委员会（简称妇委会），中共山东分局书记
朱瑞兼任分局妇委书记（1939 年 10 月至 1940 年 7 月；1940 年 10 月至 1941 年
10 月复任职）。分局组织部干部科长史秀云分管妇委会工作，郑琳主持日常工
作，赵新为组织委员，汪瑜为宣传委员。妇委会的主要任务是负责制定妇女
工作方针，总结妇女运动经验，加强对妇女运动的指导。1940 年 7 月至 10 月，
山东分局妇委会书记由分局社会部部长刘居英兼任。妇委会于 1943 年撤销。该

最初版本为中共泰山地委主办的《泰山时报》社1941年初版，但无实物著录。山东博物馆馆藏的是胶东联合社1942年7月的翻印本，是目前所存最早的一个版本，系毛边本，书的下书口处多未裁切，十分珍罕。封面和目录页钤有"渤海图书馆记"菱形藏书章。该书共四部分："一、妇女与社会；二、论妇女解放；三、妇女干部的修养；四、恋爱与婚姻。"它概述了在原始社会男女只是分工不同，奴隶制社会男子始居于统治地位；从中国妇女社会地位极其低下，到当时最为先进的苏联劳动妇女地位空前提高；从国际妇女运动领袖蔡特金，到中共女党员王金艳为革命献出了自己的家庭、丈夫以至自己的生命。最后号召全中国妇女满腔热忱地投入到当时的全民抗战、民族解放运动中去。

朱瑞这部称得上在中国妇女运动史上具有开拓意义的理论专著的写成，与其作为党政军干部长期的革命实践和深厚的理论功底分不开。朱瑞是当年党内为数不多的高级知识分子。早在1935年10月长征结束不久他就为红军总部《战士报》撰写过《艰苦的一年，伟大的一年》的"新年献辞"，全面总结了长征以来，特别是遵义会议以后红军所取得的伟大战绩。担负山东抗日党政军领导职务后、曾先后在《大众日报》上发表过《抗战与干部》《抗战的山东，统战的山东》《论目前时局与青年的责任》《从国际到山东》等长篇理论文章，有力地指导了山东军民粉碎日伪军残酷"扫荡"，壮大发展了山东抗日根据地。此外，朱瑞曾留学苏联三年多时间，对苏联妇女运动发展状况也十分熟悉。如他在书中举例：至1940年苏联女职工占总职工数38.4%，女科学家占37%，女教师占到62%；有1480名最高苏维埃女代表，有456459名地方苏维埃女代表参与国家、经济生活。这部专著的写成也有他的夫人陈若克女士的功劳。陈若克（1919–1941年）曾担任过中共山东分局妇委会委员、山东妇女救国会常委、领导过全省的妇女抗日运动，在机关报纸、刊物上都发表过妇女运动的理论文章。陈若克在妇女运动方面的理论与实践为朱瑞进一步思考妇女运动无疑提供了更为翔实的参考。

此外，关于妇女干部培养方面的刊物，典型的有珍贵的胶东大众印书馆1941年版《山东省国大代表试选复选大会、山东省临时参议会成立大会等联合大会会刊》，这本特刊因在战争时期极其机密，印刷量很少，至今所知仅有两本存世。

3.胶东妇女在抗战中的历史贡献

在现今所见的胶东抗战报刊资料中，妇女无论在拥军参军、支援前线、根据地大生产中都做出了卓越贡献，她们积极接受教育、参政议政，积极争取应有的社会权利。

（1）拥军参军。这主要体现在胶东妇女们战时动员民兵参战，"帮助民兵整理装备、洗缝衣服，组织欢迎欢送，鼓舞民兵情绪，民兵出发后，负责安慰民兵家属情绪，帮助其生产，或干零星活，并经常写信给民兵告诉后方情况，使其安心不想家"。[1]平时则经常鼓励民兵生产和学习技术，并以自己推动影响广大民兵，和民兵挑起竞赛。据胶东妇联1945年的不完全统计，"妇女动员男子参军的1377人，妻子送丈夫参军的601人，

---

① 《青妇队课本》，印刷单位已无记载，战时渤海图书馆藏，今山东博物馆藏。

母亲送儿子参军的649人。"①

　　除了动员拥军，最先觉醒起来的知识女性开始亲自参加抗日活动。1937年抗战爆发后，山东荣成县的李淑媛等10多名女性参加了"河山剧团"（荣成分社）宣传抗日救亡。8月，蓬莱县的小学女教师和女知识青年7人到马格庄村参加抗日战地服务团。更有胶东女性直接参军作战。1937年底的胶东特委天福山武装起义中，就有后来负责领导妇女运动的李紫辉、黄在、曲韶华等人，她们是最先接受党的思想、参加革命的先进女性。1938年2月，山东人民抗日救国军第三军第十一大队的女战士黄在、夏来、李锦辉参加了攻克牟平城的战斗。3月4日，李雨之、孙雪岩、刘光耀、宁健、宋兹心、真世萍6名女战士参加了第二次攻克蓬莱城的战斗。3月中旬，掖县的张福之、方菊珍等10名女学生参加了胶东游击队第三支队。在胶东各地党组织发动的抗日武装斗争中，胶东女性在各路抗日队伍中，出色地担任了民运、医务、宣传、译电等工作。

　　自此之后，参加抗日的妇女越来越多，著名的三军三路中的"王氏十二姐妹"就是杰出代表，她们是改名换姓参加抗日队伍的普通群众，从"王大"开始，一直排到"王十二"；还有军政干部学校中培养的女学生纷纷参加抗日。1938年3月间三军总部开办了军政干部学校，训练军政干部，每批学员中都有女同志，她们来自各路军、各单位，有的是直接参加军校学习的。她们同男子一样参加保家卫国的时代任务，甚至献身革命

① 山东省妇联宣传部：《山东妇运资料选》，内部资料，1983年印刷，第223页。
资料提供：陈海涛：《胶东抗日根据地文化建设的社会价值研究》，《烟台职业学院学报》，2018年9月。

信仰。据相关数据统计，"山东省在抗日战争中牺牲的女烈士277人，胶东地区仅区县以上的女烈士就有57名"[1]，然而这个数字之外，更有许多有名或无名的胶东女性，为抗战事业奉献出了自己年轻而宝贵的生命。现根据各级妇联资料、民政部门载册及报纸刊物记录，既包括胶东籍和外省籍在胶东地区牺牲的、胶东籍在外地牺牲的女烈士，也包括外省革命者抗战时期或之后在外地牺牲，但在抗战时期的胶东地区从事过革命活动，并有一定影响的女领导干部、妇女工作者，女共产党员、女战士、女民兵等共有132名；另外胶东地区还有很多女烈士是在解放战争中牺牲的，但她们在抗战时期在胶东，或本是胶东籍的在外地就已经参加了革命事业，所以也包括在为抗战事业做出贡献和努力的女烈士共有86名。

（2）妇救会和青妇小队。在抗日武装建立之后，原先在部队的女战士不久便调至地方工作，发动群众，创建巩固胶东抗日根据地，支援抗日军队。她们坚定地走与工农相结合的道路，改变装束，到最艰苦的农村去，组织群众支援军队。她们在农村培训妇女积极分子，建立各级妇救会、青妇队、妇女自卫队、妇女识字班，不断地扩大妇女专职干部队伍，培养了妇女运动的领导骨干。1938年底到1939年夏，各地妇救会员就发展到30多万人，女自卫队员和女民兵约有2万人。胶东妇救会及所辖各县妇救会积极组织妇女自卫团，胶东东海地区第一个妇女自卫团在荣成荫子镇成立后，不少地方也相继成立妇女自卫团，成立了核心组织青妇队。

---

[1] 范敏娟：《抗战时期的山东妇女》，《菏泽学院学报》，2009年1月。

　　青妇队是青年妇女自卫队的简称，成员选拔自妇女自卫队中最优秀、最进步的积极分子，以模范带头作用推动广大的自卫队员，完成每一时期的工作任务。每一小队由8人到12人组成，3个或5个小队可组成分队。"每村的青妇队设正副队长各一人，一般的是自卫队长兼任，个别村为了工作的需要，也可以单设。"①在军政领导上，受村团部统一领导与管理，在进行工作时与各村妇救会密切配合。青妇队的任务，除了统一完成妇女自卫队所规定的各项任务外，还作为民兵的政治工作助手，积极参加练武学习，具体任务有："战时与平时的后方勤务工作，如担架运输、抬伤号、运子弹、送给养、烧水做饭、救护慰问伤病员、烈士家属等；维持地方治安，负责村头岗哨，盘查行人，在民兵前线参战时，青妇队担负后方的警戒与治安，镇压反动分子的活动，有计划的配合民兵清查户口；战时和平时做民兵的政治工作，战时动员民兵参战，鼓励民兵情绪，平时与民兵共同参加生产竞赛和学习技术；青妇队积极参加纺织运动和田野生产，参加查减反特务运动，领导群众申冤诉苦，彻底翻身。

　　胶东文献报刊中记载，栖霞县某村的青妇小队，"在备战中与民兵竞赛。民兵挖洞，她们抬土、运财物、担任警戒，大雪纷飞仍坚持站岗放哨。她们曾在盘查行人中捉住十名汉奸。"海阳县小滩村女民兵孙玉敏，是胶东女性反扫荡参战的模范代表；该县小纪区纪家店村妇女自卫团中队长、县民兵模范陈桂香，埋地雷技术高超。她带领的青妇小队推动了全村的参战工

---

① 《青妇队课本》，印刷单位已无记载，战时渤海图书馆藏，山东博物馆藏。

作，特别是在反扫荡、反清剿等斗争中表现出色，"保护群众转移、坚壁清野、保卫生产，发挥了重要作用"①，在"生产拥军优抗"等工作上也同样创造了优秀的成绩。孙玉敏和陈桂香被胶东军区授予"胶东女战斗英雄"称号。

（3）支援前线。抗日队伍的发展壮大和取得战斗胜利，离不开妇女群众的支援。1938年11月，黄县、掖县、蓬莱、海阳等县妇救会相继成立，招远、荣成、威海市也成立了妇女救国筹委会。胶东妇联积极响应上级妇委的号召，扩大基层组织。

首先是慰劳抗战军队。1938年9月，胶东妇女共募集金银3万余两②。此外，积极组织捐款、缝衣做鞋等支援前线活动。1938年秋天，胶东妇女救国联合会筹委会在妇女群众中开展做"三套"（耳套、手套、袜套）和献金运动、棉衣运动。1938年秋仅蓬莱、黄县、掖县的妇女就做"三套"及棉背心7万多件，并募捐金质品50多两，银子1.24万两，支援抗日部队。部队走到哪里，哪里就有有组织的妇女最大限度地为支前做努力。

二是战勤支援。据报刊资料记载，胶东妇女，除了支援和配合中共抗日武装对日军、伪军展开的小战役外，组织出来的青妇队还担负了担架运输、转运粮食、子弹等战备物资、抢救、掩护转运、战后慰问伤病员等艰巨繁重的战勤任务。1944年，

---

① 胶东抗战时期连环画，内有《打死了十七个鬼子的孙玉敏》《女民兵英雄陈桂香》，山东博物馆藏。

② 梁家贵：《抗日战争时期中共领导的山东妇女工作》，《理论学刊》，2005年4月。

胶东文西县20名妇女火线抢救伤员10多人；1945年7月，海阳县3个区妇女组成306副担架（运输队员259人）迎接大反攻；"军区后勤部二分所移防时，牙前观水区的青妇队即组织了80多抬担架，在40余里的路程上搬运伤员。"[①] 前线作战粮食往往紧缺，胶东妇女们节衣缩食，把省下的粮食筹集起来送往部队。报纸的事迹宣传中记载1945年春节前夕，海阳县纪家村的妇女在讨伐赵保原的战役打响后，连夜推磨推出1000多斤白面及时送到前线。胶东妇女把抗战子弟兵视如亲人。抗战期间，野战医院很少，大部分战场下来的军队伤病员都掩护在老百姓家中，家庭妇女就是第一护理员，她们把伤病员都称作自己的兄弟姐妹或丈夫，以躲避日伪的扫荡搜查。

（4）敌后大生产。早在1943年中共中央发布的《抗日根据地目前妇女工作方针的决定》中就指出："动员妇女参加生产是保护妇女切身利益最中心的环节。"[②] 农事大忙中，胶东妇联积极组织各级妇救会、青妇会，号召妇女集体帮助军、工、烈属代耕、收庄稼。除了动员妇女参加农田劳动，纺织运动也是一种大规模的生产自救经营活动。1940年抗战初期，在胶东所属的平度、招远、莱州、掖县边区，纺织工作曾有小规模的开展。为了粉碎日军的经济封锁，中共中央妇委也向广大妇女发出纺织生产号召，提出纺线织布是妇女工作的中心任务。各级妇救会还举办短期技术传习所和培训班，培训了大批纺织

---

① 孔林林：《抗战时期山东妇女运动和妇女生活研究》，《山东师范大学硕士论文》，2011年5月。

② 郑玉豪：《延安时期中国共产党社会建设思想与实践研究》，南京师范大学硕士论文，2020年6月。

技术骨干。

在纺织生产中，老年妇女和青年妇女们都很积极，纺织合作事业已经发展成为一项广泛的群众运动。1941年群众中有了拉梭机，这种机器能织宽面布，效率比普通织机快几倍，并有妇女干部专门负责纺织生产，开办拉梭机训练班，训练出大批技术骨干。"开展纺织运动的主要形式是成立合作社和纺织小组。纺织小组有两种：一种是独立小组——工具、原料、推销自己负责；一种是辅助小组——由合作社供给原料和工具，并负责推销产品，社员只纺手工。"辅助小组的成立，是为了解决贫苦妇女没有资本的困难。另一方面，政府贷款帮助也有利于发展纺织合作事业。"1943年春，文登县政府发放贷款六十余万元。到秋天，妇女如数还清了贷款，还把盈余的四十余万元投入到合作社。这时，妇女向合作社入股非常踊跃。许多妇女不但把私人游资投入，还有把首饰和家具变卖入股的。"①加之胶东地区1943年开始就禁止洋布洋线倾销，严禁商人走私，保证了纺织运动的顺利开展。

时任山东省工商管理局监察委员的薛暮桥曾在《七七、七一纪念文献》中发表过《山东抗日根据地内的纺织手工业》，该文章论述了山东各地在20世纪四十年代党政军民开展纺织运动、战胜日军经济封锁的历史。文中重点指出了胶东区各地组织男女老少开展纺织大生产，实现军民棉布自给的优秀成绩。

---

① 曲韶华、毕健、李桂枝：《抗战时期的胶东妇女》，烟台地区行政公署出版办公室编，山东革命斗争回忆录丛书，《胶东风云录》，山东人民出版社，1981版，第373页。

据记载，早在1941年胶东地区就已经"通过纺织运动充分保证了军民所需布匹的需要，到1942年已经有剩余可以供应其他地区。"[①]据胶东妇救会1945年上半年不完全统计，胶东妇女纺线1.8万多斤，织布4680万匹，纺织收入99.7万元（北海币）[②]。纺织运动相当程度上也大大改善了根据地人民的生活。对于广大参加运动的妇女来讲，更是改变贫困家境、提高家庭地位的有效途径。妇女参加的纺织合作社、纺织小组都成为抗日妇救会的重要组成部分，更广泛地发动组织了妇女群众，培养了妇女运动骨干，涌现出大批英模人物。胶东涌现出王文英、高淑庆两位区级纺织劳动模范两名，还有两次被评为劳动英雄的乳山县南寨村孙维菊（孙大娘），另有涌现出的纺织模范30名，地、县、区级纺织模范604名。

（5）妇女教育。20世纪30年代，胶东地区的妇女受传统礼教制约，受过教育的很少，广大农村妇女多数属于文盲状态。抗战事业需要发动妇女参加，除了积极培训女干部，最重要的是让广大基层妇女接受基本的知识教育，提高文化水平和觉悟。扫盲运动形式比较多样。其中"识字班是共产党最为基本的组织形式，在农村社教活动中属于数量最多、机动性强、容量最大的办学形式，也是一种最简便最经济的教育方法"[③]。广

---

① 薛暮桥：《山东抗日根据地内的纺织手工业》，《七七、七一纪念文献》，胶东联合社编印，1944年，山东博物馆藏。

② 房桂枝：《合作运动与妇女解放——以胶东抗日根据地为例》，《山西师大学报》（社科版），2015年7月。

③ 延安时事问题研究会：《抗战中的中国文化教育》，上海人民出版社，1961年版，第195页。

大妇女走进识字班学习文化知识。对于家务重、孩子多或年老体弱不便参加识字班的妇女，则组织炕头学习组，学习内容和识字班一样；乡村中多处有悬挂识字牌，内容经常更换，比较受欢迎。

随着扫盲运动的发展，妇女识字班这种形式又慢慢发展为读书、读报识字组。在当时，读报被认为是最经常最普遍的一种群众教育运动。它以民教民的方式，通过利用妇女们的空余时间，将其组织起来读书读报，学习时事政治、抗战政策和生产知识。读报组由村学教员、学生、政府干部或识字农民做教员。妇女们白天参加生产和支前活动，晚上接受文化学习。

在教材、课程等方面，因条件限制，除采用《三字经》《百家姓》等传统识字教材外，其余教材都是各团体组织出版印刷的进步书籍、报刊、小说、论文。其中胶东《大众报》《群力报》是胶东地区流传广、群众影响广泛的报纸，《大众报》偏重时局评论、政策宣传等，《群力报》则相对通俗易懂，属于农民小报，信息丰富，无论从主题、题材或形式都趋向大众化方向，将抗战、生产、教育问题作为报纸文章的主题，着力反映现实的民族斗争，并与政治紧密结合，通俗报纸担负着政治的、社会的科学的和大众文化的有计划地启蒙任务；在形式上深受农民群众的喜爱，流传甚广，成为最重要的教科书。通过各种报刊的传递，帮助乡村社会的妇女群众识字，告诉他们科学生产知识、文化知识，以及政府的各种指示、政策，报刊发挥着特有的社会教育功能。

除此之外，《妇女课本》《冬学课本》《识字课本》《卫生课本》《养蚕法》①《纺织教材》②等刊物都是当时普及的教材。尤其是冬学教育，也是敌后根据地社教组织中比较普遍的一种。群众利用冬季农闲时间进行学习、补习教育。冬学的课程设置比较宽泛，从政治常识、军事常识，到卫生、算术、文艺活动等，以政治和识字为主要教授科目，后来冬学班也教授实用性的记账法、写信、写契约等与生产生活紧密相关的实用内容。山东博物馆馆藏胶东抗战报刊中有一本牟平开源书局出版的《冬学课本》上册，楷书大字，非常醒目，内容有救国歌、农救会、妇救会等组织介绍，诸如"上冬学、上冬学，求知识、救中国"，"小姑娘、老婆婆、妇救会里做工作"，类似民间快板说词，朗朗上口，成为宣传动员的思想武器。

作为长久以来胶东社会弱势阶层的妇女群体，在她们被纳入接受教育的对象后，逐渐意识到自身的家庭地位和社会作用，妇女解放及妇女主体性建构的意义在这里得到凸显。妇救会和抗日民主政府积极关注妇女的婚姻状态，通过妇女组织，妇女们展开了反对乡村社会传统习俗、封建习惯的斗争，提出婚姻自由、寡妇再嫁、反对公婆丈夫打骂虐待等。

（6）参政议政。妇女的民主权利在参政议政的政治角色中得以充分体现。为提高广大妇女群众的参政热情，根据地开展了各种活动对妇女进行宣传教育，如运用报纸刊物、歌曲漫画、群众会议、地方戏剧等提高妇女的民族觉悟，组织识字班、夜校等教育妇女了解党的各项理论政策，再有就是发动妇女参加

---

① 《养蚕法》，胶东农训班编印，山东博物馆藏。
② 《纺织教材》，东海妇救会编印，1944年，山东博物馆藏。

各地区乡村政权的改选，参加参议机构、政权机关或各级妇联职位的评选。最初，中共从部队中有计划地抽调出女同志来担任妇女领导工作，1938年5月，中共山东省委中妇女部成立后，山东各地先后成立了妇女联合会、妇女救国会、青妇会等各种妇女基层组织，参加人员众多。1940年8月山东妇联总会成立后，号召全省190万妇女，积极参与到创造、巩固、保卫山东抗日根据地的运动中。与此同时，妇女党员、干部人数也迅速增加。

胶东妇联一直比较重视女干部的培养和输送。1940年，"胶东妇女参加政权工作的就有8个女区长、40多个女乡长。当时南招的邢美玉、于美卿、单云祥，都是有名的好乡长。工作细致、大胆泼辣，深受群众拥护。"[1]在革命老干部的回忆录中提及于美卿领导的村妇女工作，"虽然靠近敌据点，环境艰苦，但完成缴收任务的迅速，为一般乡所不及。"还有许多优秀的女村长从事乡村政权的建设。各地银行、合作社中，也有女同志任职。到1946年，胶东妇女参加政权工作、管理地方公务的"计行署40人，专署30人，区公所350人，其他240人。"[46]

当胶东女性能识文断字，能理解中共妇女解放的宣传政策，有摆脱门第、婚姻等的束缚，将自己投入到抗战大环境的社会空间中时，激发了更多的意识自觉。最卓有成效的就是减租减息运动。从1942年下半年开始，胶东各地妇女救国会在减租减

---

① 曲韶华、毕健、李桂枝：《抗战时期的胶东妇女》，烟台地区行政公署出版办公室编，山东革命斗争回忆录丛书，《胶东风云录》，山东人民出版社，1981年版，第368~369页。

息运动中，做了大量的卓有成效的工作。"1942年8月，海阳县有12000多名妇女投入减租减息运动。1943年，滨海区有7860多名当雇工的男女农民，经过减租减息运动增加了工资。1944年，滨海、鲁南区妇女救国联合会，领导佃农妇女开展了反对超经济剥削的斗争，取消了地主对佃农的多种超经济剥削（如佃农妇女无偿地给地主家采种药材、推磨、做饭、洗衣服、奶孩子，为地主子女嫁娶承担各种杂活及当陪婆、婢女等等）"①，同时废除了个别地区地主的"初夜权"。据胶东妇救会1945年的统计，一年中，全区妇女参加减租减息查减斗争的有41.66万多人次，参加反恶霸斗争的有31.63万多人次。

4.女性角色转变的曲折轨迹

革命女性介入公共空间时，其性别主体性的确立往往呈现出曲折的演变轨迹。妇女的传统社会角色的变革虽然积几千年的厚力而一变，但其过程必定是复杂漫长，不可能一蹴而就。

（1）妇女社会角色的变迁与挣扎

中国女性的解放滥觞于1898年的戊戌变法，那是女性平等意识、性别意识的起点。近代中国变迁中，"包括知识女性群在内的资产阶级改良派、革命派及无政府主义者等先进人士从不同角度对女子角色变迁提出了新的期待，进一步推动了女性角色的现代化变迁"②。诸如资产阶级维新派提倡禁缠足、开女禁、兴女学，五四时期在民主和科学的大旗下，"妇女解放"也是反

---

① 《妇女团体库》，《山东省省情资料库》。
② 蒋美华：《辛亥革命时期女性角色变迁的特点》，《山西师大学报（社会科学版）》，2006年7月。

封建的最主要内容，然而封建礼教，封建道德过于强大，妇女作为受压迫最深、被礼教残害最苦的性别群体，女性所受的压迫仍然根深蒂固。辛亥以来妇女地位的变化具有过渡性特征，即使在抗战年代更是如此。妇女身负求知者、女性、革命者三重角色，这些新旧角色杂糅并存，这也意味着她们有更多矛盾与挣扎。

（2）妇女工作中存在的问题

除了反动势力的阻挠，胶东妇女工作也在发展进程中呈现缺陷和阻力。首先是妇女自身的缺点。中国封建社会的历史传统，造成女同志喜欢生活琐事，且多有个人主义。很多女干部对政治事业的兴趣不够强。女同志喜欢计较小事情，忽略大事情，对政治政策理论各种事业这些原则问题的兴趣差，而对细枝末节的生活小事，却爱斤斤计较。因此很多女干部往往是工作多年可是工作经验仍然很少，工作中一无所长。气量小虚荣心大，爱计较名誉地位，受不起批评，爱跟别人计较地位高低，但不跟人家计较工作努力如何，成绩大小；解决不了丈夫、孩子、家庭和工作问题，处理家庭问题患得患失。还有工作态度问题，走"庄长路线""上名册"的方式虚报发展数目，参加活动的人员数量等等。

其次是妇女工作的经验问题。抗战初期从事妇女工作的同志大多没有实际工作经验，生活习惯、思想观念甚至穿衣打扮都难以和普通劳苦大众打成一片，和妇女群众亲近不起来，更不用提及动员了，因此抗战前期群众工作比较困难。有些干部浮在上层不接近实际，光愿做空洞的思想家的工作而不愿意深入乡村、基层扎扎实实地做群众工作。在胶东的报刊文章中，这样的例子很多。

三是妇女工作方式问题。妇女工作有时候注意到了下层乡村，但一般还停留在上层组织。"有的妇女工作太偏重动员、参战，很少注意或竟没有注意联系妇女大众生活和要求的广泛教育斗争与自觉性激发。妇女运动未能很好地与工、农、青、文化及社会各方面的活动联系及配合"①。在对妇女本身的家庭实际情况、生活习惯和思想心理动态方面把握不足、调研不深或一贯忽视。山东省党组织及妇联在这些问题的处理上，积极发文做纠正工作。

四是组织问题。"妇女解放事业仍被忽视或轻视，缺少必要的大批从事妇女运动的干部，尤其没有培养出很多群众领袖及深入群众中去的妇女群众自己的干部。"②有的地方机关领导对于女同志女干部的工作分配不够重视，工作上要男的不要女的，认为女同志能力小，甚至使用比女的能力还低的男同志。对女干部往往只看到缺点，不去分析她们的优点，甚至于在某些地方组织部都没有女干部的登记数。战争年代对于女干部的培养也缺乏计划性，相关的学校培训班都虽然有机会向她们开放，但数量明显比不上男同志，对于女干部党组织也缺乏有计划的提拔，很多女同志长期在同一工作岗位上工作多年。

出现这些问题的原因，主要还是封建社会遗留下来的重男轻女思想的反映，事实上，纵有女性自身的缺点和限制，

---

① ② 朱瑞：《山东妇女发刊词》，载山东省妇女救国联合总会编《山东妇女》创刊号，1941年3月8日，第1页。山东博物馆藏。

但在胶东，很多妇女群众都是抗战期间各种工作的实际参加者，有着埋头苦干、自强不息的朴素作风，经受过很多严酷的考验。

（3）妇女解放的双重建构

中国近现代历史中，妇女解放走过了一条艰辛曲折的道路，胶东的诸多抗战报刊资料是反映那时期妇女运动的比较真实的写照。在这些文章中我们可以看到，中共先进的执政理念更为关注身处社会底层的广大劳动妇女，同时也指出了劳动妇女自身的弱点问题。妇女组织宣传抗战的救国行动中，也蕴含着近代以来争女权、结团体的意义。不论最初的参加抗战的动机、个人意愿是如何，她们本身是否有自觉的救国意向，却因了先进政党组织的自觉引领，而有了女性角色整体变迁的救国主义色彩。

妇女解放是一个身份建构和心理建构的双重过程。在这一构建过程中，适逢抗战契机，广大乡村妇女从社会边缘走到了政治和社会舞台的前台和中央，妇女们新的身份变化也反映出在抗战时期的乡村社会发生的变化。正是这些革命女性带来的示范性的质变，经过广泛的传播和诠释，创造出了巨大的精神力量。女性所担负的政治角色融于民族民主革命斗争中，经过教育、培训、培养出来的妇女群体参与抗战，更多的是发挥着角色变迁的典范效应。

胶东妇女在家庭角色、经济角色等方面的变迁中，也同样存在着女性不能"自己解放自己"和依靠男子的社会共象。鲁迅先生在分析女性解放运动中曾切中要害，抓住问题的实质，指出"没有经济的独立，妇女解放就是泛泛而谈，空论一场"①。可见经济创造的参与甚至主导权的掌握对于提升妇女地位、促进整体女性解放至关重要。妇女运动只有和更深层面上的时代变革、社会变革紧密相连，妇女才会从更广泛而深刻的意义上真正解放自己，这也是妇女解放的根本任务和根本出路。

中日战时报刊舆论中的新四军与中国抗战

【主要观点】抗战时期，新四军深入华中，创建了抗日根据地，在中共领导下顽强坚持敌后抗战，为华中抗战乃至全国抗战大局立下了彪炳千秋的丰功伟绩。战时的中国，几乎每日都有敌我双方的报刊参与评议战局的发展。战时报刊的舆论指向都有着特定的政治动因和内在因由。新四军的报刊宣传中共的抗日路线、方针和政策，宣传抗日民族统一战线，指导根据地建设工作，揭露日本侵略者的内幕及国内严重的危机，从而增强夺取战争胜利的信心；而日伪的报纸舆论则站在军国主义的立场，充斥着对中国抗战的恣意攻击，尤其丑化歪曲八路军、新四军"游而不击""游击战争没有成绩"，甚至污蔑共产党实行"封建割据"等论调。然在日伪某些时局评论中，仍然可以看到与我方军队交战后，敌方的一些无可隐瞒的客观说法，对于我方抗战贡献从讥讽歪曲到无奈地承认、恐慌。从这些对比中，我们可以鲜明地看到一个真正的抗日中国的真相。

---

① 土峥、刘海燕、及烁：《浅析鲁迅的女性观》，《山花》，2009年6月。

（一）中日舆论褒扬的新四军游击作战

1938年初，南方八省新编新四军高唱着"千百次抗争，风雪饥寒；千万里转战，穷山野林"的军歌，进行了不屈不挠的浴血奋战。据统计，新四军在抗日战争中"共抗击和牵制了16万日军、23万伪军，作战2.46万余次，其中对日伪作战1.9万余次，歼灭日伪军31万余人，反顽自卫作战3000余次，歼灭国民党顽军14万余人。在作战中，新四军自身伤亡8.9万余人。"

抗战时期，以毛泽东为代表的中国共产党人，创造性地发展了游击战的理论和原则。新四军深入敌后，发动和武装群众，广泛开展机动灵活的游击战争，并建立华中抗日根据地和人民政权。不仅是中共军队，国民党军事当局也自1938年起划安徽各地为游击作战区。国共两党领导的各种武装，"在敌后都以游击战为主，辅之以运动战、阵地战"①，充分说明了游击战术在当时抗战中的重要地位。新四军先后取得过巢县东南蒋家河口战役、黄桥战役、车桥战役、泾县保卫战、皖南繁昌五次保卫战等诸多光辉战绩，这些战果在新四军政治部机关报《抗敌报》都被及时报道。其后新四军在长江南北作战略展开，捷报频传，有力地配合和支援了国民党军队正面战场的作战。在抗战后期，新四军在萧宿永地区反扫荡、两次春季攻势、睢宁战役、双沟战役等战斗也在《拂晓报》《团结报》中有真实的记录。"《拂晓报》发表彭雪枫撰写的《平原游击战争的实践经验》，论证了在大平原上不仅可以展开游击战争，也可以建立

---

① 蒋二明：《安徽抗日游击战论略》，《安徽大学学报》，1999年8月。

抗日民主根据地。"①

　　新四军顽强的游击作战，日方也对其也有同样深刻感悟，1943年日本《东亚经济》杂志在战时报道"新四军以巧妙的组织和战术继续着顽强的抵抗，特别他们的最得意的强化民兵组织和巧妙的掌握农民，是今后新省政府应当大大注意的。"②新四军凭借游击战术，实力在安徽省逐渐壮大，而安徽省也成为"和平派、重庆和共产系三者争夺的目标"③。日伪媒体在对新四军的游击战术评价中以"机敏灵活"称道，称其是最让日军头痛烦恼的战术，甚至用"登峰造极"来表达对于中共军队的战斗力和游击战术的惊讶与痛恨。

　　"共军的境遇是极其艰苦的，要克服物质上的缺乏，对抗恶劣的环境艰险，巩固部队需要有异如常人之外的坚强意志与严密组织，共军对这方面的运用可算登峰造极，发挥无遗。……在围剿之下稍有不慎，则有被歼危险，乃要求具有高度的运动性，这就是：中共军在环境中锻炼出来的两项特长，即准确的射击与敏捷的行动。"④

　　游击战使新四军在江南势力日益壮大，日军在南方的攻击战略甚至都要视新四军的影响区域而定。1943年日媒极为重

---

① 　许厚今：《新四军及华中抗日根据地报刊述论》，《安徽史学》，2006年11月。
② 　吴碧蓉、史星宇、于川：《日伪报刊文献中所揭示的共产党领导的抗战斗争》，《南京政治学院学报》，2015年5月。
③ 　方艳华：《论日伪言说下的新四军——对铁军精神的反证式解读》，《军事历史研究》，2007年6月。
④ 　《敌人口中的八路军新四军与中国共产党》，太行新华日报印，1944年版，山东博物馆藏。

视镇江、苏州一带的产业地区，因其拥有江北、江南物资集散地，且受新四军的影响浓厚，尤其以武进县西北、丹阳、金坛县境等地最为甚。故此当年日军特意调整了作战区域，选定新四军活跃的长江和大运河交叉着的重要交通地区作为新工作地区。

1943年渤海日报社翻印《敌人口中的八路军新四军与中国共产党》（山东博物馆藏）

新四军经百战而愈坚，历艰险而不衰，到抗战反攻阶段，"新四军的抗日游击战发展为运动性的游击战或带游击性的攻坚战、阵地战。向拒不投降的日伪军展开全面反攻，克复皖省12个县城，解放大片国土，迎来抗日战争的全面胜利。"①

① 　蒋二明：《安徽抗日游击战论略》，《安徽大学学报》，1999年8月。

（二）中日舆论中新四军的军力发展

新四军在抗战之初，在安徽地区只有1万余人，各支队就遵照中共中央指示，挺进敌后广泛开展游击战争，有力地牵制、分散了向华中内地侵犯的日军兵力，积极配合了国民党军作战。1939年抗战进入相持阶段后，新四军先后遵照中央指示东进、北上，开辟抗日根据地，军队实力进一步壮大。至皖南事变前的1941年初，新四军总数约达9万，到年底发展到13.5万余人。而日伪《新民报》在统计1941年中共抗战兵员总数时，指出中共已有"正规军约二十四万之众"，除了二十万八路军，日方统计认为华中方面新编第四军人数为"四万之众"。日军低估了新四军发展的速度，他们的估计很明显与我方的统计数据相差甚远。

历经皖南事变，新四军损失惨重。事变后新四军在中共领导下重新组建，陈毅、刘少奇等全面制订建军计划，整训和扩大主力兵团。此外，"提高全军的政治素质、军事素质。在此基础上努力扩大地方军，大力发展人民的抗日武装"。在取得军事斗争胜利的基础上，新四军在敌后广泛发动群众，武装群众，与主力军、地方军和民兵协同配合，用军事战役的胜利来巩固华中抗日根据地。源自日本防卫厅的资料中记载，日军重视到新四军的发展态势，日方报纸《朝日新闻》提及新四军创建的解放区，到1944年就已经包括了"华中的苏北区、苏中区、苏南区、淮北区、皖中区、鄂豫皖区、浙东区及华南的东江区、琼崖区"，"淮海省……现在新四军仍然盘踞在内……"日伪《中国青年》报也在惊讶与新四军的发展迅速："（华中新四军）自中共委陈毅主持以来，已增三倍实力，有正规师六个，湖北襄阳以东，湖南长沙以东，福建厦门以西，广州以东等等，无不大小零星散布其势力。"①

1939年新四军直属队指挥员合影（历经炮火洗礼，已较为模糊）
（山东博物馆藏）

新四军的壮大是中共军队逐渐成长的重要表现，随着抗战的深入，中共发动一切可以发动的抗战力量，并使自身得以不断充实力量。中共领导下的除了正规军队，还有日方预计到的"六十万之农民游击队，与组织突破二百万之农民自卫团。"另外更有国军地方纵队、挺进支队、民兵游击小组、武装宣传队、少年先锋队、明目繁杂……真是不可统计……中华社曾称："已有一百二十余万……"日方惊于中共实力的不断壮大，开始重新看待中共，预言日本想要取得大东亚战争的胜利，求得中国

---

① 《敌人口中的八路军新四军与中国共产党》，太行新华日报印，1944年版，山东博物馆藏。

事变最终的结局，必须在于"解决中国共产党军，此乃当再加确认者也。"

新四军重建后1943年新四军某团三营的干部合影（山东博物馆藏）

（三）中日舆论中新四军的群众抗战

抗战的胜利，是人民战争的胜利。新四军在险恶的战争环境中能够保存自身并不断发展，根本原因在于新四军坚持中共中央提出的"人民战争"的思想，从实际出发，依靠群众，并积极为老百姓改善民生，以作为广泛发动群众的根本动力，增强全民抗战的积极性。

兵民是胜利之本。新四军的兵民策略为"寓兵于民，战时集民为兵，依靠人民群众的支持，在平原、水网、河湖开展广泛的游击战争。新四军成立自卫军、民兵和群众组织，动员人民参军参战，猛烈扩大主力，逐步建成主力部队、地方部队和民兵三结合的武装力量"①。所有的这些部队成了抗击日本帝国主义的铜墙铁壁。而日军则在新四军面前处处被动，日军以己立场反称中共军队为"敌军""敌兵"，称共产党的军队游击战术"以少数之兵，于广大地域中以与敌军相周旋，更以扰乱为第一目标……攻敌于不备，来敌于围凭，易致敌四面受敌之境地，使之立足不易。敌兵于广博深奥之山区中，可利用山地之隐蔽，而进行以出没无觉之游击战。"②

　　新四军扎根群众之中，形成了人民军队的本色。1942年1月日方《关于"清乡"区内的新四军概况及对其采取的对策》的调查报告里，关于新四军的特点第一条就是"土著性强"，且"借巧妙之组织力，自深入农村至今，已完全土著化。工作人员到达时，看来都系善良农民，但一瞬即化为民兵，以手榴弹袭击区公所，烧毁竹篱。"③且游击战不单纯只是军队作战。1942年日方《东亚新报》中，日伪对中共群众路线的强大优势就有比较客观的分析：

　　"他们依靠民众，能够整备运用动员民众的组织，这是他们超越了武力歼灭战之最大特长和优点，也是他们强固的基础。……中共的攻势绝不仅限于军队武力攻势，而是中共地区

---

① 贾少文：《论新四军抗战的历史经验和启示意义》，《南昌大学硕士论文》，2006年4月。

② 《敌人口中的八路军新四军与中国共产党》，太行新华日报印，1944年版，山东博物馆藏。

③ 方艳华：《论日伪言说下的新四军——对铁军精神的反证式解读》，《军事历史研究》，2007年6月。

全民众对和平区之攻势……"①

新四军的兵民政策和群众路线的成功，根源于重视从政治、经济、文化、教育、医疗等各方面入手，积极改善民生，与群众建立了军民一心、血肉相连的密切关系。日本《东亚新报》的文章在分析华北战局时，认识到中国战场内的中共军队的通性，（中共军队）"与精强之日军相比较，当然不成问题，然能遂行游击战者，因有人民有力之后盾，换言之，即由强力之政治力，……即由政治、经济、文化诸工作常谋民众尤以大多数贫农利益之拥护，军方与民众谋求融和。"这就从反面证明了人民群众地位的重要性。而且日本也注意到中共在改善民生、争取民众上做的各种努力，"不可讳言的是中共党军无论上下级干部，对于中国的四万万劳农阶级都抱着热烈的同情心。而中国的知识阶层，了解中共这种诚意，更以此为媒介，使下层民众对中国抱着期待。"②

在20世纪40年代，新四军所处的敌后，大多地处偏僻落后的农村，交通闭塞、经济落后。广大群众对于中共的主张开始并未全然理解和支持，但中共对群众抗战的宣传教育也经历了从有到无、由理论到实践的渐进过程，推动力就在于对民生的关照。像日媒分析的"中共对贫民生活面上，常讲求各种办法，其对彼等之生活欲的拥护的宣传，二十年来如一日，此千遍万遍之宣传，自能使人理解。"日本总结他们看到的中共群众路线的巨大成就："凡是有人民生活的社会中，他们就一定发展他

---

①② 《敌人口中的八路军新四军与中国共产党》，太行新华日报印，1944年版，山东博物馆藏。

们的组织；凡是有他们组织存在的地方，就一定按照当地实际情况，建立把握民众的政策。"

新四军群众路线的经济保障即在战时积极推行的大生产运动。为应对日军在华中的残酷"清乡""扫荡"，1943年起华中局就提出"必须广泛发动军民普遍开展生产运动"。大生产得以广泛地开展起来。1944年4月，中共中央书记处向华中根据地发出《中央关于生产运动的指示》，"要求各个团旅级干部、专员、县长、区长、乡长等，均要亲自下乡精细的去指导与组织一个村或几个村的生产，解决人民生产中的困难，发动群众高度的生产热潮。"[①]新四军的大生产内容形式丰富多样，除了发展农业生产外，还进行了纺织运动、开办榨油、烤烟工厂等。

生产运动不仅冲破了日军封锁，解决了部队的给养，还减轻了人民负担，新四军从生产技术上帮助群众生产，提高了老百姓生产的产量和利益获得。1943年4月《淮南党刊》刊登罗炳辉的文章中指出"我们生产是为了减轻根据地人民的负担，更使军政民感到血肉相关，加强团结。……这种军民密切合作精神也就是粉碎敌人任何残酷扫荡的重要条件。"[②]为了战时的生存，新四军还灵活运用经济政策，在敌后开展减租减息和交租交息政策等等，获得地主、贫农阶级双方支持，日方评论也赞之为新四军灵活思考，创新政策的"长处"。

除了经济生活的改善，政治上新四军在华中根据地建立以"三三制"为主要形式的抗日民主政权，建立广泛的抗日民族

---

①② 黄爱军：《新四军大生产运动的历史考察》，《福建党史月刊》，2007年4月。

统一战线；并重视政治革新，1940年华中许多根据地实行乡级政权民主选举。此举在日方资料中也有着重提及："（中共的）新民主主义宪政之实施，……民众之投票仍积极踊跃，人民意识到自己与政权有了关系，这可以说是中国有史以来未曾有过的现象。"新四军在文化建设、群众教育也是有相当的成绩。1941年华中局制定了根据地文化教育的基本方针，实行新民主主义普及性文化教育；此外，团结、尊重知识分子，广泛吸收知识分子参加抗日，对有突出贡献的予以表彰；新四军根据地还特备注意发展了医疗卫生事业，据统计，1938年5月到1945年9月，"新四军共举办各种训练班、卫生学校、医学院等102期，培养卫生技术人员4011次，药剂人员300人，化验人员51人，集训团卫生队长以上250余人。"

综上所述，新四军在华中根据地的群众路线以大生产为基础保障，积极开展和落实政治、文化、教育、医疗等各方面工作，关照民生，从而获得广大民众的鼎力支持。正如日方所惊醒的："当考察大东亚战争和抗日意识的关系时，所不能忘却或看轻的是，（中共）政权（建立在）中国民众抗日意识的源泉热土。"

（四）"一贯始终"与中国抗战的真相

我们惊讶于当时日本对于时局发展和中国未来走向近乎真实预测的能力，然这也充分说明了，中国共产党和其领导下的八路军、新四军等优秀军队，以其卓越的能力和顽强不屈的抵抗精神，真正使得对手心服口服。即使从日伪的言论，也揭开了抗战中国的真相。

中国共产党自始至终坚持抗战。日伪《新民声》杂志认为中共最先有抵抗的意识。"华北事变后，中国共产党感到民族的危机，乃向全国提出'停止内战、枪口对外'的呼号……发出《八一宣言告全国民众书》，同时停止苏维埃运动，而展开所谓'抗日救国'的大活动。这一转变，纯由中共本身所计划……"中共实行全民族抗战的方针，以自己的坚定意志和模范行动，在全民族抗战中发挥了中流砥柱的作用；也是中共始终坚持把中日矛盾放在首位，采取发展进步势力，争取中间势力，孤立顽固势力，始终坚持抗日统一战线。早在1943年，日本东京《同盟世界周报》就在国共合作中预见了中共的力量："如果有人以为只要重庆谈判成功，就可以解决中国事变，那是很大的错误。根据我们的见解，真正的抗日势力，始终一贯的还是中国共产党。"

中共在抗战中始终践行马列主义中国化。中国共产党既准确地判断了历史发展趋势，制定了科学的对敌斗争战略策略，建立起最广泛的抗日民族统一战线，经受了腥风血雨的战争考验，又进行了卓有成效的理论创新工作。中共创建了敌后根据地。日方也承认中共的新民主主义理论是"在国共合作民族统一战线之下，集中中共一切工作与理论的大成"①，（中共）"励行其新民主主义的政治建设，其理论的创造及斗争经验的积累，亦均是中共本身根据中国具体情形所创造。中国共产党在抗战时期的推出的《论持久战》《论新阶段》《论新民主主义》三大论著，不但成为抗日战争的理论依据，且被苏联视为'马列主

---

① 　木君译：《赤色民主革命与民主主义实质的估价》，《东亚月刊》，伪《新进杂志》第二卷第二期，1942年10月10日出版。

义在殖民地及弱小民族的民族解放运动中的发展'"①，苏联积
极评价中共的实事求是作风，"中共号召干部学习，了解中国
具体社会，并鼓励干部力求实际，将马列主义及其辩证法灵活
运动到中国具体情形上去，中共所倡导的整顿三风运动及调查
研究工作，即可说明中共在日益走向中国化的过程中。"②日军
在剿共文件中还透露出对中共的民主化理论和实践工作的谨慎
思考：

> 中国共产党无论国际情势如何激变，国共合作关系如何浮
> 动，绝不稍缓其民主化工作之努力……现在中共之民主主义工
> 作，即已超越理论的阶段，而入于建设的阶段。中共二十年来
> 永远忍耐如一，其沉着胆大与忍耐性，其勇敢与执着，可谓异
> 常，决不容吾人轻视之。③

中共在抗战中始终坚持实事求是和群众路线。日本在分析
中国抗战的情形时，已经清醒地认识到中共擅长于理论联系实
际，依靠群众，武装群众，重视民众的力量。"我们如彻底观
察抗日中国的真相，第一，不能忽略的关键，便是中共的现实
主义，现在在我们的周围，每一谈及中国问题，陶醉于大言不
惭或如轻言一样的高谈阔论者，颇不乏人。但中共方面则坚决
反对此种倾向，其干部每临指导时，则言必须以现实为可贵，
并非站在群众之上，二是常在群众之中，不是应该命令群众，

---

① ② 吴利任：《论中共与苏联关系》，北平伪《新民声》杂志，一卷八期。
③ 日本《剿共指针》，第四号 1941 年 10 月 1 日出版。

二是听纳群众的希望与意向。如此种种，成为中共实践的指南。"①中共的抗战宣传多从实际出发，审时度势，号召全民族抗战；作为敌方的日伪言论除了多是对中共的"极端诅咒，恣意诋毁"，然其中很多分析也不得不承认中共在抗战中日益壮大的事实。随着战局发展，日军认为中国的抵抗力量中最强的就是中共的军队，他们眼中的中共"相当的有思想、有组织、有力量，而且他们是党政军一体，力量是集中的"，而日方反观自己的阵营，"固为革新思想与革新势力，未能渗透于政治和军事，所以一切新的工作，新的组织，新的斗争技术，不能顺利展开，而且因为受封建残余的障碍，收效极难……"②

　　艰难百战御重敌，高歌慷慨写传奇！也正是在八路军、新四军为主的中国铁军打击下，日本甚至早在1941年言论中就透露出对战争的渺茫，日方无奈于中共自土地革命时期就屡剿不灭、迅速成长的实力，与之对比感到巨大的落差和绝望。"今之谈建设新中国者，孰不曰在铲除共祸，……但从实际上言之，谓灭共祸谈何容易，共产党在中国已经有相当的历史，往者之溶共反共，昭昭在人耳目，当事变未发生前，政府以中国的全军力讨伐共匪，犹且不能克奏居功，何况时至今日……倘使共祸足以铲讨根绝，在事变前早当不见于中国……何止反复扫荡，共祸仍无肃清之一日。……所谓清乡军，所谓靖国军，是否是以铲除共祸，令人不无几分疑问。"故抗战的真相和结局，日

---

① 《大东亚开战前后之中国》，日本《东亚月刊》，十六卷十号，1943年10月。
② 《灭共乎？为共灭乎》，伪新民会中央总会宣传局长陈载平于二十八日广播讲演，1943年4月29日。

本的非正义反人道的侵略必像日方自己要预言的"不能灭共，便将为共灭……"①

民本视角下的胶东抗战报刊《群力报》

【主要观点】《群力报》是抗日战争时期胶东创办的农民报纸，存留至今的少之又少，是珍贵的红色典藏。《群力报》以农民大众为办刊定位，战时办刊关注群众舆论，在宣传动员抗战的同时，着重反映或解决关乎农民切身利益的问题。《群力报》的历史，就是"群力报人"白手起家、在抗战的艰苦环境中坚持奋斗的历史。《群力报》更是中共领导下民众自由表达心声的公共舆论平台。

历史上常有这样的现象，即当一种事情发生的时候，没有引起人们的重视，而在这件事情过去了几十年甚至几百年之后，又引起人们回味和研究的兴趣。我想，已经停刊近50多年的《群力报》的情况，大概就属于这一种。

——王仲莘②

---

① 《中国铲除共祸评议》，伪满《盛京时报》社论，1941年8月29日。

② 此段文字摘引自王仲莘在其主编的《花甲群力》一书的序言。王仲莘，山东平度人。1945年参加革命工作，历任胶东《群力报》编辑、《胶东日报》编辑，《福建日报》编辑部主任、编委、副总编辑，中共福建省委宣传部写作组组长、宣传部副部长、高级编辑。1998年加入中国作家协会。《花甲群力》一书出版于2005年，而时至2013年，《群力报》已停刊近64年了。

　　对于报刊的功能和价值，马克思曾经指出："报刊按其使命来说，是社会的捍卫者，是针对当权者的孜孜不倦的揭露者，是无处不在的耳目，是热情维护自由的人民精神的千呼万应的喉舌。"①抗战时期的胶东半岛是传播革命文化的阵营，当时为抗击日军伪军，建立强有力的群众性舆论工具，以进行广泛地抗战宣传和动员，中共胶东特委积极创办各类报刊，宣传抗战动态和共产党的理论主张。胶东革命根据地的新闻事业，在党的领导和民主政治下获得了空前的大发展。许多抗战报刊在战火中诞生并发展壮大，它们创造性地宣传党的抗日路线、方针、政策，在巩固团结、提高民族意识、灌输抗战知识等方面发挥了不可替代的作用。它们坚持"全党办报、群众办报"的方针，坚持贴近实际、贴近生活的办报原则，在极其艰苦的环境下完成了党的宣传使命。据官方数据统计，从抗战开始，胶东先后出版了120多种报纸、96份期刊。这些报刊的出版，影响广泛深入。然时至今日，对于这些革命报刊，除著名的《大众日报》外，少有系统和深入研究，对于胶东抗战时期的新闻事业也鲜有提及，然而正是因为有了这些报刊，对胶东的抗战和解放战争的顺利做出了巨大的历史贡献，其中《群力报》就是在胶东地区发行时间较长且具有深厚群众基础的报纸之一。

---

① 　中共中央马克思恩格斯列宁斯大林著作编译局：《马克思恩格斯全集》第六卷，人民出版社，1961年，275页。

一、战时办刊关注群众舆论

20世纪30年代，在抗战爆发后的战争时局中，中共在敌后根据地办起了自己的报刊，新闻报道积极从事抗日宣传工作，红色报刊"形成一种立场坚定、思想统一、具有鲜明的主义思想的'党报宣传'的研究的主导范式。报纸的发展基准从自身本位转向以党报宣传为特点的话语体系中，围绕着阶级斗争工具展开，并在相当长的一段时期延续下来"[①]。《群力报》虽然也是中共领导下的报纸，但与机关大报不同的是，它的阅读对象是胶东的农民，是农民中间喜闻乐见的一份通俗小报。

《群力报》创刊于抗日战争即将取得胜利的1945年2月7日，停刊于解放战争胜利结束后的1949年11月底，就是这份小报伴随着胶东人民度过了极不平凡的五年。《群力报》报名源自"群策群力"一词，初创为十日刊，8开4版小报，1948年9月9日改为4开4版的三日刊，后又出过五日刊、旬刊等，共出刊518期。该报初创时是胶东各救会的机关报，1947年底《群力报》也改为中共胶东区委的机关报，与著名的《大众报》合署办公。1949年6月，《群力报》迁入青岛出版。青岛市由胶东区辖市改为省辖市后，该报并入《胶东日报》，新中国成立后于1949年12月1日迁至莱阳城出版，后因筹备出版《文登大众》终刊。

与《大众报》以区以上干部为阅读群体不同，《群力报》的

---

① 谢鼎新：《中国新闻学研究的现代化进程》，《山东社会科学》，2009年第10期。

办报思想则是服务于民众，阅读主体定位于敌后胶东抗日根据地的乡村干部及广大农民群众，《群力报》是继山东《鲁中大众》和苏中的《盐阜大众》之后创办的又一份通俗小报，这份报纸填补了抗战时期胶东没有群众性报纸的空白，又带有鲜明的胶东地域特色，"其主要任务是宣传党的路线和方针政策，动员工、农、青、妇、儿等各抗日团体的会员及广大群众开展抗日救国及民主革命斗争，同时也是对群众进行时事教育、提高科学文化知识和共产主义觉悟的教材。"①据1947年1月底的统计，《群力报》发行56624份，当年最高发行量达8万多份②，以当年胶东800万民众计算，平均每100人就有1份群力报，这样的民众普及程度在革命时期是极为少见的。

　　战争时期，报纸是阶级（政治、军事）斗争的工具，"社会本身既是阶级斗争之社会，因而成为社会的一现象之新闻，也不能不是阶级斗争之一表现，故所谓新闻，不外是阶级对立的人类社会中之阶级斗争的武器。"③而在阶级对立的环境中，民众的意见和心声是重要的舆论力量，甚至于形成一种特殊的公共舆论，战时的报纸更为关注民众舆论，新闻学家梁士纯在1936年曾发表过自己的意见，"在战争的时期，普通的人很容易被谣言、宣传所诱惑所冲动，然而从政府立场而论，在战时

---

①　王咏梅、郭履腾：《一切为人民，真正做到为群众服务——通俗报纸的代表〈群力报〉》，《青年记者》，2015年07期。

②　《花甲群力——〈群力报〉创刊六十周年纪念专集》，福建省新闻工作者协会编印，2005年，第28页。

③　张友渔：《新闻性质和任务》（1933年），张友渔：《报人生涯三十年》，重庆出版社，1982年，第118页

国内的舆论，务要求其一致：一致的拥护政府的一切政府，一切主张，及其一切的行动，否则战事就无胜利的希望，因为舆论对于民气、士气是有莫大的关系。"①中共作为新生的政党力量，欲赢得民心的同时，更为关注的则是农民的内心所求和农民自己的声音。抗战时期的胶东地区，普通民众大部分还处于文盲或半文盲的状态，赢得民众对于中共的信任和支持，关注他们的需求和利益是报纸努力的方向。《群力报》根据实际情况，有计划地先让一部分粗通文墨的农民大体能看得懂，再让大多数的农民经过读报组能够听懂。当时《群力报》的编辑人员还经常深入到田间、街头、学校、集市、百姓的炕头上，听取百姓意见，及时修订稿件内容。《群力报》的文章也写到乡村的黑板报、墙报上，甚至流传到某些敌军占领区、敌寇的兵营中，影响广泛。

《群力报》积极反映关系农民切身利益的土地、地租问题。1938年8月，胶东北海区行政督察专员公署积极推行减息减租政策，对减租、减息、公平负担作了明确规定，除有政府出布告、下命令之外，还召开各种会议深入动员，如召开地主高利贷者座谈会、贫雇农座谈会、地主佃户对话会、农救会分组讨论会等等，通过调整利益分配关系，减轻了农民的经济压力，也调动了各阶层持久抗战的积极性，这些都及时出现在当年《群力报》的报道中。如赵铎在1945年4月27日的群力报言论中，针对减租减息和查减运动专门写了《要这样查》，总结了查

---

① 梁士纯：《战时的舆论及其统制》，《国闻周报》，第13卷第24期，1936年6月22日。因原刊未能搜集，转引唐小兵：《现代中国公共舆论的自我理解》，《衡阳师范学院学报》，2008年8月。

减的四种类型，并提出自己的中肯建议。中共领导下的这份农民报纸，就是通过以政府信用、政策为主导、切实落实农民所求的社会动员，争取到了广大民众的支持。正如《群力报》的创办人张修己曾说到的那样，"小报为什么能成为群众亲爱的朋友呢？就是因为小报时时刻刻想老百姓。老百姓要想说什么话，它就说什么；老百姓要想知道什么事，它就告诉老百姓；老百姓有困难，就帮助老百姓想办法；老百姓有喜庆功德就祝贺，老百姓有冤屈就控诉。总而言之，是一切为人民，真正做到为人民服务。"[1]

二、抗战时期的《群力报》馆藏概况

《群力报》于1945年2月创刊，到同年8月抗战胜利仍发行不断。经历了战争烽火的洗礼，时至今日属于抗战期间这6个多月内刊发的《群力报》已经所剩无几，保留至今的应该属于珍品文献了。偶见有旧书店中有售《群力报》，但多为解放战争时期所刊发，数量也较少，且现今仿造做旧技术高超，真假难知。

本馆幸收藏有20世纪五六十年代自胶东捐献来的部分《群力报》，解放时期的较多，抗战时期也有多份合订本，现将其抗战时期的出版目录及各期"大众言论"栏目的主要内容整理如下：

---

[1]　张修己：《把咱的报办得更好》，《群力报》，1947年2月7日。因原刊未能搜集，转引王咏梅、郭履腾：《一切为人民，真正做到为群众服务——通俗报纸的代表〈群力报〉》，《青年记者》，2015年07期。

馆藏抗战时期《群力报》详目

序号	日期	版式	期数	出版单位	"大众言论"核心内容
1	1945.4.2	八开四版五日刊	第九期	胶东各救会群力报社	《齐心协力打垮恶霸政权》
2	1945.4.7	八开四版五日刊	第十期	胶东各救会群力报社	《贯彻查减结合开展大生产》《解决贫民抗属土地问题》
3	1945.4.12	八开四版五日刊	第十一期	胶东各救会群力报社	《劳动英雄姜福全》
4	1945.4.17	八开四版五日刊	第十二期	胶东各救会群力报社	《村会怎样领导村里的工作》
5	1945.4.22	八开四版五日刊	第十三期	胶东各救会群力报社	《不能因为生产忘了查减》
6	1945.4.27	八开四版五日刊	第十四期	胶东各救会群力报社	《要这样查》(赵铎)
7	1945.8.3	八开四版五日刊	第二十八期	胶东各救会群力报社	《纠正目前开展民主的几点毛病》
8	1945.8.5	八开四版群力报增刊		胶东各救会群力报社	《胶东群众运动今后的任务》
9	1945.8.8	八开四版五日刊	第二十九期	胶东各救会群力报社	《把开展民主运动和继续查减结合起来》
10	1945.8.23	八开四版五日刊	第三十一期	胶东各救会群力报社	《一切为了前线，一切为了战争的最后胜利》
11	1945.9.3	八开四版五日刊	第三十三期	胶东各救会群力报社	《解决组织秋收中的一切问题》

《群力报》当时与临沂的《鲁中大众》、渤海的《渤海大众》和鲁南的《滨海农村》并称山东解放区四大通俗报纸。借鉴兄弟报纸办通俗报的经验，《群力报》白手起家，边学边干边提高，坚持大众化、通俗化的基本办报方针。创刊初期为油印，比较简陋，但版面设计紧凑合理，大方活泼，栏目丰富，主要有"大众言论""小言论""时事漫谈""时事解说""国外大事"等，还有旨在提高群众文化知识的"都来看""小辞典""读报知识"等小版块栏目。稿件类型主要是新闻、言论、诗歌、通信等，《大众言论》紧贴实际，号召和发动群众积极抗战、宣传生产模范和民兵英雄、减租减息工作、开展群众大生产等。编辑部非常重视地方特色，将胶东的方言土语融入文章中，内容短小精悍，标题简明扼要且引人入胜，文字口语化，通俗易懂；副刊既贯串政治教育，也实施文化教育，更是配以图画、漫画、歌曲、打油诗等，图文并茂，报纸中缝还刊登一些科学种田的经验等。创刊初期虽是8开小报，但看上去却充盈丰满，报纸把报道的重点都放在基层的农民群众当中，尤其是农民当中的英雄模范人物，拥军拥属的典型，民众中的好人好事、农村新气象、婚姻问题、农业生产生活疑难解答等等，通讯员的稿件更贴近群众，并增加了各种知识性和趣味性的专栏，很受欢迎，这也都是敌后广大工农通讯员辛勤努力的成果。

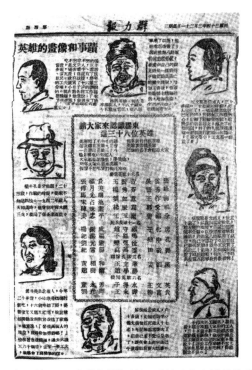

1945年3月21日《群力报》（第四版）（山东博物馆藏）

　　1945年3月21日《群力报》创刊之初，参与办报的林河水和孔庆聪在《群力报》第四版办了第一次画刊"胶东群英谱"[①]。当时办报的物质条件差，经费也少，所需的照片和刊头，都是用素描木刻代替的。他们描画的当时群众中的模范张富贵等人的头像，群众大都反映与真人很像。群众里出来的劳动英雄和民兵英雄上了报纸，这直接增强了广大劳动人民翻身做主人的

---

① 　林河水、孔庆聪：《胶东群英谱》，《群力报》，1945年3月21日，第四版（山东博物馆藏）。

自豪感。"被选上了的英雄们……他们出席抗日民主政府召开的大大小小的会议，在会上互相交流了生产办法和战斗经验。"①这些在群众中，起了极大的反响。

三、"群力报人"付群力

"胶东山色硬如铁，三面海声四面云。群策群力天地改，风华正茂一代人。"

这是2005年著名作家严阵②为庆贺《群力报》创刊60周年时的题字，这篇诗词形象地表现了历经革命的"群力报人"的辉煌历史。时至今日，《群力报》当年的报纸编辑们早已天南海北，各处一方，大多数同志已进耄耋之年，有的人缠绵病床，更有极少数同志已经作古。在2005年《群力报》诞生60周年的时候，由革命老前辈张少甫、王仲莘、陈晓东等人发起倡议，邀请了当年的报纸同仁一起拿起笔，回忆畅谈对《群力报》的往事，这些宝贵的笔谈发言和纪念文章已结集收录在《花甲群力》纪念文集，极具新闻研究价值。同时这也是"群力报人"的珍贵的口述资料，对于再现抗战时期艰辛的办报历史有着重要的价值。

《群力报》创刊真正属于白手起家，所有的工作人员没有

---

① 赵铎：《恭贺胶东众位英雄永远胜利》，《群力报》，1945年3月27日（山东博物馆藏）。
② 严阵，原名阎桂青，曾用名阎晓光，山东莱阳人，中共党员。1946年参加革命工作，曾在《群力报》工作过，历任胶东解放区新华书店印刷厂校对员，胶东日报社时事组编辑，1956年加入中国作家协会。著名作家、诗人。

一人从事过新闻编辑工作。作为胶东各救总会机关报的《群力报》，总负责人是总会会长张修己同志，老共产党员，"《群力报》一切有关大事总都由他主持研究、决定；方针、任务、人选、干部学习、深入生活、政治待遇、生活问题、思想工作、报纸的印刷、发行、组织通讯网、读报与黑板报组织、各部门间的配合，他始终认真负责。"①

《群力报》当时设编辑部和通联科，第一任总编辑赵铎早年组织群众武装斗争、组织青年运动和农会工作，有丰富的群众工作经验，且善于钻研，认真办报，亲自动笔撰写社论，积极提倡农民报纸的通俗化，在宣传抗战和党的政策的同时，"把协助胶东穷苦农民的文化翻身作为神圣的义务"②，这也是《群力报》自创刊后就坚定遵守的信条，赵铎是《群力报》同仁中主持工作时间最早最长、影响最大的。第二任总编辑蒋守全是当时胶东妇联宣传部长，后任的有于梦尤、陈晓东、门宏，在张少甫的回忆录中，对这五位总编辑评价非常高。他认为历任的每一位总编辑既是领导者、指挥者，又是实践者、实干家，《群力报》百分之八十以上的"大众言论"都是他们亲手撰写，并将报纸的一切工作都紧紧围绕宣传业务的核心工作开展组织，张少甫还诚恳地建议"现今的社会主义市场经济条件下，新闻单位的一把手，仍应把主要精力放在宣传业务这个中心上，这

---

① 林河水：《忆〈群力报〉及其办报人》，《花甲群力——〈群力报〉创刊六十周年纪念专集》，福建省新闻工作者协会编印，2005年版，第73页。

② 在20世纪90年代赵铎先生因患有脑溢血后鲜有动笔，但为了2005年的庆刊倡议，还是坚持执笔写了简短的题词。

一点应该是铁定的。"①

《群力报》通联科长由李太成负责。《群力报》工作人员先后主要有丁瑛、孔庆聪（孔林）、王仲莘、王尧民、王景胜、田惠昌（李太成之夫人）、左建三、吕书乾、曲民生、宋协之、李斌、李紫远、阎晓光（严阵）、林河水、林剑修、张千、张少甫、张保林、张锦堂、杨云杰、宫策、宫敬之、宫琦、谢仲甫、李若冰等。当时《群力报》由胶东大众报社印刷厂代为印刷，由胶东邮局发行。

在赵铎先生的回忆录中曾提及，当时群力报社的工作人员当时都比较年轻，年龄最小的只有十六七岁，最大的也不过二十七八岁，文化程度最高的是高中，有不少人只有小学文化程度，而且以前都没有办过报纸，坚持在《群力报》工作的人"个个决心大，干劲足，热爱自己的工作，齐心协力，互教互学，互相鼓励，深入最艰苦的第一线，时时刻刻向群众学习；向兄弟地区通俗报纸学习，开动脑筋，大胆实践。"②为使这份小报纸图文并茂，林河水、孔庆聪、林剑修三位同志还负责画漫画和木刻，《群力报》的印图（栏目刊头、装饰性刊头、地图、人像、插图、连环画、漫画、书题等等）非常之多，"当时没有照相印版条件，全靠土法手工干。"③有了这样的工作热情，

---

① 张少甫：《必须确立主要读者对象在报纸上的主体地位》，《花甲群力——〈群力报〉创刊六十周年纪念专集》，福建省新闻工作者协会编印，2005年版，第9页。

②③ 林河水：《忆〈群力报〉及其办报人》，《花甲群力——〈群力报〉创刊六十周年纪念专集》，福建省新闻工作者协会编印，2005年版，第74-75页。

才有了为胶东大众所喜闻乐见的《群力报》。"这样一个集体竟能办出一张很快赢得广大群众喜爱的报纸，自然会有很多东西给曾经在这个集体工作过的人留下难忘的记忆。"王仲莘先生更是认为，凡是在《群力报》工作过的人，内心深处都对这份报纸有着深厚的感情。他们将自己、同伴与抗战事业紧密联系在一起，成为一种永恒的精神力量。

《群力报》在群众中产生巨大的影响，很大程度有赖于报纸自创办就高度重视的工农通讯运动。据1947年初的不完全统计，胶东全区就有工农通讯员3598个，组员18670名。报纸的稿件绝大部分取自工农通讯员的投稿。通联科的同志们针对来稿亲笔回信，指导通讯员和群众如何写稿。报纸还组织工农通讯员在群众中广泛建立读报组，开展读报、写报、妇女识字班、农民夜校等活动，这些在要求摆脱愚昧、渴望接受知识的群众那里，称之为"文化翻身"。《群力报》专职办报的人最多时，也不过10人左右，而参加办报的社外人，是"多得难以计数的为自身文化翻身而顽强奋斗的劳动者，以及乐于热情帮助他们的各行各业的干部、知识分子，他们就是《群力报》真正的主人。"①

《群力报》作为一份革命时期面向农民开办的报纸，它不仅将共产党的先进思想政策、抗战理念输送给底层的民众，更可贵的是通过文化识字、教育引导，世世代代受到压迫的胶东民众逐渐感受到自身解放的重要性。人的知识越多，辨别是非、

---

① 林河水：《忆〈群力报〉及其办报人》，《花甲群力——〈群力报〉创刊六十周年纪念专集》，福建省新闻工作者协会编印，2005年，第76页。

理解事物的能力就越高。他们懂得并渴望获得的不仅仅是认识几个字，读懂几份报，更重要的是通过报纸，他们已逐渐感知"自由、民主、人权"这些原本只属于知识分子心态的普世价值，以及社会阶层地位的变化。而所有这些，都跟群力报人的辛勤努力分不开。

年轻的群力报人

赵铎

蒋守金

解晓东

张少甫

宫策

宫敬之

孔庆聪（孔林）　　　　王仲莘　　　　　王景盛

1947年4月报刊编辑人员留影①（前排：左一为宫策，右一为林剑修，中间一人是外单位的。后排：左为张千，右为张少甫）

四、民众的公共舆论平台

与国民党始终走"精英"路线不同的是，中共坚持采取

---

① 这组群力报人的照片现今较少能查阅到，笔者取自《花甲群力——〈群力报〉创刊六十周年纪念专集》。

② 唐小兵：《现代中国的公共舆论——以《大公报》"星期论文"和《申报》"自由谈"为例》，社会科学文献出版社，2012年，第72页。

306

"群众"路线。国民党政府始终未曾真正重视过下层民众的力量，而中共则很快成长为一个擅长组织群众运动的动员型政党。报纸是战时动员的一种媒介和工具，《群力报》本身即是在中共的领导力量下创办的，这份报纸也代表了中共动员民众、调节民众舆论的一个显现。在政党的领导下为民众构建的这样一个公共舆论平台，走的是面向农民通俗化的道路，这是抗战期间中共报业有代表性的积极尝试。

著名学者唐小兵曾提到，从"清末到民国的舆论发展史上，读书人尤其是读书人中间的精英群体才是舆论的主角，民众限于各种条件之制约，几乎没有任何话语权。在这种历史前提下，所谓'民众之舆论'距离真实的民众有着漫长的发展路程。"①谁才能真正为民众代言，说出民众尤其是农民自己想说的话？在敌后抗日根据地的艰难环境中，报刊出版自由没有根本保障，借助于报纸如何在战时环境表达民意，甚至让民意自身有自我表述的能力，如何让报纸代表的公共舆论平台成为民意最重要的载体，这些都是当时办报的难题。《群力报》当年的办报人迎难而上，在这些方面做了努力的尝试和实践。作为中共党办农民性质的报纸，《群力报》将农民群众表达言论的平台办的既亲切又实用。

《群力报》办报人始终都在注意的一个问题是，如何正确看待为了群众办报和依靠群众办报的关系。这不仅关系到报纸为群众服务的问题，而且涉及一个问题，那就是不能将报纸为

---

① 唐小兵：《现代中国的公共舆论——以〈大公报〉"星期论文"和〈申报〉"自由谈"为例》，社会科学文献出版社，2012年，第72页。

之服务的主要对象推到纯客体的位置上。当年参与办报的革命老前辈张少甫回忆《群力报》的办报经验时，就着重提到，要"依靠群众办报，吸引群众积极参与办报，让报纸的主要读者的行动和业绩，希望和要求、理想和前程，成为报纸地方新闻报道的主体内容，以充分体现他们是报纸的真正主人。而实现这些目标，仅靠报社少量记者的采访是远远不够的，是根本办不到的，而必须老老实实地依靠群众，依靠群众的代言人——在群众中成长起来的工农通讯员。这一点，《群力报》的做法和经验，颇有可以借鉴之处。"①

《群力报》每期所刊发的文章从实用角度出发，切实帮助群众解决问题，关注农民的知识状态。报纸文章在农民手里竞相传阅的则是易于理解的战事讨论、简练的公署法令讲解，英雄模范的事迹，以及与农民切身利益相关的减租减息、大生产运动、动员参军等。千百年来倍受压迫的农民们，第一次看到自己的事情登上了报纸，这是赢得话语权的一大进步。

在《群力报》的文字中，很少看到艰深晦涩难懂的词句，也没有文人习气那样明显的反讽、影射、揶揄等感性措辞。相反，文章以平易近民的基调，用学理方式深入浅出地讨论问题。《群力报》的编辑们当年深入胶东农村的田间地头，积极学习胶东普通话，并且充分利用当地方言和歇后语，使读者读起来倍感亲切有趣。这些对于大众语的斟酌选择，所折射的正是"通过语言形式的创造性转化，来实现每个普通中国人都具有言说

---

① 张少甫：《一份深受农民喜欢的通俗小报》，《花甲群力——〈群力报〉创刊六十周年纪念专集》，福建省新闻工作者协会编印，2005年版，第111页。

和书面表达的能力，以便参与公共舆论的建构。代表底层，成了一个道德标尺，因为它表征着民意，而民意应该是公共舆论最应该给予关注的对象。"①

岁月峥嵘，但革命时期的人和事都值得后辈人怀念，尤其是那些为了民族独立和人民权利而艰苦奋斗的人。《群力报》作为珍贵的红色文献，还有风华一代的群力报人，留给后人的是珍贵的历史经验和精神财富。在这其中，尤其是关注农民声音，报纸通俗化的办报思路，以及以农民为报纸真正主人的办报宗旨，对于现今密切党群关系、抓好三农基层工作、办好农民报或大报的农村版都有深刻的借鉴意义。就像《群力报》的老前辈们的心愿一样："请不要忘记我们的小报！"

四、革命文艺文献整理和研究

山东抗战文艺大众化运动研究
——基于一普整理馆藏抗战文艺资料的解读②

【主要观点】抗战文艺是新民主主义文化战线的灵魂，为抗战胜利做出了巨大贡献。抗战时期山东的文艺运动是伴随着近代以来封建买办文化没落、日伪文化还未有基础之际肇兴发展的，并在与日伪顽反动文化作艰辛斗争中顽强生存，是具备强烈战斗性的新民主主义文艺。山东抗战文艺运动从初期薄弱的

---

① 唐小兵：《现代中国的公共舆论——以〈大公报〉"星期论文"和〈申报〉"自由谈"为例》，社会科学文献出版社，2012年7月第1版，第346页。

② 本文属2016—2017年山东省艺术科学重点课题《山东解放区抗战文艺运动研究》项目阶段性成果（立项号1607016）。研究资料基于在全国第一次可移动文物普查工作中新整理山东博物馆藏抗战文艺文物资料。

组织状况到文艺模范中心的普遍建立，从忽视社会群众教育到群众性宣教文艺的初步开展，文化运动逐渐走上正轨。在延安模式的影响下，山东解放区①走上了鲜明的文艺大众化之路，服务抗战和服务农民大众成为新文艺运动的要义。山东的文艺大众化开端较早，且逐步建立完善了一整套自上而下的组织系统，凭借富有地域特色的文教运动加以普及，将根据地文化建设推向深入。文艺工作者的思想转变是全部文艺问题的出发点，亦属于文艺大众化理论范畴的重要部分。这种思想转变经历了渐进复杂的历史过程。在全国第一次可移动文物普查工作中，新整理的馆藏抗战文艺资料是反映山东抗战文艺历史的真实物证，彰显了在抗战不同阶段里，艺术家反映新时代、践行文艺大众化的不同风貌。抗战文艺运动弘扬伟大的民族精神，对山东现当代文艺的发展具有深远影响，也始终是激励齐鲁儿女百折不挠、攻坚克难、实现民族复兴的强大精神力量。

抗战时期，革命文艺成为新民主主义文化战线的灵魂。山东的抗战文艺运动借助时代契机肇兴发展，并在解放区深入普及文艺大众化，具备鲜明的时代特色和地域特色。抗战文艺运动是民族的、进步的、战斗的文艺，它生动描绘了波澜壮阔的抗战历史，为浴血奋战的齐鲁儿女输送民族精气，为抗战胜利做出了巨大贡献。直至今天，抗战文艺弘扬的伟大民族精神和文艺大众化的理论实践仍具极高的当代价值和深远影响力。

---

① 本文"山东解放区"的概念界定为抗战时期中国共产党山东党组织领导和掌握的地区，包括根据地和游击区。

一、山东抗战文艺运动的肇兴

山东地区自清末到五四运动之前，基本上是封建文化与买办文化的统治时期。封建统治阶层以君权王权、神道仪式和迷信思想禁锢麻痹民众思想，压制抗争。广大乡村社会文化水平低下，民间文艺发展也十分落后。然而饱受重重压迫的山东民众从未停止过英勇反抗，革命新思想也在压迫中潜伏以动。1919年五四新文化运动在青年学生中影响很大。在北京、上海先进城市地区的影响下，多地建立了马克思主义研究会、共产主义小组，《励新》半月刊、《向导周刊》等新思想刊物相继出版。新生文化力量以齐鲁书社为中心，推动了山东新文化运动的萌生。山东很多学校如第一乡师、第一师范、第二师范，在五四运动之后的近十年间也慢慢积淀了革命新生力量，培养了潜在的革命文化人才。这些文艺人才组成了抗战时期山东根据地文艺运动的生力军。

土地革命时期，中国共产党实行"普罗文艺政策"，文艺斗争的任务"是在思想上武装群众，宣传与鼓动工农劳苦大众同国民党反动派做斗争"[1]。这一时期的山东也正是封建买办文化统治山东最专横黑暗的时期，先后掌权山东的官僚、军阀、守旧的"优级师范团"学阀等对暗暗萌生的新文化思想都采取高压限制手段，新文化运动难以持续发展。但这时期，北平、上海等地出版的各种新思想书刊都以山东为重要的销售地区，对山东的新文化运动和救亡运动发挥了一定影响力。

---

[1]　李传玉、姜虹、刘金龙：《简论新民主主义文艺在山东抗日根据地的发展》，《齐鲁艺苑》，1995年第4期，第49页。

抗战全面爆发后，革命文化以抗战大势为契机、以抗战文艺为重要宣传载体，伴随革命战争在民主根据地得以生根开花。抗战初期的山东文艺运动，是随着买办封建文化垮台没落、敌伪文化还未有基础的时候肇兴发展的。这条文化战线的发展艰辛异常，仍需不断与敌伪顽反动文化做斗争，在逼仄的空间中求谋生存，在抗战初期凸显出了独有的特点。

（一）抗战新文艺运动的特质是民族、民主、科学、大众的文艺，更是在山东的独特抗战局势下具备强烈战斗性的新民主主义文艺。在日军入侵山东后，面对日伪的奴化教育和在亲日派、顽固派支持下死灰复燃的封建买办文化的联合进攻，新文艺运动首先是文化斗争的强大战斗武器，"随时打击敌伪顽灭华亡国的一切阴谋和欺骗宣传、痛击敌伪灭亡中国的所谓新民主义、汪精卫的伪三民主义、投降派顽固派的假三民主义和敌伪合唱的反共学说"[1]。这时期的文艺工作者主要是部队中的宣传工作者。在游击战争开展的同时，新文艺运动以抗战宣传的姿态在山东敌后方奠定了基础。

（二）从文艺运动组织薄弱的现状到中心地区模范带动。抗战初期山东文艺运动组织力不强。文艺工作者的匮乏是一个原因。韩复榘当局撤离后，文化教育形成脱节现象。在抗战爆发后四五年，山东中小学学历的学生仍处于少数，培养干部困难重重，这也是别的地区所没有的现象。其次，地方上的文艺工作者多数参加了军队，文化工作者青黄不接，文艺运动经常处

---

[1] 李竹如：《文化斗争与文化建设——抗战四年中的山东新文化运动》，大众印书馆出版，1941年8月，第38页。山东博物馆藏。

于停滞状态；再次，受日伪封锁，战时交通不便也影响了文艺运动的指导和组织，所以山东最开始的文化艺术工作并不是在党的统一领导下有计划发展的，而是在艰辛的经验摸索中分步骤分头创造起来的。最后，缺乏文化运动的中心地区也是很重要的因素。抗战中后期，山东解放区不断在主署、专署等地区谋求建立文化运动的基点或模范地区，继而推动最大地区范围内文化运动的开展。

（三）从忽视社会群众教育到群众性教育宣传文学艺术初步综合开展。抗战初期，山东社会群众教育在初期一直是被忽视的一环，文化艺术工作任重道远。1940年7月，山东省战工会颁布《山东省战时国民教育实施方案》，开始把民众教育纳入国民教育的范畴。曾任中共山东分局宣传部长李竹如在1941年全省第一次文教大会上将社会教育、宣传工作和文学艺术之间的关系讲得非常透彻，他指出"学校教育是开展新文化运动的基础，社会教育是普遍新文化运动的契机，宣传工作是战胜敌人谬论、广播我们正确主张的重要武器，文学艺术等是深入文化运动的要素。不注意文学艺术的培植，文化运动等于失掉了灵魂，所以教育宣传文学艺术应很好地联系起来，互相配合造成全面发展的新文化运动"[①]。至1940年底，山东战地文化研究会、八路军第115师文艺习作会、山东省文化界救亡协会、鲁迅艺术学校、抗大第一分校文工团等相继成立，这些机构组成了山东文教艺术运动的重要组织系统。在抗战中期以前，领导脱产

---

① 李竹如：《文化斗争与文化建设——抗战四年中的山东新文化运动》，大众印书馆出版，1941年8月，第36页。山东博物馆藏。

剧团已有30多个，不脱产的有200个左右。比较正规的剧团、演讲宣传队、歌咏团等群众文艺组织在部队、地方相继成立。

1942年1月2日中共胶东特委机关报《大众报》①（山东博物馆藏）

（四）大量创办的报纸刊物在宣传教育方面起了重要作用，更是文艺作品呈现给大众的重要载体。馆藏抗战时期山东创办的报纸有《大众日报》、胶东《大众报》《新山东报》《群力报》《山东文艺》《胶东文艺》以及部队中的《战士报》《前卫报》等。报刊体裁灵活多样，在重视理论杂评、通讯、社论、消息

---

① 《大众报》是中共胶东特委（后改中共胶东区党委）的机关报，1938年8月13日在胶东黄县创刊。阮志刚、王卓青、王人三先后任社长。报纸是铅印四开四版日报。1939年春因报社转移及人员牺牲曾两度停刊。1940年冬，在日军大扫荡中，该报出过铅印、油印和石印的二日刊或三日刊，在胶东发行量达三万余份。1945年4月20日，随中共胶东区党委的撤销而终刊。山东博物馆收藏大部分。

等固有体裁的同时，还增加艺术类的新体诗歌、散文、快板、活报、杂耍、武老二、小调（锯大缸小调、十杯酒调）、大鼓词等活泼生动的宣传形式，深入浅出传达党的抗战政策，为群众喜闻乐见。

二、文艺大众化在山东的推广

文艺"大众化"概念首先阐释的是文艺产生的溯源，即"文艺为什么从群众中来"的问题。马恩经典理论指出，人类一切的文化，包括艺术与文学，都是群众的劳动所创造的。十月革命后，在工人阶级革命高涨之际，列宁指出"艺术是属于人民的，它的最深的根源，应该是出自广大劳动群众的最底层。它应该将这些群众的感性、思想和意志联合起来，并且把他们提高起来，它应该唤醒他们中间的艺术家和发展他们。"[1]

文艺大众化在中国提出较早，且与中国革命政治运动发展密切联系。到1930年春，中国左翼作家联盟响亮地提出"文艺大众化"的口号，明确了文艺为工农大众服务的政治方向，但当时的大众化仅仅也是探索，并没有形成文艺大众化运动。直至抗战爆发，在全民族团结抗战的主流下，文艺必须为抗战、为大众服务，文艺大众化成为时代共识。

1942年5月，正值全世界反法西斯战争处于伟大历史转折的关键阶段，毛泽东同志发表了《在延安文艺座谈会上的讲话》，《讲话》"坚持人民为中心的创作导向，实现了中国文艺价

---

[1] 彦克：《合唱艺术展翅腾飞》，《中国音乐》，1986年10月，11页。原文载蔡特金著《列宁回忆录》。

值主体和表现主体由精英向大众的伟大转变"①。在党的文艺政策
号召下，文艺工作者纷纷踊跃到基层一线实践，很快在整个边
区掀起群众文艺的高潮。在延安模式的影响下，山东解放区也
走上了鲜明的文艺大众化之路。

首先，中共山东党组织倡导的文艺大众化开端较早。早在
《在延安文艺座谈会上的讲话》正式发表的前两年，文艺大众化
在开风气之先的胶东即有明确提出。1941年10月19日，中共
胶东特委机关报《大众报》副刊《文艺短兵》创刊时即提倡文
艺"要不脱离现实真正变成群众的东西，为群众之喉舌，为群
众之食物，不要为少数人所包办，而且要从此创造培养出无数
不知名的艺术家文学家"②。既提出了文艺为抗战服务的号召，同
时也将新文艺服务大众的精神深刻阐释。《在延安文艺座谈会上
的讲话》发表后，山东党组织领导下的文艺工作者以整风的精
神认真学习，他们亲自参加到工农兵大众的日常中去，采集群
众当中最生动鲜活的创作素材，文艺作品更能打动群众的感情，
拉进党群关系。

第二，新文艺运动系统领导组织有序。文艺运动本身就是
党政军宣传工作的载体，党政机关也是推动文艺创作发展的重
要力量。山东在抗战中后期建立了规范的文教委员会，将文教、
宣传机构和艺术团体都充实联系起来。文教委员会成为整个文
教工作的领导机关。文教工作有了统一的领导和统一的方针、
统一的行动。抗战中后期山东各地还普遍建立健全剧协、各种

---

① 白云涛：《文艺抗战与文艺大众化运动》，《抗战与文艺——纪念抗日战争胜利
70周年馆藏文物系列展》，北京时代华文书局，2015年，第28页。
② 《难忘的历程》（胶东篇），山东文艺出版社，1991年，第7页。

艺术研究会和艺术联合习作会，鼓励工、青、妇各群体团体创办自己的刊物，并以俱乐部和模范文化试点为中心广泛开展根据地文艺工作，推进民众启蒙运动。

第三，继续普及充满地域特色的文教运动，将文艺大众化推向深入。在抗战初期的文教基础上，中共山东分局继续大力加强宣传文化工作。在初期开展冬学运动一年多的基础上，进一步发展了民校、著名的识字班、读报小组、歌咏团、农村剧团、文艺俱乐部等，对扫除文盲工作有很大收获。据统计至1944年夏，山东抗日根据地已建立"初等学校8314处，学生47258名，省立中学17处，学生4000名，冬学9668处，学员626321名"①。乡村教育的战时普及是深刻的社会变动，不同程度地提高了群众的整体文化水平。群众读简报、识墙报、写笔记甚至创作剧本，更能深刻领会抗战精神，对支援前线和开展对敌斗争都起到了巨大推动作用。

第四，山东解放区文艺活动阵地主要集中在部队和农村。部队演出十分广泛，部队打到哪里就演出到哪里。抗战的文艺宣传工作多是以部队为中心、以剧团、宣传队、训练班的形式发展起来的。各部队普遍建立文艺俱乐部，"将连队中的军政问答、黑板报、广播稿、创造栏、表扬栏、批评栏、公布栏等形式样统一整理成墙报"②，并不定期尝试开办战士业余剧团和歌咏比赛。在军队以及地方上的工厂、学校等的文艺团体的示范下，农村各地也广泛建立了文艺俱乐部，内设剧团、民校、识字班、

---

① 李传玉、姜虹、刘金龙：《简论新民主主义文艺在山东抗日根据地的发展》，《齐鲁艺苑》，1995年第4期，第50页。

② 抗战时期渤海军区政治部编印：《部队文娱》，第4页。山东博物馆藏。

壁报组、秧歌队等。至1945年6月，"仅胶东一地就有这样的娱乐组织1.25万个"①。农村俱乐部有上级俱乐部的指导、群众团体支持和小学教育、巡回教育团的推动，成为乡村文化娱乐工作的中心，组成大众的文化网和文化堡垒。

"冬学模范教员"奖状（山东博物馆藏）

第五，山东解放区的文艺大众化在重重阻力中推行。鲁迅在论及这个问题时指出"应当有种种难易不同的文艺，以应各种程度的读者之需。倘若此刻就要全部大众化，只是空谈。"②从山东教育水平地区性不平衡的现实情况来讲，文艺普及大众化任重道远；其次，山东文化艺术干部有断层且特别缺乏，战时也不可能从中央有及时的调剂补充，至抗战中后期仍缺乏

---

① 吴春雷：《山东抗日根据地践行群众文艺路线的历史意义》，《兰台世界》，2015年第3期，第76页。

② 鲁迅：《文艺的大众化》，《集外集拾遗》，《马克思主义与文艺》，大众书馆、大众印书馆发行，1946年3月初版，186页。山东博物馆藏。

"统一有计划有力量的自上而下的组织领导系统"[1]；再次，文艺工作在与敌伪顽反动文化的斗争中，往往主动性不够，时常处于被动的地位，没有高度认识文化的战斗性。此外，不在少数的文艺界的人还是放不下架子去贴身群众，或在文艺创作上还留恋着以往僵化的形式。"文艺大众化"问题，固然要从文艺创作中贯彻和体验，而从文艺工作者本身思想观念上转变和提高，更十分必要。

三、抗战文艺工作者的思想转变

山东抗日根据地的面貌是空前未有的，文艺工作者顺应时代的思想转变显得尤为必要。当新一代的大批青年知识分子走进农村基层，往往呈现种种不适应的复杂心态，正是所谓"知识者迈向这条道路上的忠诚的痛苦。一面是真实而急切地去追寻人民、追寻革命，那是火一般炽热的情感和信念；另一面却是必须放弃自我个性中的那种种纤细、复杂和高级文化所培育出来的敏感、脆弱，否则就会格格不入，也带来了真正深沉、痛苦的心灵激荡"[2]。毛泽东同志在延安文艺座谈会中敬告所有文化工作者，必须使自己适合新的环境，描写新的人物、新的情感，并在分析文艺大众化的内涵时，特别强调将情感的变化视为大众化的重要标志，如此才能从本质上完成文艺大众化的任务。作家艺术家人生观、思想改造属于文艺大众化理论范畴，

---

[1] 李竹如：《文化斗争与文化建设》，大众印书馆出版，1941年8月，27页。山东博物馆藏。

[2] 孟繁华：《精神蜕变的自我苦斗——何其芳的心灵冲突与话语方式》，《社会科学战线》，1996年第6期，第15页。

更是全部文艺问题的出发点。

在山东，优秀的文艺工作者江风是文艺战线上的一员。他的经典论著《文艺大众化论集》是在抗战文艺大众化实践的集成，在山东文艺大众化理论实践方面起了重要指导作用。江风在论著中把文艺创作需要注意的问题做了详尽的经验总结，并做严格的自我剖析。他以自身为例剖析，实则指出广大文艺工作者们多少都存在的不足，并勉励他们在思想上下决心深入群众，并着力提出从群众那里改造艺术工作者的思想意识才是真正大众化的思想。江风是当时诸多文艺工作者们心态思想转变的缩影。

首先，在文艺创作中文艺工作者们开始重视理性和现实因素。文艺中鲜明生动的形象往往都是思想和情感、理性和直觉混合在一起而创造出来的，而这样的创作也只能在创作者亲身直接参加基层工作、参加革命新生活才有可能深刻真实地表现出来。作品内容重点描绘工农兵大众的战斗、生产生活、教育学习、民主生活、担架运输、缴纳公粮和进行反内战宣传等等这些最贴近人民大众的内容。文艺创作与根据地实际工作密切联系起来，这是创作大转向。

其次，文艺工作者埋下身子深入群众，转变思想和文风。馆藏保存下来的回忆录中，记载了山东的地方文艺工作者下乡采风的故事。老百姓长期处于受剥削受压迫的困苦生活中，对文艺工作者们的到来感到既陌生又怀疑，交流沟通存在限制和障碍。当时文艺工作者们分析老百姓最迫切的春荒断粮问题，想尽办法救济民众。像这样的例子在山东有很多，文艺工作者们改变了以往查学式、单纯搜集材料的表面形式，亲自参加群众斗争、农业生产，与群众同吃同住、互相交心，了解他们的喜乐疾苦，帮着群众解决问题，将战斗、生产生活和文艺活动结合起来。

再次，把群众看成是集体的批评家和导演，在群众实践运动中学习和考验。从群众中走出来的战士、民兵、英雄模范等，他们处在山东对敌斗争最尖锐最前沿的环境，他们将自己的亲身经历编剧演出，是战斗与生活的再一次展现，是十分可贵的创造。好的文艺特别应该"到所描写的对象和所在地区中进行考验。这是比较更加准确的。"①大众文艺与工农群众密切结合，更需要学习群众的语言去创作。民间文化中有极丰富的艺术形式，韵语、土语、调坎、西皮、民歌、棒子、秧歌、古乐、古风以及五言七言等是群众中已有的文艺宝藏，这是新文艺无穷尽的源泉。

最后，艺术作品创作的主题、题材、形式和内容都重视真正转向大众化。"文章合为时而著，歌诗合为事而作"，作品始终是衡量一个时代文艺成就的标准。在"一普"工作中新整理的抗战文艺作品，反映了在抗战不同阶段里，艺术家反映新时代、践行文艺大众化的不同风貌，是反映抗战文艺历史的真实物证。这些作品将新旧形式都运用起来，多为诗歌集、文艺评论、新戏剧（包括了话剧、歌剧、歌舞剧等）、说书、秧歌舞、鼓词、杂耍集等，还有定期或不定期出版的文艺刊物。其中戏剧是特别重要的宣传方式，社会影响广泛。剧本也大多着力反映战时斗争、英雄模范、乡村变革、妇女解放等方面。这些艺术作品也直接反映出了一个深刻的问题：中国文艺中终于出现了真正的农民群众、真实的农村生活及其苦难和斗争。

---

① 亚马：《关于戏剧运动的三题》，《大众文艺的理论和实验》，华中文化协会编，华中新华书店出版，1946年3月。山东博物馆藏。

山东省文化工作者协会文化工作团到部队演出时的留影

文艺工作者的思想转变是一个渐进且复杂的过程。1945年6月，茅盾发表《文艺界的感念》，笔锋犀利，用"党心动魄"一词来描述抗战大形势，尤其尖锐地指出了抗战八年之后文艺运动表面看上去"繁花似锦"，实则依旧脱节的现状，需要文艺工作者们痛切检讨。"人民希望在书本里、在舞台上看到他们心中的是是非非、善善恶恶。他们唾弃那些粉饰颂扬宽皮宕肉的奉命文学，人民心中自有其天平作家，笔下亦自有其绳墨"①。他更不惜笔墨地指出大后方的文艺运动，虽然"深入社会、面向民众"的原则是坚持着的，但由于现实形势，工作重点不得不集中于大城市。由于出版、上演及物价上涨等条件局限，读者和观众群在不断缩小。大后方文艺运动比起抗战初期来，照顾

---

① 茅盾：《文艺节的感念》，胶东新华书店出版，1945年6月。山东博物馆藏。

到了"提高",却牺牲了"普及"。相较于抗战初期那种阔达而活泼的作风,抗战后期的文艺运动却处于十字路口的紧迫尴尬局面。文艺作品要努力克服知识分子的优越感,以及好为艰深的新奇偏向。文艺工作者工作的对象,也不能不从城市的读者观众的小天地扩展开去,表现人民的喜怒爱憎。

四、抗战文艺对现当代文艺发展的深远影响

抗战文艺运动弘扬的伟大的民族精神,始终是激励齐鲁儿女百折不挠、攻坚克难、实现民族复兴的强大精神力量。抗战时期的山东文艺大众化实践是中国文艺历史变革的一个缩影,也深刻影响了此后的山东文艺发展主流。

新中国成立后的三十年,强调民间形式和传统文艺,成为占统治地位的理论。在创作和理论方面持续的保守观念,一直到20世纪80年代才稍有所变化。然而马克思主义不仅仅是革命和批判的理论,它同样是随着时代前进而不断发展的理论,更是建设的哲学和建设的文明。文艺大众化思想随着时代变迁和社会变革也有了更新的内涵。2014年,习近平总书记在新时期文艺座谈会中指出"人民既是历史的创造者、也是历史的见证者,既是历史的'剧中人',也是历史的'剧作者'。文艺要反映好人民心声,就要坚持为人民服务、为社会主义服务这个根本方向。这是党对文艺战线提出的一项基本要求,也是决定我国文艺事业前途命运的关键"[1]。

---

[1] 《习近平在文艺工作座谈会上的讲话》,《人民日报》,2015年10月15日02版。

源远流长的中华文明是文艺生长的深厚土壤，阔步前进的改革时代是文艺发展的壮阔蓝天。新中国70多年来，山东文艺事业的发展虽经历过低谷和挫折，新时期山东的文艺建设也取得了日新月异的发展。黄河落天走东海，万里写入胸怀间，新时代更需要无数艺术家们聚合人民的磅礴力量，赓续薪火、再造经典。

新中国初期山东文艺发展述论（1949–1957）
——基于山东博物馆新普查文艺资料的整理[①]

【主要观点】中国现代文艺变革发展的历史进程中，新民主主义文艺深刻影响了新中国成立后的文艺发展主流。新中国成立后，山东广大文艺工作者以丰富的创作实践、优秀的文艺作品反映新民主主义革命伟大胜利和筚路蓝缕奋斗建设的新生活。文艺服务于时代任务，"社会主义现实主义"作为文艺指导思想被逐步确定为创作和批评的最高准则。山东的文化艺术事业发生了显著变化，从积极挽救扶持和改革古老剧种、组织省级文艺汇演和文艺观摩以及探索农村文化艺术活动经验等各个方面改造和发展民间传统文艺。除了在深入群众实践中锻炼了对艺术鲜活的认知，山东文艺还在深入理解"社会主义现实主义"方面有了更新的认识。这完全得益于文艺工作者们深入基层生活的长久沉淀和对文艺创作思想的反思和体察，以及敢于对某些不良的创作倾向进行分析、批判的勇气。

---

① 本文研究资料来源于山东博物馆在全国"一普"工作中最新整理的、新中国成立初期山东各地文艺资料。本文属于2017–2018年度山东省艺术科学重点课题项目《新中国初期山东文艺思想发展研究（1949–1957）》阶段性成果。

迈入新时期，山东文艺的发展仍需要在大力弘扬社会主义文艺创作主旋律的同时，尊重、遵循文艺规律和文艺工作者的创造性劳动。山东的文艺理论家们更需努力培养具有生命质感的研究激情以及善于反思的理论眼光，紧跟时代发展要求，促进文艺观念和文艺实践的深刻变革，坚守以人民为中心的文艺创作初心，生产出更优秀的无愧于伟大时代的优秀作品。只有这样，中国的马克思主义文艺观才能够真正走出内化自成、不偏离马克思主义文艺思想本义的发展之路。

文艺的精神性价值是自身最为内在的、基本的价值所在。中国现代文艺变革发展的历史进程中，新民主主义文艺深刻影响了新中国成立后的文艺发展主流。在山东，1949至1957年文艺事业的发展，是文艺思想健康发展的历史时段，同时也是政治与文艺在保持张力和短暂"解冻"之间跌宕起伏的历史时期。笔者试图从山东地域特点出发，描画在全国文艺变革浪潮下山东文艺发展的历史面貌和发展特性。

（一）继承与丰富：以《讲话》精神贯彻于文艺创作和时代任务

新中国成立后，中国共产党始终坚持将文艺运动纳入到社会主义建设的时代任务中，文艺元素对于鼓舞民心、建设社会主义起到很大作用。广大文艺工作者积极响应中央号召，以丰富的创作实践发展文艺事业，以优秀作品反映新民主主义革命伟大胜利和创造建设新生活的壮志豪情，各种文艺杂志和戏剧舞台上开始呈现大批鲜活的社会主义新人物形象。

1950年《山东文艺》创刊，作为山东文艺的宣传阵地，该刊描绘新农村、新人物、新生活，主要刊登文艺社论、文艺理论、经典剧目、民间传统文艺、群众性文艺活动组织报道等。各种通俗的文艺形式如戏剧（歌舞剧、话剧、快板剧、地方戏）、相声、武老二、快板、大鼓、歌曲、小调等，多结合当时中心任务改编内容，丰富多样，生动活泼。1954年1月号的《山东文艺》开篇社论提出"文艺要为当前的过渡时期总路线的宣传服务"，鼓励"一切新旧形式都要利用，像地方戏、歌舞、快板，杂耍，幻灯，洋片，高跷、旱船、图片展览、街头小报等等，都是宣传总路线的好方法"①。省内各地文艺团体深入基层群众一线，到农村、部队、工厂等各地进行宣传和文艺演出。《白毛女》《刘连仁》《李二嫂改嫁》《王贵和李香香》等经典剧目在城乡广泛巡回演出，深受群众欢迎。

图1　1955年建成的山东剧院，为济南的地标性建筑之一

① 《抓紧春节时机，大张旗鼓宣传总路线》，《山东文艺》一月号，1954年1月10日出版，第2页。山东博物馆藏。

图2　新中国成立初期某文艺团体在济南大明湖公园内的游园演出

图3　济南曲艺团在第一届全国曲艺会演中载誉归来后，河南坠子演员
郭文秋下基层表演

图4　山东省京剧团演出《白毛女》剧照

图5　青岛茂腔光明剧团到工厂演出现场^①

---

① 山东博物馆藏山东文艺历史影像资料：图1.1955年建成的山东剧院，为济南
的地标性建筑之一；图2.新中国成立初期某文艺团体在济南大明湖公园内的
游园演出；图3.济南曲艺团在第一届全国曲艺会演中载誉归来后，河南坠子
演员郭文秋下基层表演；图4.山东省京剧团演出《白毛女》剧照；图5.青岛
茂腔光明剧团到工厂演出现场。

　　文艺服务于时代任务，必定接受特定时代的文艺理论引导。新中国成立之初，来自苏俄的"社会主义现实主义"作为文艺指导思想在国内被逐步确定为创作和批评的最高准则。"社会主义现实主义，作为苏联文学与苏联文学批评的基本方法，要求艺术家真实地、历史具体地描写革命发展中的现实；同时，艺术描写的真实性和历史具体性必须与社会主义精神从思想上改造和教育劳动人民的任务结合起来"①。一时文艺界学习苏俄蔚然成风。在此导向下，山东文艺创作呈现两大类主题：一是反映百年中国可歌可泣的革命历史，反映中国人民争取民族解放的光辉历程，颂扬抗美援朝战争中的英勇事迹。1950年，山东省文联召集文艺工作者动员大会，成立了山东省文艺工作者爱国捐献宣传委员会、创作慰问委员会、义卖义展义演委员会等，山东文艺界以实际行动支援战争，为保家卫国做出了应有的贡献。歌颂革命战争题材的文艺作品层出不穷。新中国成立前十年内，山东文艺作品总计出版发行1400余万册。其中长篇小说《铁道游击队》《战斗在沂蒙山区》《侦察兵》等都是比较优秀的作品。1954年，当代著名作家刘知侠著长篇小说《铁道游击队》出版后闻名全国，广受读者喜爱。新中国成立后小说被相继译成英、俄、德、法、越、朝等近10种文字，发行量400余万册。1956年《铁道游击队》在上海电影制片厂拍成同名电影，影响广泛。

---

① 张德祥：《现实主义当代流变史》，社会科学文献出版社，1997年，第52页。

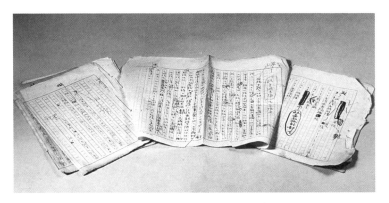

图6　刘知侠作《铁道游击队》手稿（部分）^①（山东博物馆藏）

图7　山东评书泰斗傅泰臣和评书演员研究如何说好新书《铁道游击队》

---

① 山东博物馆藏山东文艺历史影像文物图4：刘知侠作《铁道游击队》手稿（部分）。

　　第二大类创作主题是对"新时代"的歌颂，对社会主义建设和人民新生活的描述。作品创作中纪实通讯、报告、特写、小说占据了绝对分量。传统戏曲在内容和舞台形象上都经过了初步改革，并创作出一些新的优秀剧目。电影方面，国产影片、苏联及其他社会主义国家的影片广受群众喜爱。至1959年，山东的作家、美术家和文艺工作者在国内共出版了长篇小说7部，中、短篇、报告文学和通俗文艺读物149种，诗集20个，发表话剧剧本1000余个，编辑出版民歌70本，民间乐器94首，整理新曲艺502个等。这些改革的文艺形式试图在努力展现新中国工农兵的新面貌和新形象，通过各种形式在人民群众中广泛传播。

　　新的社会生活赋予文艺以新的内容与形式，更培养了生命力充沛的新文艺队伍。1951年山东省文学艺术工作者代表大会召开。作为全省文学、文艺工作者组成的专业性人民团体，是"党和政府联系文学艺术工作者的桥梁和纽带"①。同年11月，为提高各地文化馆干部政治思想和业务组织水平，并通过当年春节文娱活动大力向群众宣传过渡时期总路线总任务，山东专门开办文化馆干部训练班，提高学文艺干部学员的政治理论水平和业务辅导能力，对开展全省群众文娱活动起了有力的示范和辅导作用。

---

① 《文艺消息》，《山东文艺》一月号，1954年1月10日出版，第21页。山东博物馆藏。

图8　1951年山东省文学艺术工作者代表大会会址外景[①]

　　随着全省文艺政策的贯彻落实和文艺队伍的壮大和发展，山东的文化艺术事业发生了显著变化。至1956年5月，全省已建成电影院35座，放映队155队，文化馆（站）417个，职业剧团170个，剧场195处，业余剧团8683个，其中农村8493个。综合性俱乐部703个，其中农村505个。群众图书室3797个，其中农村3644个[②]。文艺工作者们跋山涉水，不辞奔波劳苦将电影、戏曲、歌舞剧等丰富多样的文艺活动送到了工厂、矿山和农村，使山区、平原、海岛上的广大群众都能欣赏到文艺，感受文艺传播的精神，成为广大群众业余生活中的重要组成部分。

①　山东博物馆藏山东文艺历史影像文物资料。
②　《山东省文化情况汇报总结》，1956年3月，山东博物馆藏。

图9　新中国初期山东济南光明电影院下乡放映

（二）除旧和布新：重视、挽救、改造并发展民间传统文艺
1.抢救性发掘和扶持古老剧种

新中国成立前，受封建等级观念影响，从艺人员的社会地位和经济处境相对低下，加之常年战乱，山东省内柳子戏、大弦子戏、莱芜梆子、东路梆子等古老地方剧种的艺人，多被迫流散在农村中，谋生无计、贫困不堪，各种曲艺的发展极度受限。新中国成立后，国家重视民间传统文艺的挽救和扶持工作，主张强调"在传统文化艺术形式中填充新民主主义的文化内容，积极宣扬爱国主义、社会主义和共产主义、革命、正义、精神等核心价值"①。1952年12月，文化部发出《关于整顿和加强全国剧团工作的指示》后，全国各地频繁举行话剧汇演和观摩演出。各地文艺机构对传统戏剧、电影格外重视，不断完善创作、

---

① 陈聪、梁宏志：《新中国初期文艺工作的革新与改造》，2013年第22期，第151页。

演出的指导规范。

为积极响应党和国家对传统文艺的扶持和改革，山东积极对古老剧种进行抢救性挖掘和扶持发展，对即将埋没的古老剧种"柳子戏""大弦子戏""罗子戏""莱芜梆子""东路梆子""一勾勾"等进行了抢救。至1956年，全省挖掘整理传统剧目近2000个，职业戏曲班、戏曲社达到100余个，剧场100多座。自1956年中央文化部通令减免演出税两年，中央和山东省一并拨款对戏曲艺人进行救济安排，改善了艺人生活和演出条件。山东又对曲艺、杂技、木偶、皮影等艺术队伍在进行了整顿，登记在册曲艺艺人3000多人。艺人们把政府的减免税收、对戏曲艺人的登记和救济安排称为戏曲界历史上三大喜事。翻身后的戏曲艺人们也积极参加各类政治运动，将戏曲与生产、工农兵服务的方向保持一致，在土地改革、抗美援朝、救灾义演、工农兵慰问演出方面积极贡献了才艺力量。

2.组织省级文艺汇演和文艺观摩

1953年3月，山东举行了全省春节群众文娱活动联合公演，演出内容重视地方戏曲的选择。观众普遍也对公演中许多地方戏曲如吕戏、蹦蹦、柳腔、洋琴、二夹弦、八角鼓、弦子戏、郑国戏、河北梆子、莱芜梆子、"鸳鸯嫁老雕"等都特别感兴趣，尤其喜欢改编后的表现人民新生活的地方戏。如莱阳专区掖南县剧团自编的蹦蹦戏《两对好夫妻》、德州市演出的侣戏《惠芳担水》都得到较高评价。1954年华东地区举办了隆重的戏曲观摩演出大会，山东省代表团参赛曲目众多，充分展示了老一辈艺术家的深厚功底和精神风貌。

1956年山东省文化局先后举办了两次群众性戏曲观摩汇

演，演出单位和人员来源十分广泛，不仅有专业剧团、业余剧团，还包括社会上各行各业中的文艺爱好者。演出剧种繁多，较为充分地发掘了省内流传已久的各类戏剧。山东省京剧团演出著名京剧《迎春曲》《古城会》和《昭君出塞》等；济南市代表团演出吕剧①《空棺计》；青岛市代表团演出茂腔《罗衫记》、柳腔《割袍》②；淄博代表团演出五音戏③《夏收之夜》；菏泽专

---

① 吕剧从说唱形式的"坐腔洋琴"演变而来，"洋琴"有百年以上的历史，是老黄河流域下游的产物，流传于河南、江苏、安徽、河北南部、山东等省。"洋琴"成为戏剧形式后，流传范围扩大，为广大群众热爱，在农村，尤其深受妇女群众的欢迎。山东省吕剧团以研究吕剧为主。吕剧传统剧目有80余个，1954年参加华东区戏曲观摩演出大会，演出《李二嫂改嫁》，获得一等剧本奖、优秀演出奖、音乐改革奖、导演奖、演员奖等。1955年省吕剧团赴京汇报演出，得到国家领导和专家们的鼓励和支持，同年又接受了赴朝慰问的光荣任务。至1956年，除了山东省吕剧团、济南市吕剧团外，惠民、济宁、莱阳、昌潍、泰安等地先后成立了吕剧团，流行范围，遍及全省。

② "茂腔"和"柳腔"本处于一个源流，20世纪初期才分为两支，除音乐不同，剧目及表演基本相近，以表演民间故事题材的为最多，在民众口中称为"周姑子"，和流行在山东地区内的五音戏和柳琴戏等剧中都有一定的渊源。茂腔流行于诸城、高密、胶县、日照、莒县等地，职业剧团曾到烟台、龙口，以及东北的大连、奉天、牡丹江等地。柳腔范围较小，只限于即墨、平度、青岛一带。

③ 五音戏又叫周姑子、秧歌腔、五人戏或五人班，是流行我省中部的一种民间戏曲，来源于民间秧歌和花鼓，有150多年历史，剧目以民间故事题材为主，新中国初期经常上演的有100多出。语言生动丰富，较为精炼。唱腔使用真腔，咬字清楚，在表演上还有不少从生活中提炼出来的舞蹈。五音戏经常活跃在章丘、历城、淄博、济阳、惠民、齐河、张店、周村一带，职业班社曾到过青岛、济南、北京、天津等地演唱。

区演出山东梆子①《万紫千红》、柳子戏②《白兔记》、大弦子戏《两架山》③、二夹弦④《离婚》、四平调《牧童与黄娥》；济宁专区演出河南梆子《穆桂英挂帅》，聊城专区演出河北梆子《打御街》、评剧《归来》；泰安专区演出莱芜梆子⑤《临潼山》；临沂

---

① 山东梆子，流行在山东西南部，河南省东部，江苏省北部的一个较大的剧种，或称"高调""高梆"。据说最早从西部经过河南传入，在山东地区流传近200年历史。在新中国初期基本剧目有300余出。普遍用板胡、二胡演奏，唱腔与表演独特。从发展历史和流行区域上看，山东梆子与河北梆子、河南梆子、莱芜梆子等彼此间都有影响，在山东西南部曾经占有重要地位。在新中国之初就有常香玉、陈素贞等名演员涌现。

② 柳子戏，是流行于山东地区的比较古老的剧种之一，根据元明以来的"弦索"的系统演变而来，是北方以词句形式发展起来的。曲调优美动听，与大弦子戏一样，以三弦为伴奏乐器。流行范围跨山东、河南、江苏三省交界的30多个县，新中国初期存留剧目170余个。保留了明末清初以来具有相当历史价值和艺术价值的剧目及表演，是山东地区优秀艺术遗产的代表之一。

③ 大弦子戏，流行于豫北、鲁西南一带的古老剧种，和柳子戏出于一个源流，最早在明末清初已经形成。以三弦、大笛等为主要伴奏乐器。演唱曲牌有二百多个，新中国前受长期战争影响，专业艺人和职业剧团锐减，曲牌失传许多，现仅存五六十个。剧目在新中国初期也仅存有162个。大弦子戏保留了既丰富的艺术遗产，音乐、舞蹈、表演、唱腔等都有特殊的艺术风格。

④ 二夹弦，流行于山东西南部及河南东部的一种民间小戏，使用四弦胡琴伴奏。自形成正规演出至今已有近百年历史。新中国初期剧目已将近100个，主要是民间传说、家庭故事与反映农民生活的小闹戏。曲调流畅优美、咬字清楚，广受群众尤其是妇女群众的欢迎。

⑤ 莱芜梆子：流行在泰安专区，以莱芜为中心辐射周边流行。由梆子腔和徽戏两大部分组成，来源可能是早期的徽班。新中国之初就已有400多名演员。剧目300多出，号称"江湖十八本"。抗战后职业剧团无法活动，演员分散在各地农村，1954年才又重新组织剧团，几年来又培养了大批新生力量，在泰安、莱芜一带，颇受群众欢迎。

专区演出柳琴戏①《张郎与丁香》；惠民专区演出东路梆子②《白虎账》、周姑子《两个姑子》、哈哈腔③《花亭相会》、一勾勾④《西秦》和昌潍专区的八仙戏《两个苦子》等等。演出节目题材广泛，多是反映生产竞赛、学习文化、民间故事、群众生活以及镇压反革命分子运动等。

在省级的群众文娱演出中，地方戏普遍受到重视的原因主要有几个，一是排演地方戏群众比较熟悉，比排演新歌舞剧要省事的多；二是群众能够掌握地方戏形式的特点，排演起来能

---

① 柳琴戏：又叫拉魂腔、周姑子等，伴奏乐器最特殊的是柳叶琴，由此得名。柳琴戏最早出现在山东临沂一带，后分成三路向外发展到五河、滕县、砀山、徐州等地。剧目多为民间流传故事，因它与广大农民群众保持密切联系，演出适合农村风味，深受群众欢迎。新中国初期山东有临沂和滕县两个柳琴戏剧团，并将演出地区已扩大至鲁、苏、豫、皖四省。

② 东路梆子：又称章丘梆子，山东较为古老的剧种之一。流行于山东章丘、惠民、昌潍专区西部和聊城专区东部。至今已有两百余年历史。新中国之初东路梆子有剧目155出，但总体趋于没落，由老艺人刘长庚、左兴明等聚集老艺人组成剧团，流动演出。

③ 哈哈腔：或称喝喝腔，流行于河北省东南部和山东省西北部。产生于河北省民间的一种地方小戏，由河北省盐山县传入山东，其发展过程中受梆子戏影响，历史悠久，迄今已有近四百年的历史。早在清代乾隆年间"百本张"戏曲抄印出版物抄印的牌子曲中，就有喝喝腔这种俗曲。新中国初期有剧目124出，表演朴实，保持了浓厚的民间色彩，舞蹈虽然简单，也独具风格。但在历经多年战乱后，呈现萎靡状态，新中国成立后河北省有个别职业剧团、山东省乐陵、无棣等地农村业余剧团有深厚群众基础，老演员培养出大批青年男女演员，多在农闲和春节时演唱。

④ 一勾勾：流行在山东聊城、惠民地区的"四根弦"剧种，又名"河西柳"。因腔调尾音翻高，向上勾起，因而称为"一勾勾"。最早源自于山东高唐地区，与二夹弦关系密切。新中国初期剧目有70余出。临邑、齐河、禹城一带，仍有不少业余剧团，在农闲时经常演唱。

够很好地发挥他们的创造性，排演得活泼生动。他们也常将新歌舞剧或话剧改编成地方戏的形式来上演，这种形式在当时也是十分提倡的。掖南县路旺区原家村剧团演出的蹦蹦戏《两对好夫妻》起到很好的示范作用，在1954年第4期《山东文艺》杂志中，署名唐聚庆编写的《两对好夫妻》和山东快书《淑敏结婚》都是表现《婚姻法》颁布之后的普法宣传故事，反对包办婚姻，推动婚姻自由。剧本描写人物特点突出，人物语言和心情刻画入情入理，妥帖自然①，文艺创作方式受到政府鼓励。

3.农村文化艺术活动的经验

山东广袤的农村地域中传承着悠久的艺术创作，口头文学、流传民歌浩如繁星。黄河两岸的人民在战天斗地、建设家园的奋斗中创造了许多船歌、硪歌、夯歌。沿海人民在长期渔猎劳作中也创作了许多渔民歌曲，如邓州号子、莱州号子和益州号子。此外，广大农民在农业劳动中也有他们的浇园号子、打场号子和拔葱号子等，此外还有结合民间舞蹈的胶东和聊城等地的秧歌，以山东琴书、山东大鼓、聊城八角鼓、临清丝调、鲁中渔鼓、胶东大鼓等为代表的说唱音乐等，这些民间文艺形式淋漓尽致地表现了劳动人民生活的悲欢喜乐，是源自人民中的宝贵艺术财富。随着山东地区农业合作化的进展，广大农民群众在集体生活中也要求表现集体的艺术、表现他们新的生活，喜欢用民歌和民间乐器展现新的生活面貌。文登地区的《报喜队》就是根据胶东秧歌改编的，由农民参加农业高级社后向政

---

① 山东省文学艺术界联合会、山东文艺社编：《山东文艺》，1953年4月号、1953年4月10日出版，第2页。山东博物馆藏。

府报喜的故事稍微加工而成，是当时广泛深入开展的合作化运动的缩影。

　　1956年农业合作化高潮到来，人民生活逐渐有了改变和提高，催生了农村文艺团体——农村俱乐部，宣传时事政策、普及文教卫生。农村俱乐部经常开展读报、收听广播、图书图片展览，组织各种报告讲座学习，组织看电影、唱歌、跳舞、演戏、演幻灯等活动。俱乐部在几年间发展中形成了网络分布，社社都有俱乐部。俱乐部相互之间经常交流经验，交流节目，并且组织了一些演出点，请到全国、省里的优秀演员，到演出

图10　肥城县文化馆指导城关公社文工团排演《群英水库》
获省汇演大会优秀奖①

①　山东博物馆馆藏山东文艺历史影像文物资料。

点里去指导文艺和进行文艺演出。山东各地涌现出了很多文艺活动示范村，丰富广大农民的文化生活。山东惠民县九区的孔家农村剧团就是群众性业余文娱组织的代表。多年工作中，他们总结出关于农村剧团活动常年化、农村剧团活动经常化、剧团组织制度化等宝贵的工作经验，对农村文艺运动普及有积极的推广意义[1]。

但同时，群众文娱工作也走了一些弯路。如有的地方对上级号召没有深入执行，对地方戏不够重视，甚至禁止演出地方戏，认为地方戏"不排场""不正派"。对此《山东文艺》杂志专门刊文批评了这种观念，指出"地方戏是地方上长久流行的戏剧，是广大劳动人民创造出来的民间艺术。对待地方戏，应该把各种形式的地方戏曲都加以领导、发掘出来，很好地加以研究，慎重的适当的而不是粗率的不正确的来进行一些必要的改革。把一些糟粕去掉，把许多精华保留下来并加以发挥和运用。尤其提倡鼓励农民将新生活以地方戏的形式编成剧本演出，当然不排斥一般的新歌舞剧或话剧演出"[2]；另一方面，有的地方对农村文娱则非常重视，甚至出现一些过火现象。在1954年4月的《山东文艺》上署名张思明发表《关于农村剧团的一点意见》，指出一些经过调查后发现的问题。地方上有的农村剧团为提高工作水平，请外地区人教戏，竟以此向群众摊

---

[1] 惠民县文化馆杨子玉：《孔家农村剧团常年活动的经验介绍》，《山东文艺》一月号，1954年1月10日出版，第28页。山东博物馆藏。

[2] 山东省文学艺术界联合会、山东文艺社编：《山东文艺》，1953年4月号、1953年4月10日出版，第3页。山东博物馆藏。

派收取钱财，尤其点名指出邹县五区田家王村剧团为请滕县地区的老师教戏，居然许下壹佰万元的请教费；甚至有的剧团因欠债很多，竟然发展到让群众按地亩拿钱摊派，已被当地明令禁止。文艺演出是为群众的生产生活服务，打着为群众服务的旗号而做损害群众利益的行为，必然得不到群众的支持和拥护。

1956年在全省关于业余音乐舞蹈汇演中，各地选送了新创作和改编的各种民间舞蹈（花灯、旱船、秧歌、手鼓、云灯、小车、鱼蟹、蚌蛤、落子、斗狮、斗牛、斗虎、大头、扑蝶、扑鱼等）；音乐方面有山歌、小调、民歌、牧歌、小曲、新歌演唱、民间说唱、管乐、弦乐和弹拨器乐等。这些新作品如昌潍地区的《打井舞》、青岛的《果园丰收舞》等充分体现了农民群众之中蕴含的优秀艺术。王统照在这次会演闭幕式上指出"重视继承、加工整理的工作，是很有意义的，否则，我们新的创作就没有根，没有基础"[1]。

（三）政治与文艺：马克思主义文艺观为指导的意识形态统一

新中国成立后，毛泽东文艺思想奠定了文艺理论的主要框架，成为文艺创作实践的出发点和基本原则。山东在总结新中国成立初期文艺发展成就时，着力强调了政治对于文艺的统领作用，指出做好文化工作决定性的关键在于"坚决依靠党的领导，这是办好一切事业的根本保证，在文化艺术工作上

---

[1]　《山东省农民音乐舞蹈会演专刊》，山东省文化局编，1956年，第3页。山东博物馆藏。

更加如此。"[1]

1952年开始，山东文艺界开展了政治修养和艺术修养"双修养"的马克思主义理论学习"补课"。文艺界遵从以意识形态做为基本标准，以此来判定作品是否符合社会主义现实主义。这样的革新和改造，在新中国初期取得了好的成绩。但囿于时代原因，山东文艺事业在20世纪50年代后期到"文革"前也从平顺发展逐渐走向坎坷跌宕的一条弯路。

劳动人民在生产劳动中也乐于进行文艺创作和文艺活动，自写自编、自唱自演。文艺与群众结合，促进知识分子工农化、工农群众知识化。作品淳朴而细腻，展现了民间文艺旺盛的生命力。工农作家王安友、苗得雨等都是深入群众的优秀文艺工作者的代表。1953年的《山东文艺》中署名筲远的作者撰文指出："写作是一种艰巨的复杂的劳动，凡是有成绩的作家，没有不是以百倍的努力，积极钻研，克服种种困难并以顽强的精神来深入生活、来积极劳动着的"[2]，同时以山东作家王友安举例，他在新中国成立后担任了好几年的济南历城分区委书记，群众工作实践丰富，做工作的同时，更是努力学习、锻炼写作，仍不断深入群众基层工作中体验生活，最终写成了《李二嫂改嫁》的经典时代作品，其手稿至今收藏在山东博物馆。

---

[1] 山东省人民委员会外事办公室编印：《山东省十年来各项建设事业的成就》，1959年9月，第11页。山东博物馆藏。

[2] 筲远：《多学习、多体验、积极劳动》，《山东文艺》，1953年4月号第2期，第17页。山东博物馆藏。

（四）结语

历经十年"文革"内乱、拨乱反正之后，文艺界也迎来崭新的发展。1979 年 10 月，邓小平在全国第四次文代会上指出，"不继续提文艺从属于政治这样的口号"，但同时还指出"文艺是不可能脱离政治的。任何进步的、革命的文艺工作者都不能不考虑作品的社会影响，不能不考虑人民的利益、国家的利益、党的利益"①。

文艺是时代前进的号角，最能引领一个时代的风气。进入新时期，山东文艺事业的发展在弘扬主旋律与发展多样化之间的关系问题上有了更深入的实践性思考。文艺发展更需要一方面大力弘扬社会主义文艺创作主旋律，另一方面"尊重文艺工作者的创作个性和创造性劳动，政治上充分信任，创作上热情支持，营造有利于文艺创作的良好环境"②。山东文艺工作者们还要努力培养具有生命质感的研究激情以及善于反思的理论眼光，以传承中华民族几千年来积累的知识智慧和理性思辨，紧跟时代发展要求，促进文艺观念的深刻变革，坚持以人民为中心的文艺创作导向，创作出更优秀的无愧于伟大时代的优秀作品，为"中国智慧"贡献"山东力量"③。只有这样，中国的马克思主义文艺观才能够真正走出内化自成、不偏离马克思主义文艺思

---

① 中共中央宣传部文艺界局编：《邓小平论文艺》，人民出版社，1989 年，第108 页。

② 《习近平主持召开文艺工作座谈会强调：坚持以人民为中心的创作导向，创作更多无愧于时代的优秀作品》，《人民日报》，2014 年 10 月 16 日。

③ 中共山东省委书记刘家义：《坚定文化自信，担当文化使命》，《光明日报》，2018 年 11 月 26 日。

想本义的发展之路。

五、红色钱币票证整理和研究

解放战争时期山东粮食总局粮草票证发行情况探析①

一般说起票证时代，大多指的是新中国成立后从1955年到1993年近40年发行购粮凭证的时期，以粮票为代表的票证，是中国长期实行计划经济，商品短缺的见证。而票证早在1921年中国共产党刚刚成立之初，井冈山地区就开始了发行和使用。那时期发行的"中华苏维埃共和国临时中央政府临时借谷证""群众借谷票"等都是红军向群众的借粮凭证。历经抗战和解放战争时期，粮草票作为战时粮草的配给方式，对于战争的胜利贡献卓越。尤其是解放战争时期共产党发行的票证，是革命军队在人民群众支持下浴血奋战的历史见证，具有重要的历史价值和纪念意义，但其历经战火洗礼和经年累月的岁月侵蚀，现今存世量稀少，又因收藏不易而鲜有研究，偶有提及也是笼统概括地讨论。山东博物馆幸珍藏有山东省粮食总局在解放战争时期发行的不同类型的粮草票，通过对其细致整理并结合相关文献资料，以期对山东省粮食总局在解放战争时期的粮草票发行情况做出较为客观地分析。

（一）山东省粮食总局粮草票的发行

1945年8月抗战胜利后，晋冀鲁豫边区是中国共产党及其领导的军队同国民党军队作战的主要战场，人民解放军纵横转

① 本文原发表于《中国钱币》，2014年第6期。

战，不断地扩展和巩固根据地，使逐渐划分的胶东、渤海、鲁中南三大行政区连成一片，直至山东全境解放。古云"兵马未动，粮草先行"，可见粮草对于战争的重要性。在战争中，粮草工作一直是至关全局的重要一环。它从收购、储运、加工、供应等各个方面，适应战争形势，大力支援前线，保证了粮食的军需民食，对取得战争胜利，起了重大作用。除了粮食，战马、驮炮骡马、马车骡马等都是军需必备，粮草消耗极大。当时除了要提供前线军需弹药的供应，还得充分保障支前民工和后方粮草的储备。下表可清晰反映出在1947到1948年间解放战争战役日用粮食情况。

山东前方作战部队、参战民工日用粮食情况表[①]

战役名称	年月	部队与民工人数（万）	每日用粮数量（万斤）
鲁南战役	1947.1	19.8 万	49.5
莱芜战役	1947.2	37.6 万	93
泰蒙战役	1947.4	40.2 万	100.5
孟良崮战役	1947.5	40.0 万	100
南麻、临朐战役	1947.7	43.5 万	108.75
胶河战役	1947.10	14.5 万	26.41
莱阳战役	1947.11	7.4 万	18.5

---

① 《山东支前委员会两年来支前粮食供应工作报告》，1948年11月17日，山东省档案馆档案，永久6.1.28.25。

战役名称	年月	部队与民工人数（万）	每日用粮数量（万斤）
胶济西段战役	1948.2 ~ 4	12.2 万	30.5
昌潍战役	1948.5	16.6 万	41.5
泰安、兖州战役	1948.6 ~ 9	14.5 万	36.25
济南战役	1948.9	63.1 万	157.82
淮海战役	1948.11	54 万	135

　　由上表可见前线军粮供应量的巨大，约计最低每日须供应 30 万斤（如胶河、莱阳战役），最高每日前方军粮供应达 200 万斤以上（前线医院、后勤部门马料在内），部队日益扩大、集中，吃粮人数逐日增加。由于近代化战争与落后运输工具之矛盾，部队的高度集中与机动作战，战争规模日大，战役之间间隙日趋缩短，在此情况下，前方军粮及时供应，已发展成为足以影响战役胜负的重要因素。故战粮的供应任务，也是争取和保证作战胜利的基本条件之一。而在当时，后方粮草物资供应还不能满足需求。1946 年 6 月以后，国民党军队将进攻重点转移到山东解放区，使粮食供给渐趋紧张。特别是华东主战场转移到山东，华中野战军、苏皖边区政府及后方机关人员大批进入山东后，粮食供给压力增大。1947 年 2 月底，山东主战场的鲁中南地区，滨海、鲁南两区已基本无公粮库存，鲁中亦存粮有限。严峻的形势迫切需要实施合理的战时粮草分配制度。

战时的粮草供给早在抗日时期就已实行，1940年省战工会和各地抗日民主政权相继建立后，就逐渐有了具体的粮食供应制度。1941年省战工会为统一收支、节约食粮，规定了支粮票的使用办法，无粮票者不准发给粮食。当时的支粮票规定按照沂蒙、泰山、滨海、胶东、清河、鲁南六个地区实行，由各地区的最高行政机关按照规定式样，统一印发，但执行时亦有变化，如就目前掌握资料来看，尚未发现有沂蒙和泰山地名的粮票。直到抗战胜利之后，1945年11月，胶东区行政公署发文通知，仍使用1944年下半年和1945年印发的通用票、谷草票等。[1]各地粮票制度推行以后，有的地方实施极不严格，地区与地区之间粮票的不统一导致浪费现象相当严重，为此，山东省政府于1946年6月刊发《关于统一与严格粮票制度问题》的决定，统一粮票的印制和发行工作。

（二）山东省粮食总局先后印发的粮草票证

自1946年山东省政府开始统一印发粮草票开始，直至1949年10月建国之前，山东省粮食总局根据战争形势和粮食配给情况，曾先后发行流通过不同类型的粮票和柴草票，采取限量供应的具体品种、数量的印刷证明，限制在具体地区、时间内使用，成了当时解决有限资源分配的一种行之有效的工具，一直使用到新中国成立前夕。

1946年山东省政府规定，粮票的发行权统一于山东省粮食总局，但为便利及时起见，特责成鲁中、鲁南、滨海三分库代

---

[1]　《山东省政府决定——关于统一与严格粮票制度问题财字第四十三号》，1946年6月，山东省档案馆档案，永久14.1.2.2。

印刊发，但发行必须凭省粮食总局的直拨书，不得擅自发行。发行会计独立，直接对省粮食总局负责。发行的粮票暂分改造旧粮票与印制新粮票两种，其具体办法是，"改造旧粮票，即是将各战略区所发行的旧粮票加盖粮食总局之戳记及三十五年（1946年）度章。印制新粮票，要力求精致耐久，其式样大小，正背文字之排列，须依据粮食总局所规定之式样印制之。其详细花纹，各地可自行设计。新票票面要加盖号码，为补救号码之使用不足，特规定"厉行节约、严格制度、减轻负担、保障供给"十六字为区别字。鲁中为"厉行节约"，鲁南为"严格制度"，滨海为"减轻负担"，粮食总局为"保障供给"四字。新印粗粮票为红色版，麦票为蓝色版。"不论新印或改造，凡蓝色版要加盖红章，红色版要加盖蓝章，力求明显，以免混同，发生流弊。"[①]其他未经改造的旧粮票，一律停用。

粮票分麦粮票和秋粮票，均有斤票和餐票之分。斤票为机关和部队向粮库兑换粮食时的领粮凭证，其特征是票面单位为斤，如遇到不得已情况，方可以向所驻村政府抵借。餐票为饭票，只准个别出发工作人员向村户、机关部队吃饭使用，专由村镇长收集向粮库兑换粮食。柴草票是供应解放区军队、机关烧柴所用，禁止转卖。在新票的号码中，从现今掌握的资料来看，未见有加盖数字号码的柴草票，但加印区别字或加盖英文字母的柴草票却很多。

山东省粮食总局1946年发行的粮草票现今已是凤毛麟角，极为少见。山东博物馆现收藏有1946年山东省粮食总局发行

---

① 《山东省粮食总局通告粮字第十号》，《大众日报》，1946年6月21日。

的秋粮餐票和秋粮饭票（贰餐）和柴草票（"拾斤""伍拾斤"和"壹佰斤"），未见斤票。据调查资料看，存世的还有麦粮餐票（"壹餐"）和秋粮斤票（"伍拾斤""壹百斤"）、秋粮饭票（"伍餐"）而柴草票据馆藏及调查资料看，则有十斤、三十斤、五十斤、一百斤、三百斤的面额。1946年的马料票和马草票现未有收藏。

在发行的这些粮草票中，麦粮指的是小麦面，餐票每餐一斤二两，外加二两柴草票；秋粮指的是苞米、谷子、小米等，餐票每餐一斤，外加三两柴草票；柴草票或烧草票在大鲁南指的是高粱秸、苞米秸以及其他杂草，而胶东烧柴则以木柴为主。同年山东省粮食总局还明文规定了"绝对禁止买卖粮票或餐票及以粗粮票换细粮票或其他物品，乃至当做货币流通市面。"[①]

1946年山东省粮食总局印制的部分粮草票证

（山东博物馆藏）

1946年秋粮"餐票"贰餐（滨海发行之票面印"减轻负担"）

---

① 《山东省粮食总局发行之粮柴票与胶东粮食分局发行之粮柴票折合使用办法》，1946年7月28日。山东省档案馆档案，永久14.1.17.19。

1946年秋粮"饭票"贰餐（"保"字）

1946年柴草票十斤（"障"字） 1946年柴草票五十斤（"供"字）

1946年柴草票一百斤（"供"字）

在1946年新粮票制度实行以后，范围未涉及胶东地区，而在1946年夏季，鲁南和胶东地区已经成了军事战略上的一整块地区，不管是支前工作还是安置后方，部队人员、民夫、民兵的来往调动，在粮草票的使用上，均要求迅速统一。故粮草票的使用，由于使用范围的局限就发生了很多困难和问题，而在当时又不能马上统一粮草票情况，故山东省粮食总局于1946年7月先确定将"鲁南和胶东两地区之粮柴票折合使用办法（滨北地区以使用粮食总局粮柴票为标准）。"[1]胶东地区当时行使粮票种类繁多，加上当时华中及大鲁南地区机关人员转移到胶东，大批外区粮票随之带去行使，导致胶东粮票制度极为紊乱，故据省的新粮票制度，胶东也相应作了调整。规定凡山东省粮食总局1947年所发行的新粮票在胶东地区统一使用，不论在票面上是否加盖"胶东"字样，一律通用。"胶东以前发行的粮票，于1948年1月1日起一律停止使用，唯胶东发行之一斤粗细粮票暂准流通。"[2]

1945年胶东发行的壹斤粗粮票（1948年后仍暂准流通）

---

① 《胶东区党委、胶东军区司令部、胶东区行政公署关于停止使用旧粮票发行新粮票重要决定》，1947年12月20日，山东省档案馆档案、永久31.1.1012.22。
② 《山东省粮食总局通知》，《大众日报》，1948年4月5日。

1947年胶东发行壹斤细粮票通用（1948年后仍暂准流通）

　　而对于滨海地区的渤海粮食分局，使用粮食总局粮柴票为标准，另外在1947年发行了以"渤海粮食分局"为发行单位不同面值的粮草票。这些粮草票的背面均注明只限解放区军队或地方机关工作人员使用，不准人民使用；且只限于向村长或村以上的机关换取给养，并须有机关部队的正式证明，否则不予兑付。凭票供给后，得向各级粮库兑换现粮。并禁止粮草票转卖或当货币流通。本馆馆藏有1947年的粗粮票和马草票、柴草票。粗粮饭票在现有资料看来，也分斤票和餐票，馆藏餐票分两种，一种加盖"军用"字样和号码，以餐为票面单位，每餐兑换粗粮壹斤五两（包括柴草粮三两在内），另一种加盖"普用"字样和号码，但也只限于解放区地方工作人员使用，以餐为票面单位，每餐兑换粗粮壹斤三两（包括柴草粮三两在内）。斤票则只见有麦粮票十斤，正面有"〈A〉"字样，正反面都是蓝色印刷。

1947年渤海粮食分局粗粮饭票壹餐（普用）

1947年渤海粮食分局粗粮饭票贰餐（军用）

1947年渤海粮食分局马草票五斤

1947年渤海粮食分局柴草票十斤

1947年渤海粮食分局柴草票五十斤

山东省粮食总局1947年发行新一批粮票,新粮票中的秋粮票、麦粮票均分为十斤、五十斤、一百斤、三百斤四种,马料票、马草票均分十斤、五十斤、一百斤三种,各种票面均印有"中华民国三十六年"字样。

1947年山东粮食总局发行的部分粮草票证

1947年麦粮饭票壹餐

1947年秋粮饭票贰餐

1947年麦粮票十斤

1947年麦粮票票版三百斤

1947年秋粮票票版三百斤

1947年柴草票五十斤

1947年烧草票一百斤

　　到了1948年随着战争规模的扩大，山东地区粮草票的需要数目空前增加，而粮票制度在实际实施过程中仍存在制度松懈和非法滥发的现象，外区部分粮（草）票也有部分进入山东地区，更使得种类复杂、真假难辨。故在1948年初，为了严格制度、杜绝漏洞、防止舞弊、澄清粮政，也为了保证节约备荒，保证战争胜利，山东省政府决定所有过去山东省粮食总局所发行的粮草票以及各地自印的粮草票，一律停用作废，另发行新的粮（草）票统一使用，粮票分为麦粮票、秋粮票、马料票、柴草票、马草票五种。"麦粮票为蓝色，秋粮票为红色，票面额均为一餐、两餐、10斤、50斤、100斤、300斤六种；马料票为紫色，分1斤、10斤、50斤、100斤、300斤票五种；柴草票为黑色，马草票为草绿色，两票票面额均为10斤、50斤、100斤、300斤票四种。"①新印的"山东省粮食总局粮草票"正面上盖有"A"或"B"或"胶东"字样的，一律通用。新粮草票正面盖有"B"，颜色较轻淡，花纹较模糊粗糙。字样的新粮草票发行后，旧粮票即于1948年2月1日废止。1948年发行的新票在使用中曾有几次变更，现已极为罕见，鲜有收藏。本馆收藏一张

1948年秋粮使用票一餐

---

① 《山东省粮食总局通知》，《大众日报》，1948年4月5日。

莒南县政治处1948年8月1日制的秋粮一餐使用票，当时仅限于机关内部使用。

　　到1949年战争环境发生更大变化，"民兵民夫大批使用粮票，后方各种建设薪金粮，又多以粮票开支工资，因而使制度紊乱，以粮票做货币流通及不法分子乘机收购渔利现象到处发生。特别是我军南进之后，由于山东粮票已失去其供给价值，因而个别单位乘机买卖，或利用一切关系使粮票回头，以致造成某些交通沿线、接近前方地区粮票泛滥，有的商贩一买数万斤的严重现象。"[①]为整顿这些乱象，保证山东的粮食供应和各种建设开支，自1949年7月1日起，省政府决定开展粮草票改革工作，停用除麦粮餐票以外的民国三十六年发行的粮草票，启用山东省粮食局新发行的竖版（1949年版，即民国三十八年版）粮、料、草（柴）票。竖版新粮票分为餐票与斤票，餐票有麦粮餐票和秋粮餐票两种，面额均为十斤、五十斤、一百斤、五百斤四种。而马料票票面额分一斤、十斤、五十斤、一百斤、五百斤五种，柴草票和马草票票面额均为五斤、十斤、五十斤、一百斤、五百斤五种。这套新票一直沿用到1953年。票改工作由山东省粮食总局组织，各分支局粮票科具体实施票改工作方针与步骤。在研究各地粮草票的混乱情况下，各地区确定处理原则及票改中的一切具体手续，并做了明文规定。省局对于各地票改工作中出现的缺陷做了及时监督和调整。

　　票版是印制粮票的铜质或铁质的模子，在馆藏的粮票中，

<hr>

① 《山东省人民政府关于停用三十六年度发行之粮草票的工作的决定》，1949年6月，山东省档案馆档案，永久12.1.29.3。

在不同时期发行的粮票面值大小不一，收藏不是很齐全，故一部分面值的粮草票用当时对应的票版来代替说明问题（以下是1949年山东省粮食总局发行的部分粮草票证及票版）。

1949年秋粮饭票壹餐　　1949年秋粮饭票贰餐　　1949年麦粮饭票壹餐

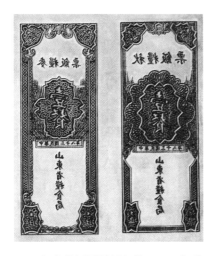 

1949年麦粮饭票票版壹餐、1949年秋　　1949年秋粮票票版一百斤
粮饭票票版壹餐（在同一个票版上）

1949年大米票票版五十斤　1949年马料票票版五百斤　1949年马草票票版十斤

六、山东粮票制度票改工作的历史回顾

山东省粮食总局在解放战争时期先后发行了不同类型的粮草票，并在1949年6月到8月又进行了系统的票改工作。由于战争的影响和组织领导的不健全，粮票制度在实施过程中长期混乱，粮草票一度被当做流通货币，换取物品。粮草票制度的及时出台及调整在当时有力地保证了粮食供给工作的顺利开展。

山东地区在新中国成立前的几个月中正确地执行了粮票票改政策，灵活运用各项处理原则，严格登记审查工作。在票改工作中清查了一批贪污分子、教育了投机商人，杜绝贪污流弊，减少国库开支，且分别确定了发还现粮或交公转账，清理了各部门往来借欠的债务。

票改工作提高了干部的群众观念与战争观念及业务水平，对开展新中国成立后的粮草票工作很有帮助，同时也熟悉了业务工作上的具体手续，如账目的记载及各种表单的使用。"特别是没收停用万斤粮草的规定，不但是减少群众损失，降低了当时的财政困难，对战争的继续支援和建设恢复发展，起了很大作用。"

后 记
革命文物工作中的颠覆与提升

文博工作是大学问，虽已入行十余年，对于我个人来说，虽然已有些许沉淀，但仍有太多方面需要反思所学、总结经验教训，以备瞻望前路。后面要说的话，是我在革命文物保管和研究工作实践中积累的实践感想。在繁忙的工作之余，时常需要冷静下来思考，好好总结。紧随党中央的政策号召，关照结合当下文博事业不断发展创新的理论前沿，颠覆固有的惯性逻辑和工作思维，不断注意综合提升职业能力，然这一切都离不开自身的不懈努力。

一、研究方式和思维的颠覆

十三年前，我从山东大学中国近现代史专业毕业后来到文博工作的一线岗位，从零开始接触博物馆学和文物学，从琐碎的日常文物工作中、从十余年抛洒的汗水里逐渐感悟到，论及研究方式和逻辑思维的颠覆需有两层含义：一是指文物研究方式从借鉴史学到研究史学，二是指文物研究思维从狭义史学到广义史学。

首先在研究方式方面，需要颠覆固有的低层次的借鉴模式，尊重并践行真正的研究史学。由于在学校期间接触的大部分都是现代的学术专著、期刊，翻阅近代的典籍、调查资料、文献之类的一手资料，但这些资料十分稀少且宝贵，不易见到。不客气地说，在浅层次的尝试性学术研究中，往往倾向于依赖、借鉴他人的学术观点、研究论著和他人搜集引用的一手文献史料，这样浅薄的基础之上做出的大多也是低层次的借鉴研究，这在严谨的学术求知中是大大忌讳的。然而在博物馆，近现代文物部分几乎都是第一手的原始资料、文物，都是近现代中国历史的缩影和保存下来的实物见证，资料真实可靠，在文物研究工作中这是极其便利的条件，更是一座山东近现代史研究的知识宝藏。

其次，在研究思维方面，应该从狭义的历史学研究进步到以文献资料和文物研究相结合的广义历史学。本身从历史学科学体系来讲，文物研究和历史研究都是历史科学的重要组成部分，二者构成了研究时代的历史科学双翼。以自己在学校期间积累的史学研究基础，结合身边真实的文物资料，对于研究有很大帮助。某一次在全国"一普"文物清点过程中，我们惊喜地发现了一套新中国成立前的火车票，样式与今天的大大不同，特别罕见，这在文献记载中或是学术研究中鲜有见闻，相信对新中国初期交通业、运输业方面的研究是有利的；另一方面，将有可信性内核的文献史料与现有近现代文物和后续征集文物结合，得出带有探索性质的学术见解，在学界也是认为相当可行和相得益彰的，故这应该才是包含在广义历史学研究范围内的尝试。硕士求学，跟随山东大学路遥老教授做义和团运动研究时，老先生在学术上给予我极多的指引和帮助。他们那一辈的学者学风严谨扎实，是极为重视调查研究和原创史学的。在我做毕业论文的时候，路老无私提供给我他珍藏的20世纪义和团运动田野调查资料手稿，并时常勉励我在今后的研究道路中需多重视广义史学思维、重视一手资料。除了借鉴第一手的义和团参与者口述史调查资料，当时我还有幸参考到了山东博物馆中的文物——立体西洋镜画片（"拳片"）。这组画片正是1900年前后美国传教士詹姆斯·理查德在近代中国义和团运动时期拍摄的一系列照片，但当时仅仅是参考的博物馆同事发表的一篇论文，画片实物我并没有见过，故引用也属于二手资料了。机缘所致，等到了博物馆工作之后，我有幸在近代文物库房中见到了画片的真貌。影像文物清晰呈现了庚子年间京津义和团作战实况和八国联军的军事活动。对这组文物的整理、翻译和研究，得以在后续结合历史文献、报刊、外国记者笔记等增补完善，这也是开始真正尝试以物证史，以史彰物，比较之前所作的研究有了新的进步。

二、坚持"三心"以提升职业能力

文博工作本身即是一项要求极高的职业，需要我在文物管理工作中不断学习、积极进步。从两年的工作锻炼中，尤其是在职业能力方面，要求自己时刻注意耐心、细心和用心。

耐心，是沉得下心，克服急躁情绪。尤其是在枯燥而烦琐的文物管理工作中，更要时刻保持耐心。刚入博物馆时就立马投入了当时的近现代文物整理和数据采集的普查工作，每天需要清点和扫描大量的书籍和资料。有的纸质资料由于时间长久，已经泛黄发脆，不能用力翻页和压折，所以在扫描时，指导我的老师不忘时时叮嘱我要小心对待，切记不能为了赶任务量而损坏文物。近现代文物由于时间相对较晚，而很多都是破旧的纸张和锈蚀严重的革命武器、现代物品，虽不如金玉石器文物那样的精美，但每一件文物都有自己的历史故事和研究价值，所以在对待这一类文物的态度上，尤其是需要一种耐心在里面。在长时间的工作中，我易急易燥的性子也得到了慢慢改善。在部门的其他同事那里，我也时时能感受到严谨、细致的工作作风。慢慢地在这里，我更加喜欢这份工作了，为了工作，我愿意去流汗出力，愿意废寝忘食。其实这一切都只是我希望自己在本职岗位上能做对做好，重新找好工作的着力点和职业价值追求的方向，我设想以后要走的漫漫长路，肯定不会都是坦途。除了要有耐心的工作精神，还有更多要改进的地方。

细心，是严谨细致的工作作风。在近现代文物中，细心更是必要的。小到一件文物的分类号码的纠正，大到一个文物库房的全面管理，都是需要自己细心对待的。细心还要求善于发现文物管理工作中的创新之处，以提高工作效率，而不是一味地做重复性的劳动。刚开始工作时，我常常凭借着自己的热情和已有的一些知识，对业务出现的难题往往一脸茫然，无处下手。然而对困难没有放弃的决心，慢慢地在跟着指导老师的实践工作中我发现，其实有的问题并不难解决，多尝试几遍，多看多想都有利于提高工作效率，在近几年先后还成功申请了三个关于文物保管技术和装备的国家专利；在展览工作中最是考验挑战一个人的细心程度。自2015~2021年多次主题历史展览，每一场都是政治性的任务，必须保证出现在公众视线中的每一个字、每一个标点符号都做到权威有据、准确无误；在遴选文物、整理名录、文本较对、展前修复、上展布展，一次次展览这些环节，都是基于专业累积，加上近乎苛刻、严谨细致的态度来完成的。

用心，是广泛涉猎、综合提升的工作能力。我从自身的工作感受中总结出以下三个方面：首先要抱着终身学习的态度。学好文物工作理论，良好扎实的文物工作理论基础是培养自身职业能力不可或缺的一部分，此外文物工作涉及面广，对历史、文化、科学、法规、政策等各方面的知识要求较高，所以要善于学习、广泛涉猎。其次要有实践中的技巧提升。实践技巧往往是基于大量工作实践中探求而来。作为新手，学习这些方法与规律可以使我们的工作更有效率。比如在简易处理纸质文物的包裹问题上，采用普通的白纸就不如采用宣纸对文物的保护性好，而生宣和熟宣在选择包装文物上又有不同；又如在革命文物库房，有的是武器铁器，有的是纸张书籍，还有纺织品，分类不一，而且各类文物都有不用的温度和湿度的要求，所以在保存的位置、器具、包裹材料等方面就要有所不用。第三就是在理论知识和实践技巧基础上的综合能力提升。综合能力的培养主要是靠自己的探索。比如具体到文物工作中，做好近现代文物的鉴定和分类工作，这是薄弱点，目前在研究中也少有论述，尤其是在社会主义建设时期的文物分类工作，更是如此。社建文物品类繁多，形制各异，需要分门别类的加以区别和定制分类号码。还有业余学习文物摄影、近代文物的陈列展览设计等等这些方面都是需要下功夫提升的能力，但更为重要的能力还是在工作中不断探索的韧劲和不断克服自身惰性的毅力。

三、"十年磨一剑　霜刃未曾试"

博物馆的工作复杂而系统，文物研究和管理工作更需要颠覆和提升，颠覆的是过去的旧思路和老观念，提升的是文物工作的新能力。由于时间仓促、阅历不足、资料搜集局限等各种原因，这本书仍存在不少不完善的瑕疵，很多需要进一步调研的数据有待于进一步完善更新，但著者仍倾注了大量精力认真完成了它。在此特别感谢指引、鼓励我正确前行的领导们、在科研上支持帮助我的老师和同事们。书中的很多章节来自于近几年来课题项目的钻研、重大历史题材展览的磨炼；大量专业的文物摄影出自山东博物馆杰出的文物摄影师阮浩、周坤两位老师，文物保护修复的专业资料由文物保护专家崔丽娟友情提供，文物数字化资料由革命文物数字化保护项目组无私提供。无论是"一普"工作的集体智慧总结，还是展览工作集体成绩的回顾，都是山东博物馆革命文物保护利用工作十余年来精力和心血的凝结。

"十年磨一剑，霜刃未曾试"，希望以本书作个小小的总结，以志今后继续求真务实，继续谦虚谨慎，以对历史的敬畏和对先贤的敬重，利用好自身岗位工作职能，继续致力于发挥革命文物巨大的社会价值，将我中华民族生生不息、勃发劲勇的精神之力感发和召唤到今时今日的社会大众。面向厚重的历史和深邃的文明，不为名闻利养，财色食睡，只为梦想，向未来真挚笃行。

李　婷

2022年8月